ミネルヴァ日本評伝選

パリ日本館こそわがいのち

薩摩治郎八

小林　茂著

ミネルヴァ書房

刊行の趣意

「学問は歴史に極まり候ことに候」とは、先哲荻生徂徠のことばである。

歴史のなかにこそ人間の智恵は宿されている。人間の愚かさもそこにはあらわだ。この歴史を探り、歴史に学んでこそ、人間はようやくみずからの正体を知り、いくらかは賢くなることができる。新しい勇気を得て未来に向かうことができる。徂徠はそう言いたかったのだろう。

「ミネルヴァ日本評伝選」は、私たちの直接の先人について、この人間知を学びなおそうという試みである。日本列島の過去に生きた人々の言行を、深く、くわしく探って、そこに現代への批判を聴きとろうとする試みである。日本人ばかりではない。列島の歴史にかかわった多くの異国の人々の声にも耳を傾けよう。

先人たちの書き残した文章をそのひだにまで立ち入って読み、彼らの旅した跡をたどりなおし、彼らのなしとげた事業を広い文脈のなかで注意深く観察しなおす――そのとき、はじめて先人たちはいまの私たちのかたわらによみがえってくる。彼らのなまの声で歴史の智恵を、また人間であることのよろこびと苦しみを、私たちに伝えてくれもするだろう。

この「評伝選」のつらなりのなかから、列島の歴史はおのずからその複雑さと奥ゆきの深さをもって浮かび上がってくるはずだ。これを読むとき、私たちのなかに新たな自信と勇気が湧いてきて、その矜持と勇気をもって「グローバリゼーション」の世紀に立ち向かってゆくことができる――そのような「ミネルヴァ日本評伝選」にしたいと、私たちは願っている。

平成十五年（二〇〇三）九月

上横手雅敬
芳賀　徹

25歳の薩摩治郎八

ラ・フォンテーヌ街のアパルトマンで

ルイ15世様式の長椅子に。後は左から千代と岡鹿之助の作品。

旅行道具。ルイ・ヴュイトンのスーツケースなど

愛用の写真機

1920年代に人気のあったコンテッサ＝ネッテル「ピコレット」

喫煙道具。左上銀製，中央は革の煙草入れ（JSの文字入り）

歌集『銀絲集』(1923)

『銀絲集』扉

詩集『白銀の騎士』(1939)

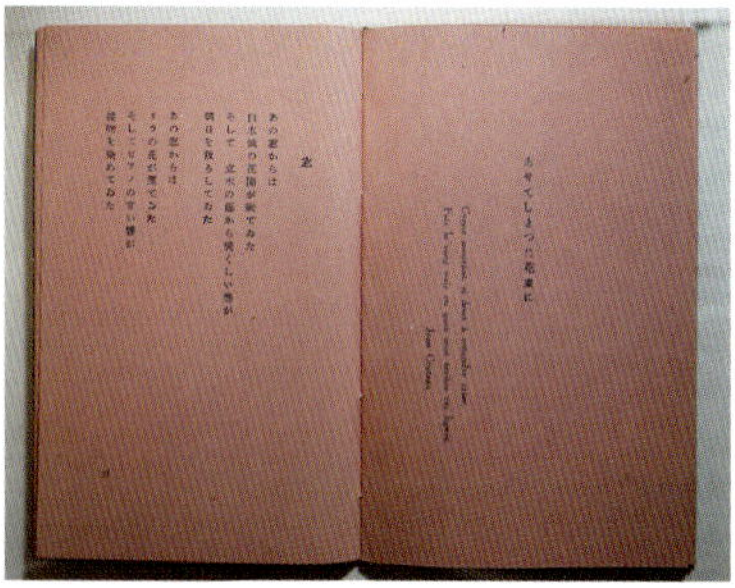

『白銀の騎士』本文見開き

治郎八と利子
徳島市内佐古町の真鍋家で。

最晩年の薩摩治郎八

はじめに

薩摩治郎八とは何者であったのだろう。

人はとりどりに治郎八像を思い浮かべる。

快男児と呼び、蕩児と呼ぶ。あるいは一代で家産を使い果たしたうつけ者と呼ぶ。その奔放な蕩尽が只ごとでないと、面白がる者がある。

しかしそれが、治郎八の実際の姿であったのだろうか。

そして実際には、治郎八は何をしたのであったのか。

人々の思い浮かべるのは、贅沢三昧の暮らしをパリでしたということだ。その豪奢な暮らしの名残りは何一つ今に姿をとどめない。

いやただ一つ、パリ大学の国際大学都市という、他に類例のない施設の中に、日本館という学生会館が残っている。入り口には今なお薩摩財団の名を刻ませたその会館だけが、治郎八の仕事として残っている。

しかし、その豪奢な暮らしぶりからバロンと称されたという人物の、派手やかな生活と、むしろひっそりとした学生寮と、この二つはすんなりと一つに繋がってはくれない。金をふんだんに使って暮らしていたら、自然に学生会館が出来上がったというわけのものではないのは、いうまでもない。享楽的ないし遊蕩的とも見える暮らしぶりと、大学都市の理念（これは改めて考えることにする）に賛同しなければ生まれないであろう学生会館とは、むしろ分裂して見える。しかしなお、それが一人の人物のなしたことであるのなら、そこに何が働いていたか、見ようとしなくてはなるまい。

その贅沢なといわれる暮らしは、第二次世界大戦以前のことであった。戦中をフランスで不如意のうちに暮らして、一九五一年になってようやく齢五十も過ぎて帰国したときには、家産はすでに尽きていたから、治郎八は生涯ではじめて、おのれの才覚で口を糊しなくてはならなかった。

その時、かつての自らの暮らしを思い起こし、その暮らしの中で身につけた、酒と食べ物の蘊蓄を傾け、西洋風に脂濃い艶話を綴ることが、読者大衆の気に入ることがわかった。

そうして生まれた、面白おかしく語られる軽い読物は、巷に受け入れられて、物書き治郎八は繁昌した。実のところ、快男児、蕩児と呼ばれることになったその伝説は、ことごとくそれらの文章の所産であるといっていい。バロン薩摩のいとも豪華なる遊蕩伝説は、当人の撒き散らした逸話《アネクドト》の類によって誕生したのに他ならない。

しかも過去の豪華な暮らしを語るときのノンシャランな調子と異なり、大学都市と日本館について語るときの治郎八の文章は、急に熱気を帯びて昂揚する。「私が青春の情熱と祖国日本と国際文化交流とに捧げた日本会館」（「巴里大学都市と私」）という具合だ。信条告白の口吻ではないか。

なるほど一方には、遊蕩的かつ享楽的に見える治郎八がいる。そしてもう一方には、国際文化活動の使命を帯びたかのごとき治郎八がいる。この両者はほとんど別人のようでさえある。それでいて、確かに一人の治郎八の生きた軌跡から立ち現れたのに違いない。

人々は多く、その治郎八の遊蕩児的相貌を眺めるのを好む。「この大都市（＝国際大学都市）の創設に当たったパイオニアーの一人だった私」（同前）という自負にはまず耳は傾けられない。しかし、このほとんど矛盾しているかに思われる治郎八の二重像にこそ、治郎八の実像を見なくてはならない。そしてそれはこれまでに、なされてこなかった。

まずは、薩摩治郎八なるひとりの人間が、どのように生きたのか。その実際の姿に、少しでも近づいてみようとする必要がありはしないか。

むろん伝説を伝記にすることは容易ではない。上に言ったように、伝説はそのほとんどが、治郎八自身によって作り出されたのであった。自伝といってよい「半生の夢」をはじめとする、時に真贋とりまぜの回想記。それが人々に勝手な快男児伝説、あるいは蕩児伝説を紡がせた。伝説の細部は、事実として確認されていないことが多い。であるならば、伝説から伝記をとりだすことは、できようはずもない。

既に知られている、あるいはそうだと思い込まれている、薩摩治郎八の伝説的生涯から出発しながらも、できるかぎり事実として示しうることがらを、探ろうと思う。

薩摩治郎八自身の文章も、むろん吟味しながら、しばしば引用することになるだろう。

その一方で、これまでに知られていなかった、あるいは知られながらも伝記記述のために活用はされてこなかった、事実にもとづく資料を捜すことも、不可欠であった。

とりわけ、パリ大学都市と日本館にかけたその思いの真実を、探り得たいと思う。その思いと、華やかと称されたその生活はどのように繋がるものであるのかも。

これまでに知られている資料に加えて、大学都市と日本館に関して残されたフランス語の記録と、また遺族のもとに残された治郎八自身の書簡類とを、参照することができた。

伝記は、その人物の生涯に意義が認められた時にはじめて書かれるのであろう。これまでは、薩摩治郎八の伝説は求められても、真の伝記は求められなかったのである。人々は薩摩の一生に面白おかしい紙芝居を見はしても、生きた一人の人間としてのその生を見ようとはしてこなかった。

ひたすら華美と見られた表向きの暮らしのなかで、実際に治郎八は何を求めていたのか。

今はじめて、伝説ではない一人の人間として、治郎八を見なくてはならない。

薩摩治郎八——パリ日本館こそわがいのち　目次

目　次

図版一覧

図版写真一覧

特記のないものは薩摩利子氏および薩摩家後嗣個人蔵。

※「晩年の治郎八」は権利者を小社で探したものの、見つけられませんでした。お心当たりのある方はミネルヴァ書房編集部（075-581-0661）までご連絡いただければ幸いです。

序章　旅の人、社交の人

魅力的な心づかい

一九五一年四月一三日、薩摩治郎八は、戦時下とそれに続く戦後の混乱の中に過ごしたフランスを離れる。マルセイユを出港するフランス郵船ラ・マルセイエーズ号の船客としてである。一九三九年一二月二九日に、同じマルセイユで、戦中のフランスに上陸してから、一一年を超す歳月が経過していた。治郎八の名前は一等船客名簿に記載された。船は、四月一六日ポートサイドを経てスエズ運河を通過、四月二五日にコロンボ、五月一日にはサイゴンに寄港する。薩摩治郎八が横浜で、一二年ぶりの祖国に上陸するのは五月一二日である。フランスからの出国許可の査証が記入され、マルセイユからの出国スタンプもある、フランスの身分証明兼旅行許可証の最後の空白ページに、「連合軍最高司令官によって帰国者として日本入国を許可する」のスタンプと、入国管理官のサインが記された。

この日から薩摩治郎八の日本での戦後生活が始まった。その後フランスに赴くことはあったが、長く滞在することは二度となかった。

船上で書かれて薩摩治郎八にとどけられた一通の手紙がある。

ラ・マルセイエーズ号船上にて四月二九日

お友達へ、

わたくしは貴方の自然で率直な友情に、そして貴方の魅力的な心づかいに感銘を受けました。わたくしの友情をお受け取りください。その友情は、直接的で、スポーツマン的で、まじりけのないもので、貴方のこの新しい騒々しい友人にいかにもふさわしい友情です。

いずれどこかで、《このおかしな世界のどこかで》*somewhere in this funny world* 今度もまたお互いの共感の恵みによって、再会したいと思っています。

お守りを差し上げます。

フランスの船舶の中でももっとも高貴な船の紋章です。

よいご滞在と良い旅を念じます、そして友情をこめてさようならを申します。

〔署名　S……〕

日付は、この書簡がサイゴンに到着する直前に書かれたことを示している。末尾の「よいご滞在と良い旅を念じます、そして友情をこめてさようならを申します」は、サイゴンに入港して、そこに薩摩治郎八もしばし留まるからであり、彼はさらに旅を続けるが、手紙の主はもう一度船上に戻ることはないからである。

書き手は女性である。フランス語の表記でそれがわかる。また「新しい友人」とあることから、船中で知り合ったことが知られる。別れにあたって薩摩に「フランスの船舶の中でももっとも高貴な船の紋章」を「お守り」として贈っているのだが、これはラ・マルセイエーズ号の紋章の装飾でもあったろうか。この女性は、そのようなものを入手して贈ることができた。サイゴンに赴くこの婦人は、フランス郵船、あるいはいまだ仏領であるインドシナに駐箚《ちゅうさつ》するフランス外務省の関係者ででもあるのだろうか。署名は、名の頭文字Sのみ読みえて（おそらくシモーヌ）、姓は判読に苦しむ。帰国した治郎八宛の、その年の九月四日付の絵葉書があって、それは昔は観光地ならばどこにもあった、街頭写真屋によるものとおぼしい、颯爽と歩む若い女性の姿の写真を焼き付けたもので、本文面には、こう記されている。

サイゴンでのショッピング…。懐かしくお便りします。もうすぐ私の誕生日で、友人とささやかな夕食会をしますので頂いたきれいなキモノをこの機会に着ます。来週探検旅行にでかけます。

字体と、署名とから、差出人は船中での書簡の主に間違いない。

サイゴンに暮らし、「探検旅行」にでる。自動車を仕立てて何日もかかる旅であろう。この言葉を使うことに、心の弾みさえ感じられると思うのは、写真の若い女性の潑剌たる姿に影響されるからだろうか。インドシナでそんな旅に出かける余裕のある生活を送る、フランス人女性である。教養ある階層の婦人であるのみならず、独立した意識を持つ個人であることが、感じられる。

「お守り」のお返しの着物だろう。婦人は薩摩に好意を抱いた。薩摩もそうであっただろう。

人はこのような好意をたやすく色恋に結びつける。近代になって日本の知識人が西欧に暮らして、そこでは個人が個人として、たとえ男女であっても、共感をもって交際できることに目を開かれる例は数多い。だが二〇世紀前半の日本では、そんな可能性は理解されていなかったように思われる。男と女であれば、色恋の関係以外はありえないとでもいうように。帰国後に、糊口を凌ぐために書かれた数多くの文章で、女性遍歴を自慢げに語った薩摩治郎八であってみれば、そんなことはいうまでもないと、人は言うかもしれない。しかしこの二通の書簡に感じられるのは、それとは違うものだ。

薩摩とこの未知の女性とのあいだには、間違いなく友情が生まれたと、信じていい。

「貴方の自然で率直な友情に、そして貴方の魅力的な心遣いに感銘を受けました」。何気ない心遣いを周囲に向け、自然で率直な仕方でそれを表すこと。これは人との関係で、もっとも大切なことだろう。さらにその表しようが魅力的だと、この女性には思われたのであった。そこには必ずしも官能のニュアンスは感じられなかった。だからこそ書き手は「友情」の語を用いる。

薩摩治郎八を知った人々は、その富裕者らしい立ち居振る舞いや身なりに目を惹きつけられると同時に、こまごまとした気遣いにも気付いて書きとどめている。それは薩摩商店の御曹司として金銭に困ることのなかった時代に限らない。最晩年の不如意と言ってもよい時代になっても、その心の働き方は、変わるものではなかったようである。

長く離れることを余儀なくされた故国に、五〇歳を迎え、ほとんどすべてを失って、ようやく帰っていく途次ではあっても、治郎八はそのような心遣い、好もしいと思われる友情の差し出し手であり続けることができていた。ヨーロッパ近代が磨き上げた社交を身につけた者の姿が、ここにはある。

フランス郵船会社

ラ・マルセイエーズ号の紋章は、薩摩遺品の中には残されていない。それにしても、この船のたどった歴史も、数奇なものであった。

一九三八年末に発注され、翌年六月にマルセイユ近くのラ・シオタの船台で建造が始まったが、戦争の勃発によって建造は一旦中断、四〇年の暮れになって再開された。ドイツ軍による徴発を危惧したドックは製造を遅延させようとしたが、四四年六月にドイツ軍の命令で船体は進水させられて、名もペタン元帥号とされた。世界大戦終結後に、ラ・マルセイエーズ号と命名しなおされたのである。

一九四九年六月、地中海で初航海の後、八月から極東航路に就航して、日本を結んだ。一九五四年に新造のラオス号、カンボージュ号が日本航路に投入されると、ラ・マルセイエーズ号はインドシナ航路に配置された。一九五六年三月からは地中海航路に用いられ、スエズ危機が生じると、フランス国防省に借り上げられて病院船として改装、ポート・サイドからの傷病兵および一般人の引揚げに当てられた。さらに、アルジェリアへの兵員輸送に用いられた後、一九五七年に売却されて、パナマ、イタリアなどの船籍を転々としたが、一九六一年一〇月二二日、スペイン、グラナダの港外で火災を起こし、二昼夜の後に沈没したという。

日本航路に僅か五年のあいだ見ることのできたその白い姿は、終わろうとする客船の時代、あるいは、一九世紀的ブルジョワジーの時代を象徴するかのように見えなくもない。大型客船の時代、そしてそれによって世界を旅した大ブルジョワジーの時代は、終わろうとしていたのであった。

薩摩治郎八がかつて幾たびものフランス往復に利用し、一九三九年、戦争の始まったヨーロッパへ急いだ折にも、そして一九五一年の帰国にも乗ったフランス郵船会社は、その後、次第に航路は縮小され、一九七〇年代に入ると日本への寄港は行われなくなり、一九七七年には、大西洋航路を主とした別の会社に吸収合併されて、新たな組織の中に消滅する。この会社は現在も存在するが、コンテナ船の運航がその主たる業務である。

薩摩治郎八は帰国の後、一九六六年と一九六九年に、二度にわたってフランスを訪問している。そのいずれも場合も、フランス郵船上に旅客となった。飛行機に乗ることを受け入れなかったのである。その最後の旅を見届けたかのように、フランス郵船の日本寄港は終えられた。

フランス郵船は、一七九六年に駅逓馬車会社「国民通運社」として創建された。しかし、鉄道の出現と鉄道網の拡大に伴って、馬車輸送は衰退していく。一八五一年、海上輸送の路線開発に乗り出し、翌一八五二年には「国民通運海上輸送社」として海運部門が独立、一八五三年にはナポレオン三世治下で「帝国通運社」に名称変更した。一八六二年に極東航路を開発して、一八六五年、日本への寄港を開始する。ナポレオン三世による第二帝政の倒れた後、一八七一年、「海上通運社《メサジュリ・マリティム》」に名称変更。

これがその後一世紀にわたって「フランス郵船」の名で日本では親しまれた海運会社である。

豪華客船の時代

一九世紀中葉以降、鉄道網がヨーロッパ各地の都市を結んで広がり、そのレールの上には、国際ワゴン＝リ会社の豪華車両が走って、行き着いた各国の大都市とリゾート地にはパラス（宮殿）と呼ばれる豪華ホテルが作られ、富裕な人々が我が家の如くにここに泊まりながら往来した。海には、豪華客船が水脈を引いた。それは、第二次世界大戦までほぼ一世紀続いて、中断する。そして大戦のあと、再びかつての時代が戻ったと人々が思ったのも束の間、古き良き時代は、終焉を迎えていた。薩摩治郎八の最後の渡仏の年一九六九年は、ジャンボと愛称されたボーイング七四七型機が就航した年である。いまや、大量輸送、格安旅行、ひとことに言って大衆の時代が始まっていた。フランス郵船は、ここにいたる豪華客船の時代を担って、その時代の終焉とともに消滅した。だがそれまでの一二〇年の間、豪華客船と豪華列車、そして宮殿ホテルの時代があったのである。

一八一三年に蒸気機関車が実用化されると、一八二五年九月には実用路線が誕生していた。フランス最初の旅客路線は、一八三七年、パリのサン＝ラザール停車場から郊外サン＝ジェルマン＝アン＝レまでの間に開通する。その後は急速に、ヨーロッパ中に鉄道網が拡がっていった。一八四一年にストラスブールとバーゼルが結ばれた。鉄道は国境を越える。パリからストラスブールまでの路線が開通するのは一八五二年、パリからリヨンを経てマルセイユに達する路線は一八五四年に開業した。

ほぼ十九世紀の後半一杯を通じて、世界中で鉄道路線網が伸張していく。

一八七三年に創設されたワゴン＝リ会社は、ヨーロッパ各国の鉄道をつなぐ路線を開発して豪華な客車を走らせる営業を開始した。オリエント＝エクスプレス（東方急行）の路線の営業が始められるのが一八八三年、一八八七年にはパリとスペイン、ポルトガルをつなぐスュッド＝エクスプレス（南方急行）が生まれた。以来、豪華な客車による鉄道旅行がヨーロッパを結んだ。

陸上に伸び広がった鉄道が海にぶつかった時、汽船が海上の道を続けた。大西洋横断の航路が開かれたのは一八三八年のことである。より大きく、より速く、より豪華な客船が建造され、世界の海を結んだ。豪華客船の時代であった。

近代的な旅宿もまた一九世紀を通じて整備される。すでに一八世紀から駅逓馬車の路線とともに旅館は増え、「グランド・ツアー」の旅人によって発達した。ナポレオンの第一帝政期以降、ヨーロッパ中の貴族、政治家、外交官の移動が多くなり、パリはその往来の中心となっていくから、パリのホテル業は重要な産業として育っていったのである。

現在もリヴォリ通りに存在するオテル・ムーリスは、カレーで馬車の駅に接続する旅館を経営したムーリス一家が、一八一七年にパリでホテル経営を始めて生まれた。一八三二年にはすでに現在の位置にホテルを開業していた。

ホテルのスタイルは、イギリスの「クラブ」によるという。エリザベス朝期には成立していたクラブが、一九世紀に発展して、宿泊施設、食堂、サロン、喫茶室、喫煙室、読書室、遊戯室、宴会施設などを提供していた。一八五一年、世界最初の万国博覧会がロンドンで開催された時、このような複合的な設備を備えたグレート・ウエスターン・ホテルが開業する。

そして、パラスと呼ばれる豪華ホテル建設の時代が始まる。

一九世紀中葉に、パリに出入する外国人旅行者の数はすでに一日に三ないし四万人に達していた。各国間を連絡する外交官、また国家間の会議などに参加する政治家などの職業人を除けば、大多数は、旅に興味と喜びを感じる富裕なブルジョワジー層の人々であった。

パリにも豪華ホテルが次々に開業する。オテル・デュ・グランルーヴル（一八五五年開業、一八八七年に閉店。これは現在同じ名を持つホテルではない）、現在も営業を続けるグラン・トテル（一八六二年開業）、オテル・コンティナンタル（一八七八年開業）、世紀の変わり目の頃まで、パリの大ホテル建設は続く。豪華ホテルの代表というべきオテル・リッツは、一八九八年に開業している。

豪華な列車、豪華な汽船で移動して、豪華なホテルに滞在する。滞在は大都市に限らない。海岸地方への滞在が健康に効果ありと喧伝されて、海浜への旅行がはやり始める。ノルマンディーのカブールが海浜の保養地として開設されたのは一八五四年、パリからルーアンまでであった鉄道が、海岸のトルーヴィル、ドーヴィルまで延伸されるのが一八六三年のことである。あるいは、スペイン国境に近いビアリッツ。古くから捕鯨基地であった小さな漁港は、ナポレオン三世の后ウージェニーがこの土地に滞在し、皇帝が后のための別荘ウージェニー荘を建設させた一八五五年以降は、ヨーロッパ中の貴顕の好んで滞在する海岸となった。帝政崩壊の後、皇后の別荘は一八九三年にホテルとなって、まさしく宮殿ホテル（オテル・デュ・パレ）と呼ばれた。

薩摩治郎八もまた妻千代と共に、ワゴン＝リ会社の運行するスュッド＝エクスプレスに乗って、オテル・デュ・パレに客となった。

夏は海浜に涼を求めても、冬の社交は都市に戻る。社交の場の第一は、個人の邸宅の宴でなければ、歌劇場である。グランド・オペラというものが生まれ、大歌劇場が建設されたのもこの時代であった。

社交の時代

豪華列車と豪華汽船と宮殿ホテルの時代は、フランスで言えば、ルイ・ナポレオンの第二帝政と重なって始まる。その時代に建設が決定され、工事も始められていたシャルル・ガルニエ設計になるパリのオペラ座が落成するのは、帝政が崩壊した後の一八七五年のことである。その内部空間は、単に舞台の鑑賞のためだけにしつらえられているわけでない。入り口ホールから一階平土間席と桟敷席へと上る大階段を取り巻いて、いくつもの張り出し露台を含む周回廊空間と、フォワィエと呼ばれる大ロビーとは、人々が社交のためにここに集まることを示している。見るのは舞台だけではない。見られるのは歌手踊り手だけではない。着飾って、しかるべき同伴者を伴って人々は、他人を見るために、自らを見せるために、集まってくる。客席空間でもまたオペラグラスは舞台だけでなく、桟敷同士にも向けられた。

歌劇場は、豪華な旅行者たちの、都市における社交の場であった。治郎八もまた、オペラ座に通うことをしばしばとした。

豪華な旅行者は、この時代には、いうまでもなくもはや貴族だけではない。没落していく貴族には、

パリのアパルトマンの治郎八と千代
これは定住者の姿ではあるまい。旅の途中のひとときでしかない。

産業革命の結果富を獲得した新たな都市ブルジョワジーたちが、取って代わる。王侯貴族の暮らしぶりを受け継いだブルジョワジーの支配の時代が現出しつつあった。その根底は第一次世界大戦によって破綻をきたしたはずであったが、なお持続するかに幻想された。ついに、第二次世界大戦の後に崩れ去るそのような態勢が、一二〇年にわたって、豪華客船と豪華列車、宮殿ホテル、そしてオペラ座の時代を生み出していた。近代が生み出した、上層ブルジョワジーの繁栄の時代である。

日本の開国は、ヨーロッパの近代化、産業社会化、資本主義化に、後発であっても、辛うじて伍してゆけると夢想できる時期に果たされたということだろう。その時に興隆していった薩摩の家は、確かに、勃興する都市ブルジョワジーの一角にあったのである。治郎八の妻は、維新の功臣の家と大名家との血を受けた佳人であった。ブルジョワジーと貴族とが融合したのでもあった。

薩摩治郎八の生きたのは、そんな時代の最後の残照の中であった。

旅の途中

薩摩治郎八はいかにも、旅と社交の人であった。

前後三〇年にわたってヨーロッパで暮らし、多くの人と交流した。日本の華族から始まって、日仏の芸術家、政治家、文学者に知己を得た。

日本とヨーロッパを往来し、豪華客船でのその旅は、往復一〇度に及んだ。横浜からマルセイユまで、一月半を要した時代である。治郎八は旅の人であった。

三百人の招待客をリッツに招いて、大晩餐会を開いた。人前ではいつも瀟洒な服装を身にまとい、日本の地方都市に住んだ晩年にいたっても、香水の香りを漂わせ、闊達なおしゃべりに人を楽しませた。治郎八は社交の人であった。

しかし、治郎八は旅そのものを目的としたのではなかった。世界をめぐったのでもなかった。繰り返しパリに戻って行ったのである。その半生はパリにあった。それは何ゆえであったのか。そこで何をなそうとしたのであったか。「ただ何となく」浪費を重ねたのであったろうか。

そうではなかった。まだ幼稚であった日本の文化交流の現場で、自己の資産を惜しみなく注いで、日本人学生会館を立て、いくつもの文化施設を計画し、そのいくつかは実現させた。文化事業家というべき肩書きを、おのずと作り上げていった。それは、いかにして作り上げられたのか。

オテル・リュテシアでの『修善寺物語』上演打ち合わせで
二列目左から二人目千代，三人目ジェミエ。最後列左端に治郎八，その右松尾邦之助，治郎八の前に柳澤健。最前列に藤田，その右ユキ。中山岩太の撮影。

しかもまた、その繰り返し戻って行ったパリ生活の中での、写真に残されたその姿を見るとき、不思議な思いにとらわれずにはいられない。

薩摩治郎八は社交の人である。社交の人は、どこにあっても所得顔《ところえがお》に、主人然として、笑みを浮かべているものだ。しかしこの社交の人は、笑わない。人々に囲まれて、笑った、いや微笑んだ写真さえ残らない。取り巻く人々が微笑み、あるいは破顔一笑しているなかにあってさえ、常に居心地悪そうな仏頂面をしている。しかも多く人々の後ろに、半ば隠れるようにして。

あるいはまた、そのアパルトマンに妻と共に並んで写真に納まっても、その姿は、定住した者のそれには見えない。部屋や家具とのあいだに親和の力が働いているようには見られない。そこは、仮住まいでしかない。そこにはいつも、旅の途中の匂いが罩《こ》めている。旅はまだ続けられるとでもいうように。そして実際、パリでの住まいは転々と変えられた。

治郎八はいつも、仏頂面で旅の途中にいたのであった。

いったいそれは何を意味するのだろうか。

第一章 出生——家族

1 父祖

祖父初代治兵衛と薩摩商店

薩摩治郎八は明治三四年（一九〇一）四月一三日、東京市神田区駿河台鈴木町二一番地に生まれた。父は薩摩治兵衛、太物商初代薩摩治兵衛の長男で、明治一四年（一八八一）一二月四日生まれ、母はまさ（満佐、政子）、毛織物商杉村氏の出で、明治一六年（一八八三）九月一三日生まれ、満年齢で言えばそれぞれ一九歳と一七歳の年若い両親の長男である。両親の結婚が届けられたのは、明治三三年一二月二四日であった。治郎八の名はそもそも父の名であって、父治兵衛は、明治三三年二月一二日付で前名治郎八を改め、初代の名を継いで治兵衛を名乗り、同年九月一二日に初代治兵衛から家督相続の手続きを済ませている。長男の結婚によって初代は隠居となり、家督を継いだ息子はまた家長としての名をも継ぐという、商家の伝統がここにあった。隠居後の初代治兵衛は、治良平の名を名乗った。

明治二三年に編まれた初代薩摩治兵衛の伝がある。毛筆手書きの全文を引用する。漢字は通行の字体に改め、仮名はおおむね原文のままとしたが、変体仮名「里（り）」「津（つ）」などは改め、また若干の送り仮名を施し、原文にない句読点も、便宜のために適宜補った。

初代薩摩治兵衛之傳

当家元祖薩摩治兵衛は、幼名を與惣吉と呼ひ、近江国犬上郡四十九院村字南町の農家に生れり、父を茂平と云ひ、母を登美と云ふ。家素と貧ふして余財なく、先代より伝ふる所少許の田地ありと雖とも、家政の困難なるか為に止むを得づ之を抂けて他人に質入となしたり。治兵衛九歳の時、父茂平病みて没し、負債を償ふに途なきままに、遂に家資分散の不幸に遇ひたり。母登美は治兵衛と其弟三人の小供とを携へて、涙と共に永年住み馴れたる我家を立ち退きて、村外れの小やかなる破屋に雨露を凌ぐ事とはなりぬ。此破屋の家根は麦藁を束ね列へたる許りにて、唯月星を見ぬと云ふ迄の事なれハ、床抔《など》は固よりなく、夜は土間に莚を敷きて眠に就き、昼は朝未明より起出て衣食の為めに骨折り働きたる、其難儀中々筆も紙も尽し難し。翌年十歳にして、遠く武蔵国秩父郡大宮町外池太右衛門氏方へ年季奉公に入リ、大切に勤めたれとも、主家の内政追々不如意となり、遂に閉店に及びたれハ、治平衛十六歳の時、更に本国愛知郡小田苅村小林吟右衛門氏出店江戸第二大区堀留町二町目小林吟次郎氏方へ年季奉公に住み込み、一心勉強と倹約を以て聊か宛財をなし故郷へ送りて、母と弟の活計を助けたりき。同家に勤め居る事満弐拾一ヶ年、首尾能く奉公を終り、三拾八歳にして退身別家を許され、家号と暖簾ハ賜りたれと、賞与金等ハ少しも受けづ、其上資本金とては一銭も貸し与られづ、在勤中薄給なりしか為めに、退身の砌ハ差引尻金百三拾三両と銀七分五厘主家より借金となり、差向き資本とてハ半銭も無かりしに、傍友杉村甚兵衛氏の好意により金弐千円を貸し与られ、慶応三年卯年八月八日江戸第一大区富沢町熊井又兵衛氏持家を借受け、和洋木綿類販売店を開業したり。翌慶応四辰年四月二十八日、手許困難の中より主家への借金悉皆返済したる事表文別紙の如し。治平衛一心家業に勉強したる為め、幸ひに天運に適ひ家勢日々に盛大に趣き、四拾七歳にして横浜南仲通二丁目へ支店を設け洋物引取商を開業し、明治十三年五拾壱歳にして東京府日本橋区堀留町二町目へ和洋綿糸販売支店を設け、明治十九年東京府神田区駿河台北甲賀町へ本宅を建設したり。商売追々繁昌し富沢町本店は狭隘を覚ゆるに由り、同区田所町へ工事を興し、明治弐拾一年其新築店へ移転したり。此年雇人員数八拾余名を使役する事とはなれり。是れ一に初代薩摩治兵衛の勉強と節倹とに依るとハ雖とも、初代杉村甚兵衛氏より特別の引立を受けたるに憑ると云爾。

紀元二千五百五拾年

明治二十三年庚寅年三月二拾四日

元祖薩摩治兵衛　六拾一歳

困苦の中からのひたすらな努力による出世が描かれている。小林吟次郎に対する憤懣が籠められる一方で、親切な朋輩であった杉村甚兵衛への感謝の深さが強調されている。なおこの年の所得税額二一一円三〇銭で、高額納税者東の大関に連なっている（『栄誉鑑』）。

初代治兵衛

明治二三年に数えで六一歳であるから、遡れば天保二年（一八三一）の生まれであって、一六歳で小林吟次郎方へ奉公に出たのが、弘化二年のことである。嘉永六年のペリー来航に先立つこと八年である。

慶応三年、すなわち明治元年の前年に独立開業。富沢町は、かつて木綿店とも呼ばれた大伝馬町の南に当たり、界隈は後々まで繊維、太物、衣類問屋の集まるところである。伝えられるところでは、初代治兵衛は、毎日払暁から横浜にかよって輸入の金巾《かなきん》を仕入れて売りさばき、幕末の騒然たるなか、周囲の店舗が店を閉ざすうちにも商売を続けたという。時宜にも適っていたろうが、おそらくは先を見通す目を持って、商売に邁進したことによって、早くも翌年には主家への借金を返済、さらに十年を経ずして、輸出入に地の利を得た横浜に支店開設に至ったのであろう。

明治末年に刊行された、いくたの立志伝に、薩摩治兵衛は取り上げられていて、おおむねが上の「伝」に合致する。成功者として著名であったことが知られる。

独立の裏に

しかし、三八歳で暖簾を貰って独立したが、長年勤務の賞与もなく独立資本も貸付けられず、かえってそれまでの借金だけが一三三両と銀七分五厘残ったとあるくだりは、いささか奇異の感を与える。

ある伝記は、この一条をさらに詳しく述べている。「丁吟《ちょうぎん》（小林吟次郎の屋号）の主人は、下に薄くして賞に吝、報酬は労働に副はず、氏（＝薩摩治兵衛）の勤勉も年功も顧みられず」、当時の商家の常の処遇を行わず、「丁吟の主人は、如何なる考へを持ちしか、氏に対する極めて冷淡にして、唯だ暖簾を分与したるのみにて、賞与とては鐚一文も給せず、資本は無論貸与せず。且つ氏が奉公中国許の母や弟を救助する為に、薄給の悲しさに主家に負債したる百卅三両と銀七分五厘とは、依然負債として、或年限内に返済せざるべからざる事となり、尚ほ同家の店則として、主家と同一の商売を許さゞりき」（『奮闘立志伝』）。同書は丁吟が呉服店であったと記していて、「主家と同一の商売を許さ」れなかったことから、初代治兵衛が木綿販売を業とすることになるいきさつまでを示しているが、それにしても、退職時の処遇には、尋常の年季が明けたとは異なる事情があったのではあるまいか。ことは単に主家の薄情のみに帰せられるものであるのか。そう考えるのも、薩摩と小林吟右衛門および小林吟次郎のそれぞれの家とは、その後も、決して粗略でない関係にあったと考えられるからである。すでに初代治兵衛も世を去ったはるか後の大正一五年、治郎八の婚儀に際し、両家から薩摩の家に祝儀が届けられている記録が残されている。婚儀当日の新郎の介添も小林吟次郎夫妻がこれを勤めているのである。

また別の立志伝があって（墨堤隠士『商人立志豪商の雇人時代』）、ここにも薩摩治兵衛の項がある。大要はすでに見た各伝に同じく、その勤勉と節倹をやや具体的に描くが、なかに次の一節がある。

　主人は氏の将来を見込んで、最愛の娘迄も嫁《めあ》はせ別に一家を持たし、云はゞ通ひ番頭をやらせたが、細君も主家の娘を鼻にかけての我儘に、間もなく離縁とはなつたもの丶、茲《ここ》が氏が平常《へいぜい》を証する点で、主人吟右衛門（ママ）は此罪決して氏に在るのでなくて我娘が不心得より出た錆と諦め、少しも氏に対する信用は変らなんだ、妻君を迎えたればこそ一家を構へたれ、離縁となればモー家も要らぬ、無益なお金は一銭も遣はぬ主義の氏の事とて、新に女中なりと雇ひ入れて、身は従前の通り通勤する程の馬鹿もしない、忽ち家を畳み店へ戻つて、元の如く雇人と同じ生活をしたさうである。

前後の文章によれば、この結婚は、まだ一番番頭になる以前のことのようである。薩摩治兵衛は二代目治兵衛の母となるヒサ（井上氏）を娶る以前に、主人の娘と結婚して通い番頭になっていた時期があることになる。

明治四四年度の人事興信録（第三版、東京人事興信所刊）、薩摩治兵衛（二代目）の項に、「姉ハル（元治元、五生）は分家して夫徳三郎と入夫婚姻し云々」の記載がある。この姉は、明治一四年生まれの二代目薩摩治兵衛よりも一六歳年長になる。この年齢差は不可能ではないが、さらに、二代治兵衛には、明治一三年生まれの姉ハンと明治二〇年生まれの弟治良助があることをみれば、この三人が同じ母から生まれたとみて、ハルが生まれたのが、あたかも初代治兵衛独立開業の慶応三年に先立つこと四年であってみれば、これは小林家の娘との婚姻によって得られたとすることが妥当かもしれない。二代治兵衛の母ヒサの生年は、資料によって、弘化元年（一八四四）あるいは嘉永元年（一八四八）とするが、弘化元年であれば二代治兵衛を生んだのは数えでならば三九歳となり、当時としてはかなりの高齢出産になる。弟の治良助はさらに六年後に生まれていることを考えるなら、嘉永元年が自然ではあるまいか。とするならば、ハル出生の元治元年にはヒサは一六歳であったことになり、これもありえないとはいえないにしても、ヒサとは別にハルの母を想定することが自然だろう。

なお後のことであるが、この長女ハルは井口徳三郎なるものを養子にとって一家を立て、この徳三郎は薩摩商店の仕事をすることになる。家は治兵衛一家と同じ駿河台鈴木町に持った。二代治兵衛の弟治良助も分家して、これも駿河台袋町に住んだ。ハンは伊東泰二郎なるものに嫁したという。

ともあれ、初代治兵衛の独立時に主家からの援助のなかったことは、結婚して一家を持ち、その後、改めて住み込んで奉公したという経緯と関係があるのかもしれない。

なお、二代治兵衛の妻で、治郎八の母であるまさは、杉村甚兵衛の娘とされる。明治四四年刊人事興信録第三版によれば、杉村甚兵衛は「京都府平民杉村甚兵衛の四男にして嘉永六年三月一八日を以て生れ先代杉村南友の養子となり明治十年三月家督を相続す」とある。その妻きえは慶応二年生まれ京都の人、また明治一〇年生まれの長男以下五人の子女が示される。娘まさは薩摩治兵衛に嫁す、との記載はないが、明治一八年生まれの次男の前に生まれた娘であったであろう。この甚兵衛とその父甚兵衛、また南友と、杉村家の系譜には不明も残るが、まさの父である甚兵衛は初代薩摩治兵衛よりも二二歳の年下であるから、治兵衛が独立した慶應三年には満で一四歳でしかなく、開店資金を融通したとは考えられない。「金弐千円を貸し与え」たのは、その父親の甚兵衛のはずである。初代薩摩治兵衛は、深く恩義を感じている杉村甚兵衛のあとを継いだ二代目甚兵衛の娘を、二代治兵衛の妻として請いうけたのであっただろう。

刻苦と慈善

初代治兵衛の出生地近江国犬上郡四十九院村は、現在の滋賀県犬上郡豊郷町四十九院である。豊郷町はいわゆる近江商人のふるさととして知られる。

近江商人たちは、そのすぐれた商才と努力で成功を収めたが、その結果得られた富をもって故郷に屋敷を建て、またしばしばその富を故郷に還元した。

貧農の出であった薩摩家は豊郷に豪壮な屋敷を持つことはなかったが、あたかもその極貧の時代をすごした四十九院に現在は豊郷町の施設「先人を偲ぶ家」が建てられている。薩摩家から提供された初代および二代治兵衛の遺品が収められ、初代薩摩治兵衛に対して感謝の印として贈られたという木杯、フランス政府から二代治兵衛に授与された勲章などが展示されてある。

大正六年に滋賀県教育会が刊行した、『近江人物志』には、初代薩摩治兵衛についての記事もあって、その中に、「明治二十一年亡父五十回の折郷里に帰りて仏事を営み、又一千参百金を投じて愛知郡本持村の田地を買ひ入れ、其の収入を以て毎年四十九院本持両村の窮民に施与することとせり」の記載が見られる。

このことについては、昭和三八年に滋賀県犬上郡豊郷村役場内村史編集委員会によって刊行された『豊郷村史』に、明治四三年の建立になる、「薩摩翁頌徳碑」の碑文が収められており、また、買い入れた田地についても、より詳細な資料が添えられている。先の『伝』に記すより後のことのみ、岡部譲撰並書とされる碑文から採録しておく。

薩摩治兵衛翁、［……］［明治］三十三年二月、家を長男に譲り、名を治郎平と改め、同四十二年、年齢八十を以て家に没せり。翁退隠するも、店務を指揮監督すること終始一貫せりき。翁が国家の為、公益の事に、資を投ずること概ね弐万余円、本貫豊郷村小学校及び道路改修の為にするもの金参千余円、田地を購ふ事参町五反歩余。其所得を挙げて年々救貧の資とせり。村民之を徳とし、石に勒《ろく》して其徳を頌せんとす。嗚呼、翁が堅実の精神と不撓の勉強とは、千古不磨の教訓にして、長く村民に無形の徳を畀《あた》へたるもの、豈啻に有形の徳のみならんや。

『豊郷村史』にはさらに以下の記述がある。

「明治二十年ごろ、先考の五十年忌に錦衣帰郷して、有縁の人々三〇〇余名を招いて、ねんごろに法要をいとなんだ。／その頃、四十九院・安食西で田地三町五反歩を買い、年々の小作米は、この地方の細民に施与した。四十九院の、藤田惣次郎氏方に、これに関する記録が保存されている」。そして「試みに明治三十七年度の小作米清算及び救助米分配の報告を見ると」として、収穫の処理に関する報告が記されている。そこには、小作米取高と経費、租税、差引き所得米の計算が示され、さらに剰余米の内から寺や神社に奉納し、その残り、弐拾石壱斗九升は一人当たり一斗七升の割合で九八人に、また一人当たり六升の割合でおよそ七〇人ほどに分配されていることが、「小作米及び貧民救済米」配分報告書として記されている。「この美挙は、明治二〇年頃から昭和十五年頃まで、連年実行された」という。小作地を所有して、必要経費と税を支払った残りを、地元に還元したのである。

初代薩摩治兵衛の慈善として捉える以上に、近江商人たちにとっては、個人の資本の社会還元が当然のことがらであったことを見ておくべきかもしれない。二代目治兵衛が、治郎八をいわば自分の代役として、パリ日本館の寄付とその維持に関わる財団の設立に見られるような公益の事業に資産を投じていく姿勢にも、父親の行為が遠く影を落としていることも考えられるであろう。

付け加えておけば、その種の慈善行為とは性格を異にするが、二代治兵衛は日露戦役に際しての「功により勲五等に叙せられ瑞宝章を賜」った（明治四四年人事興信録）。すでに明治三八年三月、五千円以上の軍資献金によって金杯を授与されてもいた。ことにおいて醵金献金することは、家のならしとなっていた。幼い薩摩治郎八と妹つたの名前によって寄付がなされた事例もあるのである。

薩摩治郎八と妹つたに対する、東京府知事による感状が残されている。「明治卅九年東京市養育院へ／金拾圓寄附候段奇特ニ付／為其賞木杯壹個下賜候事」。日付は明治四〇年二月一二日である。満年齢で言えば未だ五歳の治郎八と、一歳違いの妹つたが市の養育院に寄付をした。いうまでもなく、そのような心得を子供に感得させていくための、親の方針を反映してのことにほかなるまい。

2　家の暮らし

初代薩摩治兵衛は、いかにも新時代の立志伝中の人物たるにふさわしい要素を備えている。初代治兵衛は治郎八が八歳の明治四二年に満七八歳で世を去るが、ハイカラな祖父の姿は、祖父によって家庭にもたらされる異国の産物への憧れをもおそらくは含めて、治郎八の感受性の根底を、その幼少期において形成するに影響したであろう。

それにしても、彦根から程遠くない近江の貧農の一家が何ゆえに薩摩の名を名乗るのであったろうか。治郎八は後に、遠い先祖は、「大昔薩摩の国を飛び出して京都から草深い近江の四十九院村で薩摩村という部落を造った」(草稿『實話《ノー・フィクション》　百億円を喰いつぶした話』、未刊。以下『實話』と略)と記している。これが家に伝わるいわれであっただろうか。

新時代の空気

明治一〇年を過ぎる頃には、木綿商としての薩摩治兵衛の地位は確立していたもののようである。『渋沢栄一伝記資料』のなかに、以下の記載がある。「(明治一二年(一八七九年))是ヨリ先、西南戦役後ノ輸入綿糸布ノ増大ヲ慮リ、コレヲ阻止センガタメニハ大規模紡織工場ノ設立ヲ急務ナリトシ、是年初メ栄一大阪藤田伝三郎・松本重太郎等ト謀リ紡績会社設立ヲ企画ス。其資金ハ当時前田利嗣以下二十一華族ノ積立テタル京浜鉄道払下ゲ資金ノ残余ヲ以テシ、更ニ東京綿商薩摩治兵衛以下数人ヲ発起人ニ加フ」。藤田組を興すことになる藤田伝三郎等とともに、渋沢栄一によって綿紡績工場設立発起人に抜擢されているのである。後に、最初のヨーロッパ滞在から帰国した治郎八は、その直前に設立されていた日仏会館の理事長となっていた渋沢と関わりを持つことになるのだが、父祖からの縁はすでに四〇年以上前に結ばれていたのである。

杉村甚兵衛も渋沢と無縁ではなかった。同じ資料に、「(明治二九年二月〔一八九六年〕) 日清役後モスリンノ輸入著増シタルニ鑑ミ、杉村甚兵衛・三井高保等東京モスリン紡織株式会社ヲ設立ス。栄一株主タリ」とも見えている。

初代治兵衛は明治一九年、神田区駿河台北甲賀町一九番地に邸宅を構えた。現在の神田駿河台三丁目界隈である。YMCAと主婦の友社の間を東に向かうゆるい坂道はいまでも甲賀坂と呼ばれるが、その北側が北甲賀町、南側を南甲賀町といったのである。「半生の夢」によれば、「自邸の西洋館披露式には海軍軍楽隊を招いて」とあるから、洋風建築であったのだろう。その頂には「日本で最初に避雷針を」設置したという。明治一九年は鹿鳴館が明治一六年(一八八三)に落成してから三年しか経ていない。政府顕官以外に個人で洋風建築を建築するものはまだ少なかったはずである。

駿河台と蛎殻町

薩摩家は、治郎八の出生の頃には、同じ神田区内の駿河台鈴木町二一番地に移り住んでいた。現在の神田駿河台二丁目三番地あたりになる。現在はかえで通りと名づけられた通りの北側、あたかも崖までもっとも張り出したあたりが鈴木町二一、二二番地、当時はまだ清流が流れていた神田川を望む崖上の土地であった。「都会の中央、絶壁屛風の如く、緑滴り水流れ、気清く神静か」な地で、「紅塵万丈の中」の「一小閑地」が「現今の御茶の水の光景」(「四百年後の東京」）であると正岡子規が書いたのは明治三二年である。江戸時代の武家屋敷の名残も見られる土地柄であった。

現在この地は、北側に鉄道線路の通る崖を控えて、通りとの間にむしろ狭く押し込められているが、これは明治三七年にお茶の水駅から飯田町駅まで甲武電車が敷設された際に買収されて切り下げられたからである。それ以前は、神田川を望む崖上まで奥庭は広がり、神田川まで下ることもできた。初代治兵衛はここに屋敷を構えるとともに、対岸に桜を植樹させたと治郎八は書いている（『實話』）。

一方、「半生の夢」冒頭に描かれる「二万数千坪の旧大名屋敷の〔……〕大池」で「《治郎チャン、君は何になる、大きな商船掻き集め……》」と「ボートを漕ぎながら」唄った「当時高商の学生だった叔父」というのは、母方杉村家の叔父たちの一人だろう。治郎八の幼年時代に高商の学生であったのは、明治一八年生まれの友次郎か、明治二一年生まれの米次郎か、明治二三年生まれで治郎八より一一歳年長の虎四郎がふさわしかろうか。この大池のある旧大名屋敷は、日本橋新材木町（現在の堀留町）にあった杉村家の本邸ではなく、蛎殻町三丁目（当時）の旧越後津山藩松平三河守邸を買い入れた別邸で、その実際の規模は約六千坪であったという。治郎八が回想するように、神田川が隅田川に合する位置でこそなかったが、いわゆる三ツ俣で堰かれて隅田川が箱崎川とよばれる分流となるところへ、神田川と並行して南東に流れる浜町川が流れ込むあたりに面していた。河水を引き入れた大きな池もあって、船を浮かべて遊ぶのに格好であったであろう。敷地の二辺を限った流れも、今は埋め立てられて名残をとどめない。現在の蛎殻町二丁目、蛎殻町公園と有馬小学校の位置にあたる。

蛎殻町に幼年期を過ごした谷崎潤一郎（明治一九年生）は、後に、この界隈を想起して、「この邊は私の青年時代の作『少年』の中に出て來る世界である」（「ふるさと」）と記すが、谷崎の作品地図を追う近藤信行は、さらに跡を辿って推測する。「イメージを湧きおこさせたのは蛎殻町側の松平邸ではなかったか。旧番地では蛎殻町三丁目十一番地である。明治一七年の実測図では、広大な屋敷のなかに建物と池と稲荷社がくっきりと記入されている。そこはのちに杉村邸となり杉村倉庫となり、現在、その敷地は有馬小学校、蛎殻町公園、レナウン東京商品センターになっている」（『谷崎潤一郎　東京地図』）。明治一七年陸軍陸地測量部の、五千分の一の細密な彩色地図には池が示され、南西隅には稲荷社と明記されている。杉村家がこの土地を手に入れたのは、明治一一年頃とされるが、「園内広闊、松平氏の上地後、杉村氏の修補にかゝり、築山ありて登るべく、泉池ありて舟を浮ぶべし。布置の妙、結構の雄大、区内屈指の名園たり」（『日本橋区史』、大正五年）と伝えられる。

明治末年に杉村甚兵衛は「東京モスリン紡績株式会社取締役会長、東京キャリコ製織株式会社取締役、洋織物商」である。

3　幼い日々

幼な子治郎八

父方は木綿商品の売買と製造で、母方は毛織物の売買と製造で、それぞれ財を成して、維新後の富裕層として勃興してきた両家の環境の中で、治郎八は何不自由なくという以上に、いわゆる乳母日傘的な養育を受けたであろう。その幼少時代の文化的環境がどのようなものであったかは、必ずしも明らかでないが、ある種不思議なアマルガムによって成立していたであろうことは、想像に難くない。

近江の貧農の出身で、勤勉の成果あって豪商となった後も、晩年にいたるまで質朴を貫いたとされる初代治兵衛、その妻ヒサはおそらくは江戸の町人の娘に違いあるまい。二代治兵衛の妻は、初代が恩を受けた杉村甚兵衛の孫である。

江戸の商人の世界である日本橋の界隈に店を持ち、しかし、自邸はかつての武家地であった駿河台に構えた。その屋敷は、初めは西洋館であったが、後には日本家屋であった。伝統的な、農民的美徳を基盤に、江戸商人の生活を受け入れ、新時代の文物に馴染みながら、なお伝統的な生活を守る。なるほど時代の人々の多くの生活がそうであったようなものであったであろう。しかも、富貴の家となったればこそ、庶民の家における以上に、二重の相貌がそこにはあったであろう。

下町の店、山の手の屋敷、旧来の生活と、もたらされる新時代の事物。あえて言うならば、その家庭には、幾代も続いた江戸町民的空気は必ずしも濃くはなかったかもしれない。

江戸町民的空気と言うのは、江戸下町に長く暮してきた人々の生活の文化的土壌と言うか、あるいは雰囲気というべきものの謂いである。二代目治兵衛と生まれのさほど変わらない年代の人たちで、幼少の時期の回想を残している人は少なくない。鏑木清方《かぶらききよかた》（明治一一年生）、長谷川時雨《しぐれ》（明治一二年生）、谷崎潤一郎（明治一九年生）など、明治になってからの戸籍の呼び方でいえば、士族、平民とさまざまでも、いずれも当時の日本橋区、京橋区の界隈に生い育った人たちの回想に見られるのは、幼い頃からの芝居見物であり、草双紙をめくりながらの絵解きの物語であり、その家族にはかならず歌舞音曲を嗜み身につけた人たちが居た。岡本綺堂《きどう》（明治五年生）、上田敏《びん》（明治七年生）のような、その親の世代からすでに新しい時代の空気に早くから触れていた人たちの子弟であっても、幼少の日に最もその心を動かしたのは、新富座《しまばら》の芝居であり音曲であった。

二代治兵衛の幼年は必ずしもそのような環境になかったろう。初代治兵衛は退隠の後も、店務を指揮監督するという、ひたすら勤倹な態度を持ち続け、その一方に、外来の文化に開かれた対応を示していた。江戸下町の文化の風潮を身につけてはいなかったのであろう。

女たちの中に

それでもなお、家の女たちはそのような文化にむしろ馴染んでいたかもしれない。治郎八の母まさの実家、杉村家はすでに早く豊かな商家となっていたし、その本邸は新材木町、いかにも江戸以来の町人地のただ中、さらに別邸は蛎殻町であってみれば、かつての三ツ俣が埋め立てられ、明治二六年にはそこに真砂座が新たに開場した中州を目の前に見る処であった。治郎八の母は、女中（駿河台の屋敷には二十数名の女中がいたと、治郎八は回想する）たちの何人かを実家から連れて来はしなかったろうか。さらに、初代治兵衛の妻であるヒサ（井上氏の出という）は嘉永元年生まれ、まず商人の娘に違いはないはずで、治郎八は後に「下町娘育ちの祖母」（『實話』）と呼んでいる。その「えん（縁）者の下町娘で春信の女性を思わせる柳腰のお蝶さん」（同前）などという、襟足の艶めかしい女性《にょしょう》をも治郎八は後に回想することになる。

御茶ノ水の屋敷で乳母と専属の女中に囲まれてのごく幼い時代の治郎八の日々は、『實話』にも書き留められている。文中の巡査とは、請願巡査であろう。

この大家屋には二十数名の奥女中、下働き下男の一群とチョンマゲ頭の彌助という夜番と巡査がいた。

この一帯の屋敷町の各邸は化け物屋敷で〔……〕大入道が現れて、女中群が気を失ない、夜番の彌助爺さんが庭の石橋の上でかわうそに化かされて伸びてしまった等の怪事が起った。

こんな怪奇屋敷は表門と称する年中閉めきりの大名門と裏門と称する通用門をはさんだ白石塀に取かこまれて、外部との接触は絶たれていた。

こんな別世界の中でわたしは大名生活的な封建的雰囲気と商家的な下町気分の混交した珍妙な空気を吸っていた。

わたしの生活は乳母まかせで、小学入学までは田舎出の乳母の手で育てられた。

二階の十畳と六畳がわたしの子供部屋で、両親の眼はとどかぬ特別地帯となっていた。

乳母の絶対的支配下にあった子供部屋では、しばしば花札博打さえ行われたという。

わたしはこの秘密裡にヒソヒソ行われる花の札を禁制の悪の花を見る様な眼付でみつめていた。

黒の裏紙をかえすと毒々しい花が眼を射る。そして階段に足音がきこえた途端これ等の札は乳母の懐ろにかくされてしまった。〔……〕

わたしが生涯飲み買うの魅惑に幻惑されたが打つ一点にだけはほとんど恐怖的な嫌悪を感じつづけたのはこの二階の秘密から受けた印象の記憶からであった。

〔……〕わたしが偽善や秘密を嫌悪する性格はこの二階の子供部屋での恐怖から生まれ出たのである。

そして、女たちに覆われた幼児の生活には、別の蠱惑《こわく》的な一面も伝えられている。

坊ちゃんをねむらす為めには毎夜長い廊下で提燈行列が行なわれた。四五人の奥女中が子守唄を歌たって乳母の背におぶさったわたしがねむりつくまで提燈ブラブラと歌いながら家中を練り廻った。二階の廊下から眺める両国の川開きの花火や縁日のアセチリンガスの焰がわたしを夜の快楽児としてしまった。

わたしが今だに夜間の停車場や、線路にそう信号燈の青、赤の燈火の明滅や、光の蛇のうねりの様な夜行列車や、夜業の煌々と反映する工場の燈火に無限の魅力を覚えるのもこの幼時の習性の破片であろう。

六歳の治郎八

三歳の治郎八

一方に、創業の昔に、払暁から起こしてくれた「ボンボン時計」と肩に食い込んだ「天秤棒」とを、何物にも変えがたい記念の宝として保存しつつ、家督を譲った後も、店に出て先頭に立って働こうとした初代治兵衛がいる。刻苦勉励して一家を築き、封建の気風と、新時代の風潮に従う行動様式とをあわせ持つ創業者である。対して、二代目はむしろ影が薄い。自らが奮励の努力をしなくとも、会社組織とされた薩摩商店は確実に運転されていく。まして、自分の入り込む余地もなく先代がいまなお聳えている。いきおい家父長的な存在とはなりえずに、趣味的な生活へと向かっていく。家内は、家扶と女達に委ねられている。しかもその家内には、江戸豪商の生活規範は根付いておらず、さりとて、山の手の武家的生活様式はいまだ取り込まれるべくもなかった。そのなかに、ようやく少

薩摩家の兄妹たち
左から蔦子，治郎八，増子。増子の誕生した1910年（明治43）頃。

年期を抜け出したばかりの年若い父親二代目治兵衛と、さらに幼い母マサとの間に治郎八は生まれてきていた。花札賭博の一件などは、そのような規範の欠如した家内運営から生じたものであったであろう。

幼い治郎八は、外の世界からは隔絶されて、女たちの愛玩物のように、守られ、かしずかれ、我儘に、とはいえ乱暴を振るうこともなく、柔和に育っていったのであろう。

先の回想の続きに、書かれていることは、そのさまざまなニュアンスとともに、そのとおりであったと取ってよいのであろう。

「わたしは極端に感覚的な環境に自分の幼年期をすごしたのであった」（『實話』）。

家産はすでに豊かに形成されている。感覚的に研ぎ澄まされた環境に馴染んだ少年が、その感覚を拠りどころとした生活を始めていくべき条件は整ったということである。

第二章　幼少時代——出発まで

1　新しい時代

神田育ち

幼い治郎八の「極端に感覚的な環境」は、祖母と母と乳母との世界であった。

薩摩の家の男性原理は、在世中は初代治兵衛がひとりでこれを担っていたのであった。祖父の男性世界には、幼い治郎八はまだ関わりはなかった。そして幼い日常は、女性原理の世界の中にあったから、父の存在は、その両世界のあわいにあって、心には刻み付けられなかった。後年の回想を見ても、幼年期の記憶の中に、父の姿は浮かび上がってこない。

成長して、九段精華学校の幼稚部への入学は明治三九年四月、二年間の保育を経て、明治四一年（一九〇八）に幼稚部を修了し、ただちに小学部に進む。少なくとも当初は、乳母ないし女中に伴われて人力車で通ったはずだ。九段下であっても、駿河台の高台からは、幼児の足には遠かろう。

治郎八はしばしば、神田の生まれを強調する。「神田御茶ノ水に神田明神の太鼓の音と上野の鐘声をきいて生まれた私は生粋のお祭好きの神田児」、と記したのは昭和三〇年（一九五五年）（放送談話原稿「世界市民の東京人気質」、未刊）である。

神田ッ子としての自覚が、幼いときからあったとは言えまいが、このような言及は、下町の商売町に育ったのでない、武家屋敷を今に受け継ぐ山の手の家庭の坊ちゃんとして育ったことへの自負を見せるものなのだろう。初代治兵衛の勤勉労苦の結果の富家の子である以上、出自を裏切った、矛盾した心情というべきだろうが、二代目治兵衛の時代においてすでに、上流嗜好は始まっていた。

温室と自動車――二代目治兵衛の時代

小学校は順調に進級して、大正三年三月に卒業する。この間の就学記録は、概ね残されていて、幼稚部での身体検査票、幼稚部修了証書、小学部一年から五年までの各修了証書、小学校卒業証書、小学六年間の成績表（ただし四学年のみ欠けている）を確認できる。

この頃から、ようやく父の存在が記憶されるようになる。その端緒は、祖父の死であった。治郎八小学校入学の翌年、明治四二年二月二二日に祖父初代治兵衛が世を去る。

その葬儀には、各国の知人から送られた花環が邸一杯になつた。花環にはそれぞれ送り主の名を書いたリボンが結びつけてあつたが、それらの外国人の名はおそらく百を越していたと思う。外国から送られた友情のシンボルである花々の美しさは、わたしの子供心に深い印象を残した。

二代治兵衛が名実ともに薩摩治郎八の家を切り回す時代に入ると、家庭の雰囲気も変わっていった。

（「半生の夢」）

その後父の時代になると、商業的空気は家庭から一掃されて了った。庭園の一隅には熱帯植物と華麗豊艶な蘭花植物の温室が英国風な花壇を前に出現した。〔……〕蘭の花と洋書に凝った父は、日本古美術に関心をもっていたが、それやこれやで家庭の話題は芸術的なことに花が咲くほうが多かった。

（「半生の夢」）

祖父の死後、父の代になるとわたしの環境はがらりと一変した。人力車がビュウイックに変り、庭の一角に英国風のつげの生垣をめぐらした花壇と、熱帯植物のムンムンする温室が出現した。〔……〕

祖父の死後父は大坂〔ママ〕、横浜、東京の綿糸部を解散してしまい、大磯、箱根、京都に別荘を造った。

（『實話』）

二つの回想は、ほぼ同じに見えて、大きく異なる面をもつ。「半生の夢」では、父がもっぱら趣味的方向に向かったこと、その趣味が蘭の花と洋書であったとするにとどまるが、『實話』では、より本質的な転換が浮き彫りにされる。「大坂、横浜、東京の綿糸部を解散し」たということは、営業活動の規模を小さくしたということである。そして「大磯、箱根、京都に別荘を造った」ということは、収益ではなくもっぱら消費へと舵を切ったということである。培った富を、ひたすら増殖はさせずとも、木綿商社の活動と富家としての生活を持続しうる程度に安定させたと言ってもよいだろう。

初代治兵衛が世を去った翌年明治四三年の交詢社版日本紳士録、そして翌四四年の人事興信録には、薩摩治兵衛は等しく「近江銀行取締役、木綿商」とされている。木綿の販売はなおもその商業活動をなしていたとしても、先代のように木綿王と呼ばれるのとは異なるニュアンスがそこには感じられる。さらに後のことだが、大正一四年の人事興信録には、単に「資産家」とあるのみで、本文には、「資産家にして曩《さき》に薩摩商会〔ママ〕取締役たりしことあり」と書かれている。名目的には薩摩商店の運営実権は他に譲って、その収益のみを得られるような関わり方になっていたということである。

自らは商業活動の陣頭に立って働かなくとも、先代が作り上げた経営装置は作動している。会社に任せておいても収益は得られて、そこから富は供給される。そうであれば、人は趣味に生きればよいことになる。二代治兵衛の目指したのはそこにあった。

江戸の惑わし　　父が、父として認識されるようになる時代は、治郎八の学齢とともに始まったのだが、その時においてさえ、父親の代表するのは、男性的、闘争的、実業の世界ではなくて、もっぱら趣味と消費のそれであったというところに、治郎八の環境の特異さはあった。父もまた、祖母や母と同じ、女性的価値の側に立つ。

両者に差異があるとするならば、母と祖母を通して触れるのが、江戸以来の和の文化の伝統に連なっていたとき、父を通しては、英国風花壇の洋種の花卉や、温室の温気の中にある蘭や熱帯植物、あるいは自動車の、洋風ハイカラの雰囲気が触れられるものになっていったことである。父と、父の趣味を満足させるべく雇われた青年たち、英語の夜学に通っては西洋美人を夢見る園丁、また機械技師くずれの自動車運転手などを通じて少年治郎八が育むのも、西洋への憧れであった。

和洋二つの道のうち、はじめに少年の耽溺の対象となったのは、和の世界であった。乳幼児の時代には乳母の支配下にあった治郎八は、学童となった時代には、どうやら祖母ヒサの支配下に置かれた。江戸の世界へと導かれて、これに馴染んでいった。その足は、浅草からさらに吉原にまで及んだと、後に治郎八は回顧する。

わたしの幼年期の世界はお茶の水から神田明神、上野、浅草、向島であった。

太田姫神社の氏子ではあったものの、三才と五才の七五三の祝いや誕生日には神田明神と上野の東照宮に参詣した。

江戸児の祖母は、東京は徳川家康が建設した都であるという見地から、東照宮にお禮するのだと、わたしを引きつれて参拝させた。神前で、飲む神酒の甘味はわたしのこの神殿に対する愛着を深めた。

（『實話』）

浅草寺と六区、雷門前の眼あき按摩九鉄、小芝居の宮戸座、絵草紙のようであった旧い吉原などは、はるか後年になって思い起こされる。なかでも、芝居に惹かれていた。

わたしの幼年時代の夢は千両役者で毎日、月交代で日本橋本店から派遣される「お相手」と称する小僧氏相手に假名手本忠臣藏から三人吉三までの大熱演をやらかしていた。紙クヅかごに半紙をきざんで天井から雪を降らしたり、あらゆる智えをしぼりぬいて、千両役者の夢を描いていた。〔……〕頭は歌舞伎で一溢《ママ》だったわたしは祖母のさしがねで早びけしては迎いの人力車を飛ばして市村座に入りびたった。

その頃の芝居は芝居茶屋から乗りこんで行くもので開場も朝っぱらからだったので「お手手を開いて」どころの遊ぎも上の空で迎いを待ちこがれた不良学童だった。（『實話』）

治郎八の生涯をたどると、それぞれの時期にそれぞれの夢想が、指標となって浮かび上がる。その最初のものが、この千両役者の夢であった。それにしても、役者にではなく、千両役者になることを夢見たと言うのだから、すでにして後年の豪奢贅沢好みは萌芽していたと言うべきであろう。

一方また、同じ江戸情緒であっても、より家庭的なと言おうか、純な経験もあった。

母の思い出

それらの記憶は、母につながるものである。

入谷の朝顔を見に夏の早暁に池の端を過ぎて蓮花の開く音をきいたり、亀戸の藤、大久保のつゝじ、蒲田の菖蒲、向島の秋草と当時の田園的な東京の近郊はわたしには親しい自然分園であった。（『實話』）

後年、初めてのパリ滞在の時代に、「私の心は遙に過ぎ去た少年の日を限りなくしたつております」として、東京の同人雑誌に送った、稚い詩篇のいくつかに、幼い日の反影を見ることができる。祖母ヒサは明治四五年七月一四日に他界する。治郎八小学校五年生の夏である。幼年期を抜け出していく時期に、祖母の影響が消えて、母の感化が強くなっていった。

螢を追いて／さまよいし／夕闇の／名なし小川のせせらぎや／ほつほ螢こい／こつちの水は甘いぞ／あつちの水はにがいぞ／螢飛び交ふ／田のあぜに／楽しき夢や／露と散る（「螢狩」）

朝顔の／紫色のトレモロに／若かりし日の母君の／優しき御手に／つながれて／ありし朝や（「母君」）

遊びつかれて／夕闇の／園の小径を／妹と／母をしたいて／歸り行く／幼な心に／虫が鳴く（「晩歸」）

妹とは、蔦子である。治郎八には、蔦子と増子、二人の妹があったが、とりわけ一つ違いの蔦子を愛したもののようである。

さて祖母、母、そして妹につながる情緒の道と並ぶ、もう一筋の道は、父二代治兵衛の趣味の生活に何がなしの影響を受けながら、西洋と文学に向かうものだが、これはやや遅れて、小学校高学年から始まってくる。

2　治郎八の成長

九段精華学校

一九〇五年（明治三八）四月八日に開校された精華小学校に、初年度に入学したのは男児六名、女児一名であった。一九〇六年は男児一〇名、女児九名、二年生にもさらに男児一名、女児二名が加わった。この年幼稚園を併設して男女三〇名を受け入れた。治郎八はこの年に幼稚園に入学したのである。一九〇七年の小学校入学者一八名、幼稚園児は二五名の入園であった。一九〇八年新学期には、小学校入学者三〇名、幼稚園児二三名。一九〇一年（明治三四）誕生の治郎八が小学校に入学したのが、あたかもこの年に当たる。

精華学校は、麴町区飯田町一丁目（現在の千代田区九段南一丁目）にあったが一九四五年の空襲で消失、廃されて、再建されることはなかった。今は、九段会館のかたわらに、精華学校発祥の地の碑のみがひっそりと立つ。

残された記録の一部を見ておこう。

幼稚部入学後ほぼ一年が過ぎた、一九〇七（明治四〇）年一月一九日検査と記した身体検査票がある。身長は一一五センチ。体重一九一三〇とあるのはグラム単位か、それならば一九キロ一三〇グラムということになる。胸囲五三センチ。魚は少なく、肉を多く食し、毎朝卵一ケ摂る、筋肉、脂肪良好にして、皮色良い、しかし耳垢をためた幼児である。その後、小学校時代の検査にはいつもこの耳垢が指摘される。言うことを聞かない子供であったのだろう。

六年生に進んで間もない身体検査では、身長四尺八寸九分、体重九貫八五〇匁、胸囲二尺二寸五分。なぜか、メートル法が尺貫法に替わってしまっているから換算しておこう。身長百四八センチ、体重三六、九キロ、胸囲六八センチである。あいかわらず耳垢をためている。

この時代の児童としては、大柄である。学年は不明だが、低学年時と高学年時の二枚の集合写真が残されている。そのいずれにおいても少年は群を抜いて大きな体をしている。

四学年分以外はすべて揃っている成績表は、三年次までは一般的な甲乙丙丁方式、五、六年時は美、良などに

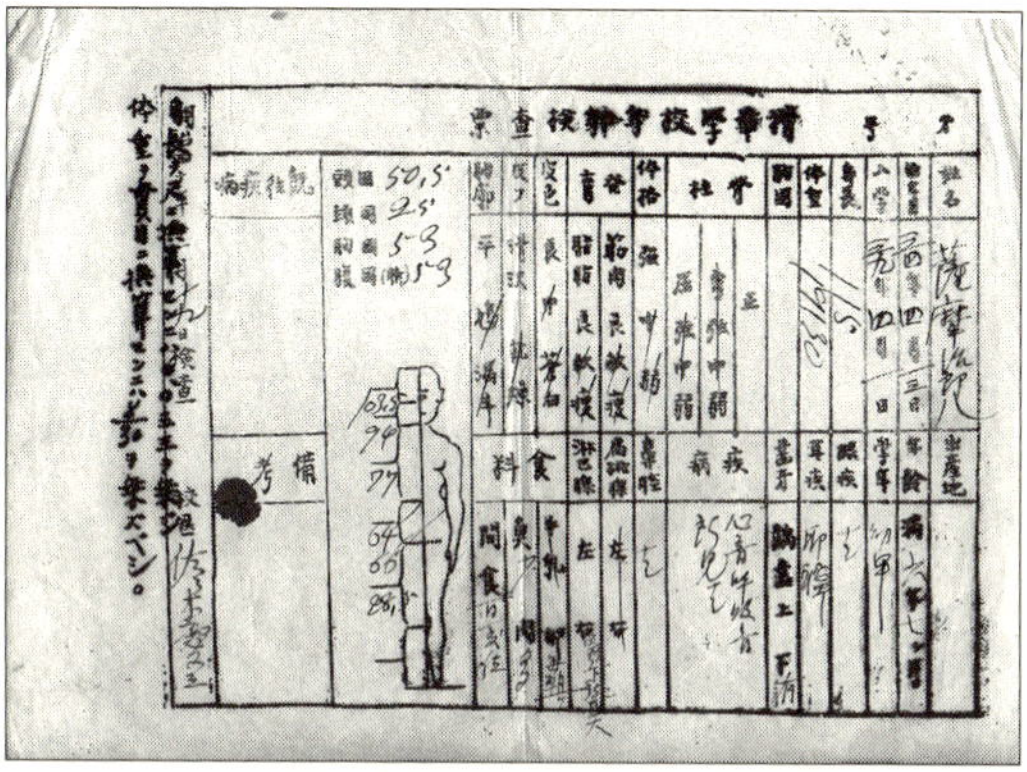

精華学校幼稚園の身体計測記録

小学校低学年の集合写真
治郎八は左端から三人目。

よって示されている。成績記載法が変更されたものであろう。

卒業時の成績は、修身＝美、国語（読方＝良、綴方＝良、書方＝良）、算術＝良下、歴史＝美、地理＝美、理科＝良、図画＝良、唱歌＝美、体操＝良、手工＝良、英語＝良、操行＝良。算術はいささか不得手、歴史や地理を好み、唱歌をよくする、育ちの良い少年といえるだろうか。小学校においてすでに英語の科目のあることが目を引く。

卒業は、一九一四年（大正三）三月二九日付であった。

葛原𦱳

ところで、この精華学校には、「夕日」などで知られる童謡詩人の葛原𦱳《しげる》（一八八六—一九六一）が教師として勤めていた。あたかも治郎八入学の一九〇八年に高等師範学校を卒業して、ただちに精華学校初等科訓導になっている。広島県の出身。琴の名手葛原勾当

小学校高学年の集合写真
治郎八は中列右から五人目。

を祖父とする。教職にあると同時に、博文館の投稿雑誌『少年世界』などの編集にも関わり、自らも多くの童謡を発表した。九段精華学校の廃されるまでここの教壇に立ち、その後は、郷里に帰って、ここでも教育に献身した。

すでに精華学校を卒業して中学に進んだ後であるが、治郎八が葛原に宛てて書きながら、投函されずにしまったらしい一枚の絵葉書が残されていた。「府下淀橋柏木九四四　葛原　慈先生宛　駿河台にて　のどかな春の日に　薩摩治郎八」とした、こんな文面である。

一雨毎に木々の芽が青くなり花見だ散歩だなどと人々の樂むなつかしい春になりました先生にも御変いらつしやいませんか　私は此一月からインフルエンザでついこの間迄ぶらぶら致して居りましたがもはやすつかりよく

なり毎日学年試験に出て居ります
二十日には休みになりますから又小磯に百姓をしに行こうと思て居ります〔……〕
こんど箱根の小涌谷に小さいながらも別荘が出来ましたからお遊びにいらつしゃつたらおたちより下さい　私もこの夏は是非まいろうと思て居ります　そして昔の東海道のことをしのぼうと思て居ります
こんど博文館から先生の御作りになつた勾當日記がでました　私は休暇になつたらゆつくり讀ふと思てたのしんで居ります
どうぞ御体を御大切に
そして先生の心血をそゝいで書いておいでになる少年世界の益々盛になることを望みます
風かをる箱根の山の花吹雪　さびしくくるる春の夕暮

葉書は一九一六（大正五）年の春、つまり中学に進学して第二年目の、それも間もなく学年末の試験を終えて春休みになろうという、三月二〇日の直前に書かれている。葛原が祖父の印字による日記を翻刻刊行したのは前年一一月のことである。

卒業してすでに二年近く経た後に、かつての恩師に書いて、結局出さなかったのだが、伝えたいことのあるのは確かである。「少年世界」に葛原が関わっていることを承知していると伝えようとしている。すなわち、文筆に関心のあることを表明している。大磯の別荘に加えて、小涌谷に別荘ができたことを、いささか誇ってみせている。そして最後の一行は、たどたどしいながらも、すでに日常的に作歌しているらしいことを伝えている。

『せ・し・ぼん』巻頭に寄せた堀口大學の文章「薩摩君のこと」には、次のように書かれていて、これもまた薩摩治郎八伝説の一部となっているかの如きである。

薩摩君は早熟な少年だった。十五歳の時、『女臭』と題する三百枚の小説を書いて、当時崇拝していた水上滝太郎に見せに行ったという。男道の同性愛が主題だったという。女臭という題名は稚児の体臭に由来していたという。水上滝太郎は一読の後、薩摩君の早熟ぶりに驚いて、〈君がせめて二十五歳になっていたらいざ知らず、現在これをどこに発表しても、誰あってこれを君の作だと信じる者はあるまい。〉と言ってかえしたという。薩摩君は信頼し切っていた師ともあおぐ人に言を聞いて、その原稿を焼き棄ててしまったという。惜しいことをしたものだ。水上氏は知っていたであろうか。この時ともすれば、自分が日本に生まれたレーモン・ラディゲを、二葉の時に摘みすててしまったかも知れないと。

焼き棄てたものなら、無論堀口大學も目にしたわけではない。葛原宛文稿が一九一六年三月のものであれば治郎八はすでに数えで一六歳である。一五歳で書かれて水上瀧太郎を感心させた三百枚の小説というものが、この筆先からただちに生まれ出るとは信じがたい。それに水上は、一九一二年秋から一九一六年秋までは日本に居ない。堀口と水上の有名な確執を考えると、すでに世を去っていた水上に、堀口が悪戯を仕掛けたのかもしれない。

開成中学入学

小学校を卒業の時が来て、治郎八は進学する中学校を選ばなくてはならなかった。

精華学校は、一九一一年（明治四四）、開校以来最初の卒業生を送り出すことになり、その卒業生を受け入れるべき男子の中学校および高等女学校の開設を目論んだが、経費などの問題があり、とりあえずは高等女学校のみを開設することとした。認可が一月に下りて、直ちに高等女学校が開かれた。結局その後も、中学校が設置されることはなかった。

後に福島繁太郎の妻となる慶子《よしこ》（旧姓荘）は治郎八と小学校の同級であった（とされるが、彼女は一九〇〇年の生まれだから、あるいは一学年上級であったかもしれない）が、一九一四年、彼らが精華学校小学校を卒業するに際して、慶子は三年前に開設された高等女学校に進んだ。しかし治郎八は、進学する中学校を別に選ばなくてはならなかった。

治郎八は開成中学に進んだ。

「半生の夢」には中学の名前は記されていない。だが、未刊の『實話』および、これと重なる内容を含む別の草稿『我が世界放浪記（ロマンチックな！あまりにロマンチックな！）』とには、「中学は開成に行った」ことが記されている。

開成中学は、駿河台の邸からほど近かった。現在は西日暮里にある開成学園だが、関東大震災による校舎焼亡までは神田淡路町二丁目にあって、現在の淡路公園の位置がそれに当たる。鈴木町二一番地から一キロメートル足らずの距離である。

開成中学の創設は明治初年に遡る。一八七一年（明治四）に、はじめは大学予備門に向けた予備校として創設された「共立学校」は、一九〇〇年「私立東京開成中学校」となって、中等教育において、上級学校受験のために必要な教育を授けることに専心することとなる。その教育では、常に英語の教育が重視されたもののようである。

であるならば、すでに精華学校において小学生の頃から英語の学習を始めていて、「霞町に住んでいたショウ司教の遺児ミス・ショウの家や新龍土町のグロクラーというアメリカ婦人の家庭に入りびたっていた」（『實話』）と自慢げに語る治郎八にとって開成学校は、好適なる学校であるはずだった。

謎の中学第二学年

確かに開成中学校に入学はしたのである。東京開成中学校通信簿が三冊残されている。

一学年度分は欠けているが、一九一六年（大正五）度第二学年一組の通信簿がある。これには、試験の成績が書き込まれていて、どうやら学年末試験は受けていないのではないかと思われる記載であるが、及第はしている。しかし学年末にいたって、欠席が極めて多くなることが目に付く。一月に一四日、二月は二五日（授業日総数にあたる）、三月には一〇日と欠席して、この三ヶ月の出席は、授業日数六二日の内一三日にすぎない。それでも進級して三年生となる。三年生の通知簿は奇妙なことに二冊残されていて、三年三組とある方では、体格検査表はあっても、成績表は空白のままである。ここでも学年当初の三ヶ月だけに記載されている出席状況が、前年末よりは改善されているにはしても、欠席が目立つ。家庭からの連絡ページも欠席の届けが多い。四月に九日、五月に七日と欠席していて、すでに言ったように成績の記載はない。そしてもう一冊、第三学年四組と記した通知簿はまったくの白紙のままにとどまっている。これを理解するのは困難ではない。第二学年を及第して三年三組に進んだが、学年初めから欠席勝ちで、その学年は終了せずに終わり、さらにその次の年度には三年四組に配属されて通知簿が届けられたものの、ついに開成中学では学業が継続されなかったのである。

しかも、小学校卒業後の一九一四年（大正三）にただちに中学の学歴が始められたのであれば、大正五年度には第三学年にあったはずであるから、この第二学年終了以前にすでに、一年間の実質的休学が存在したのであろう。一九一六年（大正五）は二度目の第二学年に当たっていたかもしれない。

そして、いかにも唐突に、一九一八年（大正七）三月二〇日付のある、高千穂中学校三年生の修了証書が残されている。大正五年度末、即ち一九一七年（大正六）三月に開成中学校第二学年を了《お》え進級したが、その学籍は、おそらくそのままに放置され、同じ年度のうちに、高千穂中学三年に在籍を始めたということに見える。そして大正六年度末の一九一八年（大正七）三月に第三学年を終了したということになるのである。

自然解消された中学校通学

「半生の夢」には中学時代のことはほとんど書かれないが、『實話』では開成中学については、《オカマ中学校、中学生の男色ゲーム》の小見出しのもと、次のように言及される。

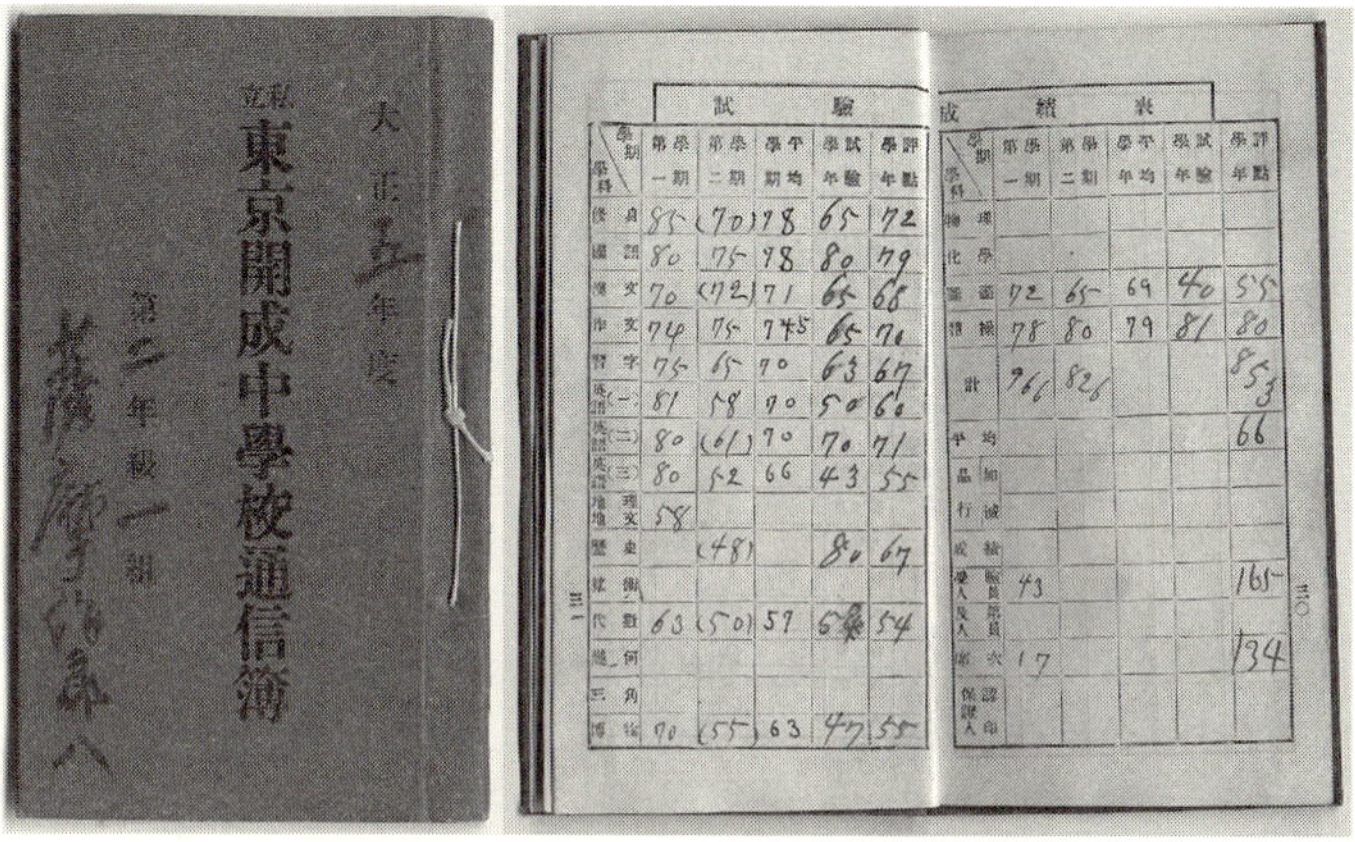

開成中学校二年通信簿，表紙と試験成績表

丁度その頃開成中学に通っていたが、秀才学校とはいえ、それは表面のカバーであって生徒間には男色ゲームと称する怪しげなものが風靡していた。

　誰が誰のワイフだなどとえげつない放言を耳にしたわたしは、とんだ世界に飛びこんだものだと思った。校長の白髪からモグモグ飛び出す論語とはおよそ似てもつかぬ校庭での強カンゲームはエロスを美と感じていたわたしには最初の幻滅であった。

　そこえ《〔ママ〕》激烈な顔面神経痛に襲われたのを機会にこのグロ地ゴクの様な中学をキリ上げて大磯の家に田園生活にとぢこもり一日も早く英国の空気を吸いたいと考え出した。


　お稚児趣味というべきこのような風潮は、すでに大正に入ったこの時代にも蔓延していたのであろうか。

　治郎八は一九一六年（大正五）度の開成中学第二学年通知簿には、身長は五尺五寸、すなわち百六十六センチとある。色白のふくよかな体つきではあったにしても、治郎八が稚児狩りの対象になったであろうとは思えないのだが。

自宅から近い、英語教育で知られた開成中学に入学はしたものの、ここを中途退学して、改めて高千穂中学に中途入学したことは間違いなかろう。あるいは稚児趣味の蔓延に嫌気が差したのであったかもしれず、それならば顔面神経痛も、そのようなストレスに由来するものであっただろう。小説『女臭』も、その出来映えは知らず、この体験にもとづくものであったのかもしれない。

高千穂小学校は、一九〇三年(明治三六)に創設され、さらに幼稚園(明治四〇年)、中学校(明治四二年)が併設された。一九一四年(大正三)には私立学校として初の商業高等学校を開校して、幼稚園から高等学校までの一貫教育を成立させた。今日なお高千穂商科大学として存続している。

高千穂中学の所在地は、西の府下東大久保村であった。すでに甲武鉄道は運行され、その万世橋駅も一九一二年(明治四五)には開設されているし、市街電車網も整備されて、東大久保最寄の場所を通る角筈線も一九一〇年頃には開通していた。

高千穂中学で第三学年は終了した。しかし、その後の学歴の記録は、発見されていない。小学校時代までの成績表あるいは終了証の丁寧な保存を考えるなら、中学校の卒業証書が残されていないことは、異様に思える。三学年修了証以外に何も残されていないことは、実際に、それ以後の学歴は、もたなかったのであろう。

当時の学制において中学校は五年制である。一九一九年(大正八)以降は、高等学校の入学資格が中学校四年修了とされたために、四年修了は一定の資格に準じて考えられることになったが、三年修了のみでは、中学校中退でしかない。高千穂中学に移って三年修了まではこぎつけたが、それ以降は「中学校通学を自然解消してしまった」(「半生の夢」)という表現が真相を伝えるものであろう。

そして治郎八は、父親が購入した大磯の別荘へ籠ってしまった。この別荘とは、かつて伊藤博文の屋敷の一部であったものであるという。伊藤は一八九〇年(明治二三)小田原に滄浪閣と称する別邸を建てたが、後一八九七年(明治三〇)に大磯の東小磯に新たに住宅を建てて、本籍をこの地に移し、これを自宅とし、改めてこれを滄浪閣と呼んだ。さらに、この屋敷に別棟を設けていたが、この別棟を後に二代薩摩治兵衛が購入したのであった。ついでに記しておけば、薩摩家にはこのほかに、箱根小涌谷に別荘があった。

文学への憧れ

中学校の学歴をおそらくは中途でうち切って、自学自習を始めたこの頃から、治郎八の読書熱はさらに盛んになったもののようである。

中学に進んでからの読物は「平家物語」「源氏物語」「ポールとヴィルジニー」「レ・ミゼラブル」などで、ワーズワースやシェレー(＝シェリー)等を読み出す頃になると、一も二もなく英国に行きたくなつてしまつた。

(「半生の夢」)

白樺派の隆盛時代でトルストイや新しき村もきゝかぢり、人道主義や共産主義にも中学一年生の柔かい頭でゾッコンほれこんでしまった。

と仝時にわたしの幼時から芽生えていた耽美的傾向も頭をもち上げ出して半解りながら駿河台下にあった中西堂の洋書棚で引出してきたボードレールの悪の華の英譯を読み耽り、堀口大学《〔ママ〕》の處女出版のパンの笛や月光とピエロの異国的香気にアテられだした。

そして荷風のフランス物語を手にした時わたしは世紀末的なパリに憧憬の胸をこがしきった。

わたしの頭には平家物語の物の哀れの日本的感情とツルゲネフの描寫のロシヤの自然とトルストイの人道主義と新しき村の現実と荷風のフランスが渦巻きだした。（『實話』）

中西堂は中西屋の誤りであろう。神田二番地、現在の駿河台下交差点の小川町よりにあった洋書籍商中西屋は、丸善を興した早矢仕有的《はやしゆうてき》によって明治一四年（一八八二）開業し、大正九年（一九二〇）まで存続した。

たしかに、時代は「白樺」の活動のもっとも盛んな時であった。「新しき村」は一九一九年（大正八）に建設が始められている。『パンの笛』と『月光とピエロ』も一九一九年の刊行、『ふらんす物語』の刊行は複雑だが、一九〇九年三月の初版は届と同時に発売禁止になったから問題外として、一九一五年の『新編ふらんす物語』は治郎八一四歳の年であるから、あるいは目にしたかもしれず、さらに、春陽堂版全集に、後に流布する形にほぼ整えられた『ふらんす物語』が収められるは一九一九年だから、まさしく、治郎八の高千穂中学第三学年終了から渡欧までの期間に当たっている。

ここに挙げられているのは、ことごとくが、明治末から大正中期にかけての、最も新しい文学にほかならない。治郎八が、文学少年としての時期を過ごしていたことがうかがえる。さらに、おそらくはこれに先立つと考えられる『平家物語』『源氏物語』『ポールとヴィルジニー』『レ・ミゼラブル』、さらに「ワーズワース」や「シェレー」を付け加えればよいか。平家、源氏と並べられているのは、いささか不審ではあるが、古典を手軽に読める活字本の叢書として広く読まれた有朋堂の文庫にそれぞれが入るのが、恰も明治大正の交である。さらに、与謝野晶子による現代語訳『源氏物語』も一九一二（明治四五）年には完成しているから、これを読む可能性はあっただろう。『ポールとヴィルジニー』の生田春月訳『海の嘆き』は一九一七年（大正六）刊行、もっともこれ以前一九〇九年（明治四二）に宮地竹峰訳述『少女の操、ポールとバージニア』が刊行されてもいた。後にパリから妹蔦子がこの本を送れと書いているから、薩摩の家にあったことは確かで、それなら、治郎八が少年の日に読んだのも、これであったかもしれない。『レ・ミゼラブル』は、豊島与志雄による完訳が一九一八年（大正七）には完結している。イギリスロマン派ではワーズワースが早く、シェリーはこれに遅れるにしても、明治末年にはすでにかなり知られた名前であったし、大正に入っては、アンソロジーの形によってではなく、それぞれの詩集としての翻訳も見られるようになってきていた。治郎八が少年期の読書としてあげる作品群は、いずれも、この時期に、現れていたものである。しかもその中から、日本の自然主義ではなく西洋のロマン主義を中軸とする方向、さらにドイツ、ロシアよりは、イギリス、フランスの系譜へと、その関心が向かっていたらしいことが想像される。

その一方で、白樺の人道主義にも惹かれていた治郎八は、この時期に、後にパリから詩稿などを送る、白樺派の弟分と呼んでよい、四歳年上の三島章道と知り合っている。フランスから若い文学同人の雑誌への詩篇の寄稿などは、渡欧以前にさかのぼる交友関係を基盤とするものであった。

3　憧れに向かって

ロマンティックな夢

中学校時代は、不完全な形で締めくくられねばならなかった。その一方で、父の感化も受けながら、西欧の芸術の魅力へと導かれ、時代の新しい文学にも目を開かれると言う体験をしていったし、同世代の文学青年との交際も始められていた。

治郎八はおそらくは家族の暗黙の了解のもとに、中学の学業を中途で放棄して、文学と西洋への憧憬に突き動かされていったのであった。家族の了解がなければ、中学の学業を続けずに、大磯の別荘にこもって暮らすことはできなかったはずである。また、英米人に交際して英会話を身につけたということも、それが「紳士」になる道と認められたからこそ、進められたことであったのであろう。

治郎八自身の生活は、学業からより趣味的なものへと転換されていくことになった。その挙句に、おそらくは中学校の決定的中途放棄と英国の夢が、まっすぐにつながっていった。それを誘い出す働きは、父二代目治兵衛の日常が果たしていたはずである。

女出入りのない禁酒禁煙の父は一切の創造熱を美的生活に打ちこんだ。美術品漁りで朝夕を費やした彼はおよそボンボン時計と天ビン棒だけを愛蔵した祖父の性格とは似てもつかぬ貴族趣味で巨万の富が彼の趣味生活に投げ入れられた。

そのあげくが御茶ノ水邸の改築となって実現された。丸丁字《まるちょうじ》ののれんは申訳的の存在と化し、彼は、京都の離宮、社寺を技師仝伴巡回した。そして大宮殿の建築計画をめぐらした。

古今の名画、名匠の麗筆をふるった室内装飾、フランスのじゅうたん、洗練の極致をきわめた庭園、拡大《〔ママ〕》な室内は当時では珍らしい室内電話で連絡される仕掛けとなっていた。

源氏物語の絵巻とフランスの城《シャトー》の混交した様な御殿が完成したのはわたしが英国に到着した後であった。（『實話』）

二代目治兵衛

残された写真を見ても、二代目治兵衛は、穏やかな、あるいは静かな人柄が想像される。あくまでも自らに厳しい刻苦と勉励の人であった初代は、自分と同じ苦労を息子に味わわせることは望まなかったのであろう。家督を譲っても、実務は自らが引き受け、息子は富家の二代目として家にあって、安逸に暮らすことができた。一九歳で子を持っても、自らがまだ家付きの息子であった。その青年が身内に蓄えた夢想が、いよいよ父を失って、おのれがすべてを切り回すことになったときに形を持って表れたのが、「美的生活」、「趣味生活」であった。あくまでも瀟洒な「貴族的」趣味に貫かれた、優雅な消費の生活であった。

「大宮殿」は、治郎八が英国に赴いた後に駿河台に建設されたが、二年を経ずして関東大震災で潰えた。その後には初台に、これも伝統建築の棟と洋風建築の木造二階建とを併せ持つ本邸が、建設された。また、京都には、南禅寺の地に三つ目の別業が営まれた。大正五年から昭和五年まで、各種の資産家名鑑に、薩摩家の資産五〇〇万円と見えている。

二代治兵衛の趣味の行き着いたところに生まれたのが「源氏物語の絵巻とフランスの城《シャトー》の混交した様な御殿」であった。すでにして蘭と自動車に心を寄せたこの二代目の夢の中には、まだ見ぬ西洋があった。西洋を訪れたかったのは、治郎八である以前に、その父であった。薩摩商店当主として、自らは望んでも果たしえない西洋体験を、おのれに代わって父は、息子に望んだはずである。

紳士の教養と社交を、その本流たる西洋の流儀で深く身につけること。紳士の教養とは何か。すなわち欧風の教養を身につけ、芸術を友とする、大ブルジョワの誇りある紳士となることであった。自ら渡欧を望んでも、もはやその機会は得られないものなら、息子にそれを実現してもらいたかった。息子もまた西欧の夢を抱いていた。父は息子をイギリスへと送り出す。歳の離れない息子の夢は、父親の代理として果たすべき夢になっていく。

父親は少年に「ブ厚な信用状」と、「紳士教養を身につけてこいとだけの自由主義的の別辞」だけを与えた。「すべての行動は紳士道を滑りつゞける限りはオールＯＫ」（『實話』）次第であった。

一九二〇（大正九）年秋遅く、治郎八は欧州に向って旅立つことになる。

紳士の教養

この渡航は、「原玄了という稀代の歯抜きが大いにアッセンしてくれた」（『實話』）のだという。英国滞在を斡旋した人物が居たのである。

原玄了（一八七三―一九四八）は渡米してデンバー大学歯学部を出たのち、米国人の夫人を伴って明治三一年（一八九八）に帰国したという。虎ノ門に開業して、貴顕の患家を多く持ったようである。それにしても、治郎八の渡英がどのように決められたのか、それをうかがわせる材料は残されていない。原玄了という歯科医師が斡旋したとして、どのように関わったのか。原一人が準備のすべてを請け負ったのではないことは、後にわかる。ともあれ治郎八自身は、こう記している。

外交国の大公使、牧野伸顕伯をはじめ当時のパリパリの紳士淑女を相手に時間的のサロン。話は英語の方が手取早く、レントゲンまで完備したスーパー近代的ドクターだった。外出は二頭立の馬車で貴族中の貴族生活者。このドクターがわたしの渡英プランを立てたのだから落付く先まで念の入った田舎の牧師邸。（『實話』）

落ち着く先は後に見るとして、原玄了についてはさらに、「内外タイムス」紙のコラム欄「粋人酔筆」に書いた文章（「謝肉祭《カルナバル》の頃」一九六二年二月一九日号）に、ニースから手紙をくれたとして、喜波貞子（治郎八は木和てい子と書いている）の思い出話を語るなかに、こんなことが書かれている。

もっとも日本的な蝶々夫人の名声の高かった木和てい子さんはオランダ国籍だが、その愛する祖国は日本で、彼女は関東震災ののち母堂クリンゲン夫人が長年住みなれた東京の邸を離れてニースに引退の場所を求めたのについていった。クリンゲン夫人は明治大正の宮内省御用の洋裁師として名高かった。私の妹が千九百二十年パリに留学する時まで、東京で唯一のドレスメーカーだったクリンゲン夫人の御ヤッカイになった。

私は子供の時からクリンゲン令嬢とは幼な友達だった。姉妹二人で有名な歯科医原玄了先生の家に通ってきたクリンゲン令嬢だった。

まず原玄了先生の得異な生涯から話すと、彼は米国育ちで、夫人は米人で、美しい混血児のお嬢さんがあって、木和さんにも私にも幼な友達だった。

原先生の家には外交団と当時の高官だけが出入を許されていた。実業家の家柄では私の家だけが出入をしていたという特異の医院で、診察はあらかじめ時間割を厳守されていた。

いくら金を出しても原玄了には歯をいじって貰えないという定評があった。〔……〕幼ない「日本の坊チャン」だった私が、この異国風な木造に色ガラスの窓から光線の射し込む待合室で、マガジンを見ていると“Teiko”さんが二階から診察をすまして降りてきたりしたものだ。

〔……〕このベルエポックは関東大震災とともに消えてしまった。虎ノ門のほとりにあった原玄了邸も焼けてしまい、私はとうに英国に渡ってしまい、クリンゲン一家は南仏ニースに移住してしまった。

長く引いたのは、原玄了と薩摩家の関係のほかに、原医院と同じ虎ノ門にあったクリンゲン家の、いわばオート・クチュールというべきであった服飾店ラ・ヴィ・ド・パリ、さらに、治郎八の妹達も通った、同じ虎ノ門の東京女学館といった、当時の上層階級の空間を想起させるからである。ヨーロッパのそれの模倣であったとしても、富裕層が作り出す、社交と文化的交流の場は日本でも形作られ始めていた。治郎八はその中に育って、そこからヨーロッパへ、ヨーロッパが育てた世界を体験しに旅立っていったのである。

喜波貞子（一九〇二—一九八三）は、オランダ人の父と、オランダと日本の混血である母の間に生まれて、四分の一だけ日本人であるオランダ人。本名はレティツィア・クリンゲン、ソプラノ歌手としての芸名は、祖母の名前キワによって作ったという。ながくニースに住んで、後の戦中戦後の時期に、同じニースにあった治郎八と会って、昔を懐かしむことになる。

妹蔦子と行くヨーロッパ

治郎八は出発する。回想には、「横濱から一條公爵夫人と黒木伯爵夫人を道連れに乗船した」（『實話』）という。「道連れに」とは、大きく出たものだが、この一條公爵夫人と公爵自身は、治郎八のヨーロッパ滞在に、やがて大きな影響を与えていくことになる。母方杉村家の庭園の池で、高等商業学校に通う叔父が商船を集める夢を醸すのに対して、「《商船主なんかになるよりは、いっそヴェニスの大運河に浮んだような豪華なフレガートに乗って、世界一の美姫と一緒に神秘な月夜の航海がしてみたい》と秘かに願った」少年は、美と芸術と美しい女人への憧れに導かれ、「郵船会社欧州航路北野丸に乗つ」て英国に向かった（「半生の夢」）。北野丸は、一九〇六年（明治三九）起工、一九〇九年（明治四二）一月進水、同年四月に竣工したものである。八五〇〇総トン、速度一五ノットであった。

治郎八は船出した。しかし、一人旅ではなかった。

薩摩治郎八伝のもとは常に、「半生の夢」であった。治郎八が一人でロンドンに赴いたことを疑う者はなかった。だが、事実はそうではなかった。治郎八のロンドンとパリの滞在には、一歳違いの妹蔦子（ツタ）が伴っていた。共にロンドンに向かったのであった。さらに二人には、蔦子の付き添いとして、家庭看護婦の佐藤さだ（貞）という婦人も同道していた。両親に宛てた治郎八と蔦子の手紙が残されていて、そこに経緯《いくたて》をたどることができる。

蔦子は一九〇二年（明治三五）五月生まれ、東京女学館を卒業の後、女子高等師範学校（現在の御茶ノ水女子大学）附属高等女学校に学んだ。高等女学校は、尋常小学校卒業後五年間の教育機関であるから、蔦子は渡欧の年、一九二〇年の春に、あたかも卒業したのであった。高等女学校も了え、やがて結婚が調えられるはずの娘に、両親は、兄と共にヨーロッパ遊学を許したのだろう。

兄は紳士に、妹は淑女になるために、ヨーロッパへと向かう。家族は一一月二日、神戸出帆の船を見送った。門司を離れる日に蔦子は、妹増子にこんな奇妙な葉書を投じている。

テデーチャンいよいよ今日ハ日本をはなれます　げん海灘を越してチヤイナラ。リンゴチャンニヨロシク。テデーチャン　オミヤ。カツテ。マヱリマス　チヤイナラ御機嫌ヨウ　　　　テデー

テデーはテディーベアである。連れて行くぬいぐるみに仮託したのである。薩摩の家では、ぬいぐるみが家族の生活の中に溶け込んでいた。「テデー」はイギリスからもたらされて蔦子の愛玩物になっていた。治郎八もまた熊の人形を持ち、これは「中熊」と呼ばれ、治郎八はこれによって「中熊持主」と称し、また「中熊」と名乗ることもあった。父親の治兵衛に宛てた手紙の中でさえ、ぬいぐるみを主人公とした仮託の物語が語られたりしていて、この一家は、引き延ばされた幼年時代を生きていたと言っていい趣がある。テデーは旅行に同行し、後に他のぬいぐるみもパリへ呼び寄せられた。

各地に寄港しながらのロンドンへ向かう北野丸の旅には、五〇日ほどが費やされた。

日本郵船株式会社大正九年度の「定期表及運賃表」には、北野丸は一〇月二九日に横浜を出港、一一月四日に門司を出発、その後の寄港地を上海八日、香港一二日、シンガポール一八日にそれぞれ発、マラッカ、ハノイに寄り、コロンボ二六日、ポートサイド一二月九日、マルセイユ一五日に発、一二月二二日にロンドンに入港の予定が記されてある。

また、日本ロンドン間の一等運賃は七二〇円とある上にペンの書き込みがあって運賃は改正されるとしてあるから、これよりも高かったのである。

船中では、専ら一條公爵夫人に世話になった。「寄港地では何にしても昭憲皇太后の息のかかった一條夫人にクッ付いていたので万事が豪華版だった」(『實話』)。また、乗り合わせた大谷光瑞にも出会ったという。すでに本願寺門主を引退した後で、しかし文化活動は続けていた時期の大谷に会ったということになる。「バンドゥンの農園経営に出かけるところ」であったというが、この「巨体の紳士」が「豪快で平民的」で「甚だ魅力的な存在」であったと回想する。しかし、「僕もジャバ島に一緒に行きたいな」と言ってはみても、治郎八少年は公爵夫人に従って、ヨーロッパへと向かうことを選ぶのである。

治郎八の手紙には、「船長が全《まる》で坊さん見たいな人で」、英語は日本式で西洋人に馬鹿にされているが、「日本人の信望は大したもので」、「今時に珍しい人格者で、大谷さんも、ここの船長さんはお豪い方ですわい、といっていられました」とある。大谷も伯爵である。一九二〇年代、世界大戦が終わって世界が平和を満喫しようとしているこの時代に、限られた富裕な上流階層が、闊達に国外に乗り出していくその姿を間近に見知って、初めて国の外に歩み出す少年は、憧憬の思いに駆られたであろう。

蔦子は船中から両親に宛てて、こんなことを書いている。

明日スエズに着きます。明後日はポートサイド。そこからカイロへ行って、らくだにのったり、ピラミッドやスフィンクス等を見たいと思つて居ります。

一條様、黒木様、近藤氏、ドクター、お兄様、私それだけが私達のグループです。皆いゝ方で、いつも気持ちのいゝお話をして笑つて居ります。　（一一月六日午前一時）

後にパリでも親しく行き来することになる一條公爵夫人を中心に、小さなグループが形成されていた。近藤と言う人物は確認は出来ないが、船中の治郎八の手紙には、実業家の息で、「約半年の予定で漫遊されるので皆んなからうらやましがられて」いる「穏和な上品な堅りしたいゝ方で、可愛いお子様と奥様のお写真を部屋にかざって」（一九二〇年一一月一六日付）いる。船医《ドクター》は藤野という人であったことが、別の書簡に見える。このドクターとは親しくなって、後にロンドン在住中にも、乗務してロンドンに入港したドクターに会いに行っている。ほかに、京都大学医学部を出た小南博士という人が、ロンドンに留学するために乗船していた。これは小南又一郎（一八八三—一九五四）であろう。京都大学で助教授、帰国後一旦岡山医科大学教授に嘱任の後、大正一三年（一九二四）に京都大学法医学教室第二代教授に任じられている。この人も、穏やかな好人物であったらしい。ロンドン、パリへ行ってからも連絡があった。

「半生の夢」には「マルセーユに着き、そこから英国に向つた」とあるが、当時の両親宛書簡に見る限りでは、マルセイユに寄港ののち、ロンドンまでまっすぐ船に乗っていった。

第三章　ロンドン――紳士への道

1　ホイットチャーチ

二二日北野丸は静かに静かにテムズ河をさかのぼつてグレーブセンにて検疫をすましビクトリヤドツクに着きました。何百隻か何十隻かの汽船がずらりと並んで居る様は実に大英国の偉大な勢力を示して堂々たるものでした。〔……〕税関も砂糖を持て居る事を告げて十志《〔シリング〕》余を払ひ、一個のトランクをも開かずに通過し、ドツクより汽車によらず態々佐藤氏の用意して下さつた自動車に乗て一先ず《〔ママ〕》コンノートホテルに入りました。〔……〕自動車の屋根に荷物を満載して、近藤さん小南さんにお別れして、古いすゝけた然しドツシリしたロンドンの街を、美しい日没を見ながらロンドン塔、トラフアルガルスケヤー等、幼い時分からきゝなれて一度は現実に見たいと憧れていたロンドン名所を、淡い夢の様に眺めながらホテルに着きましたのは、早や短いロンドンの日が暮れかゝる頃で

（父宛治郎八書簡一九二〇年一二月二五日）

出迎えた「佐藤氏」は高田商会支店長である。渡英のお膳立ては原玄了であったとしても、祖父の代から続く交際によって築かれた人間関係が背景にあって、薩摩家の若い兄妹の英国滞在を支えてくれた。明治一四年創業の高田商会は、工業機械と兵器の輸入で知られた初期の商社であった。繊維産業界に重きをなした薩摩も杉村も重要な顧客であったに違いない。叔父にあたる杉村甚兵衛の三男米次郎は英国も経験し、佐藤とも旧知であった。

ロンドン到着

宿はマウント・ストリートのコンノートホテルに予約してある。四階の二〇四号室、二つの寝室に浴室、居間、玄関つきのスイートルームが用意されていた。

コンノートホテルは、ハイドパーク東側を南北に走るパークレインの途中から東に向うマウント・ストリートとカーロス広場の角にまたがり、カーロス広場一六番地に現存する。

これからの滞在先、ハンプシャー県ホイットチャーチの牧師ハービー氏宅に宛てて、二四日に貴地に赴く旨の電報を打った（ハービーは治郎八の表記。ハーヴェイが正しいだろう）。

ひと月ぶりで使う真水の風呂に豊かな気分になってベッドに入り、翌朝九時までぐっすりと寝んだ。窓を開けてみても、冬のロンドンの朝は暗い。佐藤氏はこの日も朝から案内に来てくれて、まずはオクスフォード・ストリートに出て買い物をする。賑やかな人通りと自動車に、世界大戦で受けた打撃は見られない、さすがは大英国と思うものの、身体不自由の人の姿を見れば、戦争による傷痍者かと思われたりもする。昼食を認めに日本人クラブに行くと、昨日別れたばかりの小南、近藤の両氏に出会う。それから、治郎八自身のために燕尾服とタキシードを誂えに行く。身なり正しくないと英国の中流以上の家庭には出入りできないと、佐藤氏も言うのだから。

街を歩くと、くすんだ色の建物に、時には苔がむしていたりする風景の中を、落ち着いた服装の男女が行く様が目に付いて、日本の銀座や小川町のアメリカ風の薄っぺらとはさすがに違う。

ホイットチャーチへ

翌朝は、朝食に出ようとすると近藤氏がお別れにと訪ねてくれる。一緒に朝食をとるうちに今日も佐藤氏が来てくれて、宿の勘定も済ませ、タクシーでウォータールー駅に向かう。「丁度クリスマスで田舎や別荘へ往く人々で大混雑、然し日本の様に、こん畜生、馬鹿野郎とは云はず、静かに自分の番のくるのを待つばかり。プラットホームまで送つて下さつた佐藤氏にお別れして汽車はピーと一声と云ふ所ですが、イギリスの汽車はグーともスーとも云はず動き出し」た。一等四人掛けのコンパートメントに、三人とイギリス人の上品な夫人、一時間半ほどで乗り換えのベージングストリートに到着する。駅夫の親切に援けられて荷物も無事に運ばれ、さらにあと半時間の旅をしてホイットチャーチまでたどり着いた。駅には自転車の少年が出迎えてくれ、一行は用意の馬車に揺られて、古びた教会に向かい合うレンガ造りの牧師館《ヴィカリジ》に迎えいれられた。

ホイットチャーチはロンドンとサザンプトンを結ぶ鉄道の途中に位置する小さな町で、今日でも四五〇〇〇人ほどの人口だが、集落の中に住む人達は町と称し、外に住む人達は村と呼んだと、一九世紀末の記録にあるそうだから、その規模が知られる。治郎八は村と呼んでいる。村の中心には、名前の通り白い石灰岩の教会がある。その前に建つのが一七世紀にさかのぼる牧師館である。

治郎八は英語を使うことに苦労していない。小学生の頃から英語の会話習得に努めてきた甲斐あって、たいていのことは話が通じる。

ミス・ショウとその母親は、すでに帰国していて、しかしよい家が見つからず、場末のパットネー（ロンドン南西の近郊）に部屋を借りている。ホイットチャーチからもしばしば連絡を取って相談する。もう一家族、「横浜で祖父時代から親交のあった、ワツソン氏」（『實話』）一家の人々もロンドンに居て、ここにも連絡を取っている。ワツソン氏はまだ東京にあって、イギリスの家族に兄妹のことを伝えたとおぼしく、ワツソン嬢の方から連絡が来て、エセックスのウォンステッド（これは東の遠郊）に居るから、ロンドンに出る折にはあらかじめ教えてくれれば、会いに行くと言う。

ホイットチャーチの日々

ホイットチャーチは、美しく穏やかな自然環境に包まれた、静かな田舎村で、「銀柳の多い牧場の朝霧を透して、淡い太陽がもれる冬の片田舎の風景は、恰もコンステーブルの画中で呼吸しているようであつた」（『半生の夢』）。

しかし、長期にわたって滞在するつもりでやってきたこの村に、治郎八と蔦子は二ヶ月足らずしか滞在しなかった。一九二一年二月の末に、二人、いや佐藤さだを入れて三人は、この地を去ってロンドンへ出ることになる。

留学の土地にこの村の牧師館を斡旋したのは、原玄了であったとされるが、もう一人ビショップ・シイセルという人物が仲介したようである。この人物も東京に在住していた。ビショップは、英国教会であれば主教と呼ばれる地位である。英国の地方の教会組織を使って滞在させる、留学仲介業のようなものが存在していたのだろう。ホイットチャーチの牧師館は少ない収入を補うために、何人もの外国人を受け入れる下宿業を営んでいた。兄妹の期待とは違うものであった。

すでに到着の三日後に書かれた母への手紙に、少なくとも蔦子をホイットチャーチには長くとどめられないと治郎八は記す。治郎八の文字遣いはしばしば不正確だが、送り仮名も含めて、原文に従って引用する。句読点、特に読点はほとんどおかれていないので、適宜に補っておく。

静かで親切で本当に住むにはよい所ですが、相憎ピアノがないので、蔦子には駄目です。そして田舎ですから先生もなく、どうしてももう少しロンドンに近づかないと、折角の楽しみが味へないのです。それですから、ワツソンさんのお嬢さんが近々是非会い度〔た〕いと云つてよこされたので、その内お訪ねしてい丶ファミリーに御照会して戴く事にしました。シヨウさんにもその事をよくたのんで、蔦子に就ての世話をお願いする筈で、昨日二人から両方へ手紙を出しました。こ丶にいては着物等も少しもかまいませんが、蔦子には普段着の二三枚とイブニングドレッスを造らなくてはならないと思います。それもここではどうする事も出来ず、やはりロンドンへ出て、ワツソンさんにでもお願いして見て戴く事にします。

（父宛一九二〇年一二月二七日朝）

蔦子はすでに日本でピアノを習っていて、英国でさらに練習を続けようと考えていたのだが、それがここではままならない。のみならず、楽しみがない、というのは、音楽会などに行く機会がないのである。同日昼に母宛に書かれた手紙には、「幸いワッソンさんのお嬢さんが手紙を下すったので近くお訪ねしてどこか確《しっか》りしたよい家庭があったらそっちへ佐藤と引こしさせるつもりです」とある。当初から、治郎八は五年程度の滞在、蔦子は二年間と、予定されていた滞在であった。

蔦子はロンドンに行かせよう。そこでまずはショウさんとワトソンさんに頼んで、ロンドンによい滞在先と、よいピアノの先生を探してもらおう。治郎八は、年が明けてから、ハービー牧師が英語の勉強を見てくれるし、ハービー夫人がフランス語を教えてくれるということだから、ホイットチャーチに滞在を続けてもよいという気持ちになっている。

滞在費は一人当たり週に四ポンド、三人で一二ポンドを週決めで支払うことにした。

その上で、兄妹はロンドンに出る。さまざまな人にも会い、必要な品も買い整え、また正金銀行にも行く必要があった。一月一三日に出て、二一日にホイットチャーチに帰着する。宿はすでに馴染みのコンノート・ホテル。まだ帰路へと出港していない北野丸の停泊するドックまで出かけてドクターたちにも会い、近藤、小南のロンドン滞在の二人にも会っているが、ことにショウ母娘、ワトソン嬢、そして大久保という人に会って、この後の生活に関わる相談をしている。「三島さんから御照介状を戴いた」という、大久保と言う人物は正金銀行に居たもののようで、為替に関しての助言も与えている。紹介したのは、三島章道であろうか。治郎八はこの大久保の人柄に敬意を持ったようだ。

自らの衣服は到着早々調えた治郎八は、今回は蔦子のドレスを誂える。ハービー夫人に勧められてすでにサザンプトンに出て購入した出来合いのドレスは、ロンドンに来てみれば店の売り子が着る程度の、品のない安物でしかない。そこで、自分のドレスを誂えた店で高級な婦人服の店を紹介して貰って、外套と、コート・アンド・スカートと、ブラウス、それに帽子を作らせる。

ショウ母娘は二日にわたって兄妹に会いに来て、市内見物にも誘い、また劇場にも案内している。一四日にはプリンス・シアターのマチネで「有名な『ブルー・ラグーン』」を見て、翌日の日曜日にはセント＝ポール寺院を案内してもらい、ロイヤル・アルバート・ホールではすべてロシア人演奏家による音楽会を聴いた。

ホイットチャーチ脱出

ショウ母娘は、とりわけても蔦子の生活に同情して、ロンドンに出てくることを勧める。これをうけて蔦子は父に書く。

ショーさんのお母様もショーさんも、田舎に居たのではマナー（お行儀）が覚えられないし、音楽の先生は得られず、長く居るならともかく、短い間なのだからどうしてもロンドンに出た方がよいとしきりに云つて下さいました。音楽もギルドホールと云ふ学校へ行けばよい先生につけるし等と色々に御心配下され、それで私も前に書きました様に、ショーさんのお家がおありになり次第ロンドンに引移りショーさんと御一緒に住む様にお約束しました。

（父宛一九二二年一月二一日）

ところがこのことを切り出すと、ハービー牧師はこれに同意してくれない。自分たちは二人を預かった責任があるから、保護者である父親からの命令がない限り、認めるわけには行かないというのである。しかし兄妹の方は、この応対を前に益々この牧師館の生活を堪えがたく思うようになる。ハービーさんは親切な良いお爺さんだけれど、ハービー夫人は、立ち居振る舞いも下品で、奥ゆかしいところがなく、金のことばかり言う、田舎のやり手婆だとなる。それに蔦子にはウィンチェスターの学校へ行けばよいなどと言う。日本で高等女学校まで出たものを。

ロンドンで誂えた蔦子のドレス一式が縫いあがって届くと、これまた高いものを買うといってやかましい。もっと安くていいものがデパートに行けばあるものを。

蔦子ばかりでなく、ここに留まってもよいと思っていた治郎八も、脱出しようと考えが固まってきた。そこで二人は治兵衛に手紙を書き、蔦子はギルドホール音楽院でピアノを学ばせるために、治郎八は眼科の治療のためにロンドンに行かせてくれるように、電報を打ってほしいと手紙で依頼する。しかし、アメリカ経由でさえ郵便は一ヶ月かかる。電報が来るとして、いつになることか。

その間にも、一旦こうと決めてしまった二人には、いかに自然は美しくとも、ホイットチャーチの生活は不愉快なばかりである。ショウ母娘と暮したいと思っても、これも手ごろな家が見つからなくてはできることではない。蔦子は、船で親しくなって、自分を妹のように思うとまでいってくれたパリの一條夫人に相談の手紙を出す。その返事を待つ間、二月の半ばに治郎八はまたロンドンに出て、ショウ母娘に、自分のロンドン滞在と、蔦子のパリ行きについての意見を求める。これには賛成の返事があって、それを追うように、二月二十日には一條夫人からも、パリへ来てフランス語とピアノを勉強するのならば、できるだけのお世話をしたい、夫も賛成と言う返事が来る。

牧師館を離れる旨をその日のうちに申し出ると、出て行くのであればと、一か月分の下宿代を要求された。ロンドンで大久保氏にその要求が正当であるかどうか確かめてから支払うというと、それならそれまで荷物は預かるという。そこで治郎八は激昂する。子ども扱いして、独自に決断を認めないと言いながら、相談もなく直ちに支払えと迫るのは矛盾ではないか。荷物まで差し押さえると言うお前たちは、要するに金がほしいだけなのか。もはや、やむなく金を払って、立ち去ることにした。

二〇日のその夜は我慢して過ごし、翌朝荷造りをしてそのままロンドンに出た。ロンドンでは、到着時と同じコンノート・ホテルに泊まって、この先の準備を整えることにした。

父親には早速その日のうちに電報を打つ。「ハービーを出た　蔦子は一條さんが世話する　パリへ発つ　僕はリッチモンドに住む　大学教授のうちへ行く　ハービー夫人は悪人　金ゆすられた　返高田へ　金すぐ送れ」（原文はローマ字、英語綴り交り）。

明けて二月二二日、イギリス到着から、ちょうど二ヶ月を過ぎたこの日から、治郎八は奔走することになった。これまでの事情は伝えてあり、ハービーにも連絡を取ってくれていた大久保に会って顚末を報告し、それはご苦労様でしたとねぎらわれ、妹さんに同行してパリへ送り届けるのがいいでしょうと助言を受け、さて、さまざまな手続きを一人で行うことになったのであった。「二人を連れて、警察へ登録に行くやら、領事へ行くやら、巴里へ電報をかけるやら、トーマスクックへ出かけて切符を買ふやら、その忙しい事」。（父宛三月二〇日）

このとき、ロンドン、ボウ・ストリートの首都警察・外国人登録事務所に届け出をして、二月二二日付で滞在証明が発行された。イギリス到着は一九二〇年一二月二二日とある。治郎八の身分は学生、住所はコンノート・ホテル。同じ証明書には、その後、三月一日届け出として、一九二一年三月一四日よりの住所リッチモンドのオンスロー・ロード二九番地が記載されている。これはパリから戻って後の止宿先ノックス博士の住所である。下宿先は、パリに出発する前日に登録された。以上二ヶ所以外の住所は、この登録証に記載がない。

2 パリとロンドンのあいだ

はじめてのパリへ

用意は出来たからいつでもパリに来てよいという、一條家からの知らせを待って、汽車の予約も済ませた。すべての準備が済んで、二月二八日にもう一度、「あさって僕が蔦子をパリに連れて行」く、と両親に電報を打つ。その日の夜は「つかれと、一先ず蔦子の境遇が定た安心とでもう全くベッドへ入るなり、後は何んだか知らない位眠りました」（父宛三月二〇日）。

三月二日朝一〇時には、ヴィクトリア・ステーションで一一時発車の汽車を待っていた。道中の連れとなる日本人もあって、汽車と船の旅を愉しく過ごしてパリに到着する。北駅には一條夫妻が日章旗を交差させた大使館の車で出迎えてくれた。「どうしたね、えらい目にあったねー、いやもう大丈夫、私達が及ばずながらよくするよ」（父宛三月二一日）と、一條大佐は豪快に話しかける。兄妹はパリ最初の夜を、イエナホテルで眠った。

初めてパリを訪れた興奮を伝えるのは、小学校以来の親友である千坂親信宛の絵葉書である。雨にぬれたチュイルリー河岸の絵葉書の表裏に書かれている。

一九二一・三・六・夜半十二時　巴里／オテルディエナにて

ムッシユー千坂

二日に巴里へ參りました　多年の憧憬の地フランスはやはり藝術《アール》の花園でした　プラタナスの並木にももはや　春《プランタン》　の囁きが漂ひ　ミモザは　夕《ソワレー》　の果敢ない夢《レーブ》にむせんでおります　辻に立つ石像《スクリチユール》の女　噴水《フォンテン》のたゞずまいにもつきない愛着を覚えます

三日は丁度ミカレームだっ〔ママ〕たので女王の女王《ラレーンデレーン》の行列《コルテーヂユ》を見る群集で花《フール》の都の辻々はごたつ〔ママ〕かへしました　何十万の巴里の美女を撰りに撰た中での美女　今年のラレーンデレーンは一タイピストでした　ブラボーの叫び　だしの上から投げるキス　假面をつけた人々　あゝ巴里は永久の藝術の都です　セーヌ河の　月《リユンヌ》にバンブランの杯を上げませう

ビクトルユゴーのミゼラブルを生んだ都　美女と花束《ブッケ》と酒《バン》と太陽《ソレイユ》の都／美しいうら若い旅人の幻の甘さ悲しさ悩ましさ／今日はルーブル　明日はオペラ　美しい夢の背景《デコール》はなよやかな春の微笑／人生は短けれど　つきせぬ藝術の春に踊りませう

感傷的で、手ばなしに甘いのは、感激したときの治郎八の常である。

ミカレームとは、復活祭に先立つ改悛と潔斎の期間、灰の水曜日にはじまる四旬節《カレーム》の中日をいう。一九二一年は灰の水曜日が二月九日、復活祭が三月二七日であったから、四旬節第三週の木曜日であるミカレームは三月三日に当たる。灰の水曜日の前日が、謝肉祭の最終日謝肉火曜日《マルディグラ》で、潔斎の四旬節前に羽目を外すことの認められる日だが、その四旬節の中日にも民衆的なお祭り騒ぎがあって賑わう。フランスでは伝統的に盛んであったミカレームの祭はまた、庶民的な女性の祭であって、パリでは、この日の女王に選ばれた女性を乗せた山車が通るグラン＝ブールヴァールは、一般の交通を遮断して賑わった。パリ警視庁は一九二二年を最後に、謝肉祭とミカレームの街頭の祭を禁じたから、一九世紀から盛んに行われて、今は廃れたこの祭の、最後の名残を見物したことになる。

初めてのパリ滞在は治郎八を魅了した。「貴族趣味のロンドンから飛び出してきた私には、なにもかも珍しい。民主主義とはこんなにも明るく、庶民的なものであったか。私は数日間の滞在中、パリの香気を胸いっぱいに吸い続けたのだった」（草稿『我が世界放浪記』）。

蔦子は一條家が面倒を見てくれることになり、アパルトマンが見つかるまではホテル暮らしを続けながら、先ずはフランス語とピアノのレッスンをはじめることになった。船中で親しんだ一條夫人のみならず、海軍大佐一條公爵も闊達な人柄で、しかも細やかな配慮を見せてくれる。治郎八は安心してロンドンに戻ることができた。

蔦子は一月半ほどのホテル暮らしの後、一條家のアパルトマンのあるラ・ミュエット並木道《アヴニュ》（現在のポール・ドゥーメール並木道）八六番地からほど近い、アンリ＝マルタン通り五番地の四階のアパルトマンに引き移ることになる。

顚末の報告

治郎八は二週間をパリで過ごして、三月一七日にイギリスに戻り、そしてまたコンノートホテルに客となる。リッチモンドへの転居は先に三月一四日と届け出てあるが、実際には二三日に引き移った（父宛三月二二日）。

ロンドンに戻った治郎八は改めて父親に手紙を書く。二月二八日に、パリへ行くと電報を打ったきりであった。牧師館を離れてパリに赴いた顚末は、蔦子をパリに残してロンドンに戻った後で、三月二〇日になってようやく詳しく書き送った。その間にも、ハービー牧師からはビショップ・シイセルを通じて原玄了のもとに連絡があったもののようで、これを聞いた治兵衛からの手紙が、恐らくは高田商会を経て、四月半ばに治郎八に届く。原は、廉直な牧師館を嫌ってロンドンで浪費しているとして治郎八を難じ、蔦子が浮薄なパリへ行ったことを怪しんだものらしい。それを伝える治兵衛の手紙そのものは残されていないが、治郎八の返信からそれが推測される。中でも、四月一八日に届いた父の手紙が、治郎八を憤激させる。金銭の扱いは治郎八に任せず、正金銀行大久保等に監督させるべきであると、シイセルと原とが提案したものらしい。直ちに治郎八は原に対して抗議文を認《したた》める。ハービーは不徳義であって、自分たちは大きな精神的打撃を受けたにもかかわらず不良分子の如くに非難され、両親から直接支給されている金銭の取り扱いに監督を受ける必要があるとするのは、自分たちを侮辱するものである、これまでの交誼には感謝するが、今後は断固絶交すると記す。もっとも、書いた後で投函は思いとどまったけれど、そのまま母親宛の手紙に同封するのである。

治郎八の短気・父の心配

この対応に、治郎八の行動の、ある種の特徴を認めることができる。思い通りにならないと、気短かに癇癪を起こす。短気は家中で周知のことだったらしく、ホイットチャーチへの不満が強まりつつあった時期の両親宛の手紙でも、状況を説明して、「例の私の短気からとお思い遊ばせばそれで仕方ございませんが、私としては、譲歩するだけはし、我慢するだけはしつくしたのですから、御察し下さいませ」（二月五日付）と記している。

しかも一旦こうと思い込むと、留保なしの徹底した態度をとる。蔦子はハービー老牧師を、それでも親切なしかし心弱い老人と見て、牧師館のために下宿人を置かなくてはならない事情も受け容れて、ただその夫人の卑しげな振る舞いを嫌っているのだが、治郎八はひたすらに牧師を非難し、僧侶一般を否定し、侮蔑の言を吐く。いささかの我がまま、短気、そして癇癪はこの後にも、時に姿を現す。

またその生活意識も明瞭で、衣服にかぎらず、常に美しい最高品質のものを身にまとっていたいという、強い欲求がそこには感じられる。やがてパリでの蔦子が、廉価なものであっても可愛いらしいものを喜んでいる様子が手紙から察しられるのと、ほとんど対象をなすのである。そしてもう一つ、おそらくは都会生活への嗜好。

四月一八日前後に治郎八の手に届いたであろう治兵衛の手紙があって、遠まわしながら息子を諭している。父親の気持ちはどれだけ治郎八に伝わったものだろうか。

ビショップ・シイセルサンノ話ニ英国デハ上流ノ家庭ハ至ツテ質素デ殊ニ學生時代ハ質素ナル風ヲスル方ヨロシク訪問ノ時等ハ背廣服ノ質素ナルモノガ宜シク禮服等ハ用イヌ方ガヨイ　餘リゼントルマンノ如キ態度ヲ取ルト非常ニ其人ヲ疑惑ノ眼ヲ以テ見ル故大變信用上損ナリ　グリーンサンノ如キモ其子供ノ服装其他非常ニ粗末ナルモノヲ用ヒサセル由

グリーンサンノ令嬢其前ノ大使サー・クロード・マクドナルド氏ノ令嬢等モ今ハ自働車會社ノ書記ヲシテ自身ノ働キデ得ケル金ヲ以ツテ自身ノ生計ヲ立テ、居ル此戰争以来貴族富豪ノ子供ト雖モ皆自勞自活ノ獨立生計を營ム傾向ガアル故上流ノ人ト交際スルホド質素儉ナル方ガヨイ　尤モケンブリヂ大學エ入學シタラ交際モアル故禮服モ着用シ或ル場合ニハゼントルマンノ風ヲシナケレバナラヌトノ話デシタ日本ノ書生風デモ差支ナイトノ事デシタ

ケンブリチ大學入學ノ場合グリーンサン等ノ御盡力カアレバ大丈夫ト思ヒマス　グリーンサンモ原サンノ所エ大變親切ナル手紙ヲヨコシテヤングサツマヲ世話スルトノ事デシタカラ訪問シテ御意見ヲオ尋ネナサイ

（治郎八宛治兵衛書簡三月一〇日）

リッチモンド暮らし

リッチモンドでの生活が始まる。

ノックス博士という人はアメリカで一七年のあいだ大学の教壇に立ったのであると、両親宛の手紙に書かれてはあるが、実際何を専門とするものか、また何という大学で教えたものか、それらのことは、まったく知られていない。「五年ほど前帰英、今はロンドン大学へでも出

ていられるのでせう」（父宛三月二一日）と、はなはだ不確かである。もっぱら英語を習ったようである。リッチモンドの住所は、すでに二月二一日の電報に言及されていた、ノックス博士の許に止宿して、大学に入る以前の、堅固な英語の基礎教育を受けることは、ロンドンに出たときにはすでに決められていたのである。「ノックス博士はミス・ショウの照介で」（同上）あった。ロンドン移住は、二月半ばにショウ一家に相談して、賛成してもらっていた。ショウ母娘は大急ぎで治郎八を受け入れる家庭を探したのであろう。

「半生の夢」の説明はいささか異なる。「ノックス博士邸に落ち着くことになった」のは、「ロンドン日英協会副総裁アーサー・デーオージー老の紹介」によったというのである。草稿『我が世界放浪記』（別稿）ではさらに大仕掛けで、初代治兵衛と交流のあった元駐日英大使カニンガム・グリーン卿の夫人から手紙が来て、英国日本協会副総裁のアーサー・ディオジーの知人で米国の大学で長く教授であったというノックス博士夫妻が、早速会いに行くと、ディオジーの知人で米国の大学で長く教授であったというノックス博士夫妻が、ロンドンに戻りたいのなら、自分たちの許に招待してもよい、そしてオックスフォードに入ったらどうか、といった、そういう筋書きである。しかしこれははるか後の記述である。繰り返すにつれて、話に尾鰭がつくのが治郎八の常であるから、実際にことが進行していたその時に書かれた手紙にここは依拠しておく。もっとも、イギリスへ来る蔦子を心配してグリーン夫人が手紙を寄せていたり、あるいは更に後に、進むべき学校についてディオジーにも相談したいと、治郎八は父親宛の手紙に書いているから、グリーン卿夫人やディオジーとも、交渉はあったのである。

リッチモンドはロンドンの西郊、テムズ河を越えて南西に向った、キューガーデンズの南である。家はテムズ河を南西に望む閑静な高台、三階建てを半分に仕切った二軒長屋の一軒がノックス博士宅、家族は博士と夫人の二人だけ。部屋が空いているからもう一人下宿させたいというのを、一人の方が望ましいと、部屋代と食費とを併せて週に七ギニー（七ポンド七シリング）で契約を交わした。紹介したミス・ショウも、ここならと保証してくれている。大学で勉強するのは、早くとも来年の秋ぐらいにならなければ無理だろうとノックス博士も言うので、そのもとで英語について「堅固な土台を築いた後、さらい年からケンブリッヂ大学へ行く」（父宛一九二一年四月一四日）ことを、今は考えていると、治郎八は両親に伝えている。ケンブリッジかオクスフォードか、あるいはロンドンかバーミンガムか、進むべき大学については、まだ明確に考えは決まっていなかった。まずは英語の力をつけて、大学の公開講座にも通い、やがては経済を学びたい。

滞在はまずは快適であったようである。両親宛の手紙の中で、ノックス夫妻の行き届いた世話に安心しきっている様子がうかがえるし、また、ノックス氏の英語を中心とした指導にも、よろこんでこれを学んでいる様子が両親宛の手紙にうかがえる。

今稽古が終りました。
実に熱心に丁寧に教へて下れるので感心しました。
私を教育する、之がこのノックスさんの現在の最も力を注いでおる事です。

夜晩くまで下調べをしています。本当にその熱心と厚意には感謝します。ぐんぐん進歩してまいります

（父宛一九二一年四月五日）

私はもうずつとここに落付きます。

実に静なよいところですしこんなよい家はないと思ひます故。

本當にもう近頃では自分で面白い位自分の進歩が目立てきました。

來年一溢《〔いっぱい〕》も博士に就ていたらもう語学は少しも不自由なくなるだろうと思ひます。

（父宛一九二一年四月一四日）

昨日は私のお誕生日でした。〔……〕

（外出から戻って）室に入てみると、奇麗な奇麗な紫のシネラリヤの鉢が机の上にのつています。そしてそのわきにメンデルスゾーンのヴァイオリンの赤板《〔ママ〕》〔＝赤盤、ビクターの特製レコード〕がおいてありました。心づくしの御夫婦からのお祝物でした。

夜はお隣のお嬢さんを食事に呼んで私のお誕生を祝てくれました。〔……〕温い父母のお胸を離れて万里の異境にこんな温いお誕生日を迎へ様とは思ておりませんでした。

（母宛同日）

3　ロンドンの日々

アーサー・ディオジー

ノックス博士に治郎八を導いたのは、ショウ一家であったが、アーサー・ディオジーにも、治郎八は知遇を得たのであろう。ともに日本への関心を持っていたショウ一家あるいはグリーン一家が、日本協会《ジャパンソサエティ》のディオジーを識っていたことは、充分に考えられる。

アーサー・ディオジー（一八五六―一九二三）は、名前から察しられるように、ハンガリー系の家柄。父親は、ハンガリーのトーカイワイン輸入で財を成した。アーサーは演劇興行の世界で名をなしたが、若年からの日本への関心と、その結果としてのロンドン日本協会の創設によって、名を残した。

一八六七年、まだ少年の日に、ホルボーンの劇場で偶然、英語を話す八人の日本人に出会ったことが、日本への強い関心の始まりであったという。日本からの最初のイギリス留学生のその集団の中には、外山正一、林董《ただす》、菊池大麓などが居た。一八七六年には馬場辰猪に出会って親交を結ぶ。馬場の『日本語文典』で日本語を独習していたアーサー・ディオジーが、劇場で隣席にいた日本人に話しかけてみた。言葉は見事に通じて、その相手が馬場本人だったというのである。

その後も、馬場に紹介されるなど、ロンドンに勉学のためにやってくる日本人に出会って関心を深め、一八七七年には、ハンガリーからの留学生と日本人を中心に、イギリス人の友人たちも巻き込んで、ジュニア・コスモポリタン・クラブを組織する。

日本の文化への関心を深めていったディオジーは、一八九二年に、協力者達の助けを借りて、ロンドン日本協会《ジャパンソサエティ》を設立した。ヨーロッパで最初の日本協会であった。ディオジーは副会長の座に着いたが、会長には在英日本大使が招かれて就いたから、実質的な会長であった。一八九九年に長年の夢であった日本訪問も果たしている。一九〇二年に日英同盟が締結されるに過程でも、ディオジーは協力したもののようで、その条約がロンドンで調印された時の駐英日本大使は、旧知の林董であった。治郎八のロンドン滞在の時期にディオジーは、その生涯の終わりに近づきつつあった。一九二一年には六五歳、すでに功成り名遂げた富裕にして闊達自在な老人の姿を身近に知ったことは、紳士道の実際を、治郎八に示したことだろう。

治郎八の後の述懐によれば、フランス語をはじめとする外国語の習得と、ヨーロッパ文化の教養としての修得が勧められた。その一方で、イギリス伝統のクラブに導き、さらにこれもまた社交の場である演劇・舞踊・音楽の世界に親しむことも教え込まれたという。

流行紳士《マン・アバウト・タウン》　薫陶よろしく、治郎八は「専ら希臘文学と演劇、ことに当時欧州を風靡したデアギレフの露西亜舞踊に熱中した。〔……〕昼は大英博物館の希臘彫刻見物、特にタナグラ人形室が私の世界であり、夜は露西亜舞踊に浮身をやつした」。古代ギリシャの可憐な素焼像を好むとともに、ロシア舞踊にも惹きつけられたところに、その感受性は表れているか。そして、劇場や美術店を通じて「英国の貴族社会」にも親しんで、「所謂英国型流行紳士《マン・アバウト・タウン》の仲間へと導かれていったのであった」（「半生の夢」）。

流行紳士《マン・アバウト・タウン》とは裕福有閑な社交人をいうのであろう。劇場や遊興場に足を運んで闊達に楽しみ、踊り子や給仕人とも自在に言葉を交わし、鷹揚にチップを弾む。紳士の作法はわきまえながら、庶民の中に交わることを愉しむ。後年治郎八が書いた多くの文章が、そうした経験の披瀝となっている。流行紳士治郎八はロンドンで誕生して、後にパリの社交の中で磨きをかけられたのである。

イギリス滞在に淵源を持つと思われるものがもう一つある。服装のスタイルは、長く滞在したフランスの、というよりはイギリス風であると見える。最晩年にいたるまで、人前では常に礼儀に適った服装を守ったが、正装の場合以外では、どちらかといえばツイードのような、ざっくりした布地の背広を好んだ。大きな縞の替え上着を身につけた写真が多く残されている。

ディオジーに導かれて、コナン・ドイルやアラビアのロレンスにも会ったと、治郎八は回想する。ロレンスにはディオジーのフラットで、一九二二年五月三一日に会ったと書く。トーマス・エドワード・ロレンスに確かに会見したという証拠は今のところ見つかっていない。疑問がないわけではないが、事実でなかったというべき根拠もない。

治郎八は夢想する人である。かくありたしと、夢見る。その通りになることもあった。そうはならなかったこともあるだろう。後になって、かく成りえたかもしれない、そう述懐することもある。

その時々の思いのままに、夢想が心を占める。それが治郎八であった。それでいて、夢見た通りにならずとも、失望し、心に傷を生むこともなかった。成らなかった夢想は、憧れの尾を曳いて心の影を作るだろうが、また新たな夢想によって突き動かされていく。ロレンスに会いたいと思った。名乗らなかったその人は、ロレンスだと思われた。それはそれでよい。それだけのことであった。

トーキー海岸

治郎八のロンドン滞在中に、皇太子裕仁親王殿下がイギリスを訪問している。お召艦香取、随艦鹿島から成る艦隊は一九二一年（大正一〇）三月三日横浜を出港、英国領の各地を訪れつつ二ヶ月をかけて五月九日英国ポーツマスに入港、直ちにロンドンに向かい、国王ジョージ五世以下の出迎えを受けた。五月三〇日にポーツマスを出港して、フランスのル・アーヴルに向かうまで、さまざまな歓迎行事があり、地方への訪問もあった。五月二七日にはリージェント・パークで在留日本人会による園遊会が催され、半クラウンの入場料で誰でもが参加できた。

フランスでも歓迎儀礼などが相次ぎ、六月一〇日に一旦パリを離れてブリュッセルに移動、各地を訪問した後、七月一八日にナポリを出発して帰国の途についている。

パリの蔦子は両親宛の手紙に、皇太子訪欧をしばしば取り上げているのだが、治郎八の回想の中に、皇太子訪欧のことはまったく触れられていない。どうしていたのか。

五月四日に天候の急変で神経痛が出た。激しい痛みに一日寝たきりで、五日には起きたけれど果物しか口にできない。六日には一條大佐がパリから着くので、出迎えなくてはならない。これは皇太子到着を迎えるための訪倫だろう。頭痛薬を飲んでロンドンに出て、日本食堂「日の出屋でおじやとおみよつけ《〔ママ〕》を造つて貰つて」食べ、トッテナム・コート・ロードの歯科医の小池氏を訪ねて歯の治療も受け、ついでに神経痛の相談をすると、転地療養を勧められる。暖かい南海岸に行って、電気の治療も受けながら三週間ばかり療養していらっしゃい。一人は心細いだろうから、気の利いた看護婦が居た方がいいでしょう。ホテルも調べておいて上げますから、来週の火曜日十日にもう一度お出でなさいと、何から何までの親切。もう一度日の出屋によって早めの夕食をお刺身や煮魚で認めてからヴィクトリア・ステーションに八時半到着の一條の殿様を出迎えた。気候の変動でノックス夫妻も加減を悪くしている家に帰ったのは、まだ薄明かりの残る十時前だった（父宛五月七日）。

トーキー海岸
治郎八撮影の写真。

翌週早速小池医師の手配で、トーキー海岸に保養に出た。看護婦としてシスター・ブルックという修道女が付き添ってくれて、三週間ほどの滞在だった。五月二九日の夜ロンドンに戻り、なじみのコンノート・ホテルに入った（父宛五月三一日）。園遊会当日の五月二七日には、トーキーに居たのである。

そのままホテルに滞在を続けて、六月四日土曜日にパリへ行き、蔦子や一條夫妻に会ってパリを楽しみ、ロンドンに戻っている。二一日にはドックへ行って、寄航中の藤野船医に会っている。七月一日にはもう一度パリへ行って、長い夏休みをパリで過ごすのである。

舞踊の発見

治郎八がギリシャ文学を本格的に学んだかどうかは確かめられない。しかし、後に日希協会設立に加わり、二度ギリシャに赴き、ギリシャを舞台にしたフィクションを書くことになる、そのギリシャへの関心はロンドン滞在の時期に生まれた。ロンドン時代の治郎八がもっともひきつけられた芸術様式は、舞踊であった。これはギリシャ趣味と無関係ではない。

一九二一年から一九二四年までのロンドンとパリ滞在の間に足を運んだ舞踊と音楽のプログラムが大量に残されている。そこに、舞踏と音楽への傾倒振りを辿ることができる。イギリス時代には、音楽に比べて舞踏のプログラムの数が多い。

最初はセルゲイ・ディアギレフのロシア・バレエ。シャフツベリ・ストリートのプリンス劇場で、一九二一年五月三〇日、三一日、六月一日、二日のいずれか一回を見たらしい。演目は、『ペトルーシカ』か『シェエラザード』のいずれかであった。

次はイサドラ・ダンカンと弟子たち。クイーンズ・ホールで、一九二一年六月二五日。演目は、交響曲六番（チャイコフスキー）、タンホイザー序曲とヴェヌスベルク（ワーグナー）、ブラームス+シューベルト（ワルツ）。演奏、ロンドン・シンフォニー・オーケストラ、指揮、デジレ・デファーニュであった。

六月二七日にはアンナ・パヴロヴァをクイーンズ・ホールで。演目は示されていない。

パヴロヴァの公演プログラムに年記はないが、父宛書簡から一九二一年のことと知られる。

これら以外にもロンドンでのバレエ公演の、日付のないプログラムが残されている。セルゲイ・ディアギレフのロシア・バレエが主で、ドルリー・レイン劇場、エンパイア劇場、アルハンブラ劇場での公演を見ている。カルサーヴィナ出演の演目が多い。アルハンブラ劇場は『眠り姫（眠れる森の美女）』で、これは第一次世界大戦中の中断の後、再び活動を開始したロシア・バレエ団の戦後の初演であったかもしれない。

上に挙げた一九二一年五月のディアギレフ公演と、六月二五日のイサドラ・ダンカンの間には、パリでの、アンナ・パヴロヴァ（一九二一年六月だが日付は不明、トロカデロ宮劇場）と、スウェーデン・バレエ（六月一二、一五、一六日のいずれか、シャンゼリゼ劇場）の公演プログラムも残されている。当代最高の舞踊の舞台に触れていたのである。芸術の世界では、まず舞踊に開眼したということであろう。演劇ではなく、純粋音楽でもなく、踊り手の魅力と音楽が重なる舞踊にまずは惹かれた。

記録の残る限りで見れば、パリでまずアンナ・パヴロヴァの舞台に惹きつけられ、さらにロンドンに戻っても、パヴロヴァを見て、それが舞踊に通わせるもととなったものであると見られる。一九二〇年にパリで創設されたスウェーデン・バレエ団も見ていることには、集中的に舞踊を見ようとしている意図が感じられる。

『せ・し・ぼん――わが半生の夢』の「美の烙印」の章には「イサドラ・ダンカンとタマール・カラサヴィナ」とあって、これによれば、初めて魅せられたのはイサドラ・ダンカン（一八七八―一九二七）の舞台であった。

マロニエの青葉がしたたり、美しい夕陽が目の覚めるような芝生の噴水に七色の虹の輪を染め出すトロカデロの広場のベンチに私は、イザドラ・ダンカンの舞台を見るべくパレー・ド・トロカデロの開場を待ちあぐんでいた。〔中略〕

少年の私は彼女によって希臘の神性美までに到達した裸体舞踊を発見したのである。

彼女はトロカデロの大舞台の中央に不動のまゝ立ち続けた。

腕のムーブマンのみで彼女は美神に祈る様に悶えた。

彼女の裸肩からチュニックは滑り落ちて、終に彼女自身、三美神の権化の様に立ちすくんだ。

私は当夜の感想を自分のみの胸に秘めておくに忍びず、三島章道、土方与志等の同人雑誌「友達」に書き送った。（「美の烙印」）

旧知の、舞踊にも造詣のあった三島章道に感想を書き送ったのであろうか。治郎八二〇歳の感想を見ることができるとよいのだが、三島章道、土方與志、近衛秀麿などを同人とする雑誌「TOMODACHI」（友達會編輯部發行）は、大正八年一一月に創刊されて、大正九年一一月に第七号を刊行して終刊している。治郎八の文章が掲載されえたはずの、大正一〇年夏か秋には、もはや雑誌は存在しなかったのである。「TOMODACHI」終刊の後に、同じく三島が関わった雑誌に、大正一〇年七月刊行と考えられる「文化青年」（実物は現在のところ存在が確認されていない）があり、これが第五号（大正一〇年一一月刊）まで続けられた後、「若き文化」と題名を変えて継続される。「若き文化」も滞りつつ大正一二年一月までは刊行が続いた。これらの雑誌のいずれにも、イサドラ・ダンカンを讃える薩摩治郎八の文章掲載の痕跡を認めることができない。

雑誌記事は見つからないが、父親宛の手紙に印象が書かれていた。一九二一年六月二七日に書かれたものである。「昨夜（土曜）（＝六月二五日）はクイーンスホールにイザドラ・ダンカンの舞踊を見ました。〔……〕パブロバの現す芸術があの白鳥の死（サン　サーンス）やカリフオルニアのポピーに象徴された静謐の世界であれば、ダンカンはワグナーの表現したあの白熱と太陽の偉大な熱情の世界でせう」。これは、当夜の演奏曲中に『タンホイザー』の「序曲」と「ヴェヌスベルク」があったからでもあろう。早速翌日にはノックス博士を訪ねて（というのは、七月一日のパリ行きを控えて、また連日の劇場通いのために、ロンドンに宿を取っていたのである）、その感激を語っている。その翌日二七日には、今度はパヴロヴァを観ると書いている。

舞踊への夢想

イサドラ・ダンカンの舞台の最初の印象はこれ以上は知りえないが、「美の烙印」によれば、その舞台の翌日、イサドラの兄レーモンドを介してイサドラに面会し、讃仰の言葉を述べると、頬に口づけを受けたという。ギリシャに憧れていた少年治郎八が、イサドラとレイモンドのギリシャ美再興運動に共鳴したという筋書きである。

イザドラ・ダンカンの唇で押された美の烙印は少年の私の胸を美の創造にかきたてた。歌舞伎「土蜘蛛」からヒントを得た私は、清らかな暁光に包まれた美女が土蜘蛛の網に閉ざされて終に怪虫の手で絞殺されてしまうバレーの構想に取りかかった。
美女がイザドラであり、土蜘蛛が彼女の運命の死神であった事はいうまでもない。
この構想をもって私は英京にたちもどった。

（「美の烙印」）

この記述には疑問がある。死神がイサドラを絞殺するという構想は、トレードマークであったスカーフが自動車の車軸に巻き込まれての、イサドラの事故死に結び付いている。一九二七年九月の事故死をイサドラとの面会の際に想起することは、むろんありえまい。回想にはアナクロニズムが忍び込んでいるようである。それだけではない、六月にトロカデロ宮で見たのは、プログラムからすれば、ダンカンではなくパヴロヴァだったはずだからである。六月二七日付父親宛の手紙から推測すると、ダンカンはこの時初めて見たように思われる。しかも会見のことは書かれていない。会見の感激を書かなかったのだろうか。

治郎八はさらにタマラ・カルサーヴィナにも、会いに行った。

タマラ・カルサーヴィナ（一八八五―一九七八）は一九〇九年にロシア・バレエ団がパリで結成されて以来のプリマドンナで、一九一八年イギリスの外交官と結婚した後はロンドンに住んだが、戦後のロシア・バレエ団にも参加していた。カルサーヴィナの現役最後期の舞台を見たことになる。イサドラ・ダンカン、アンナ・パヴロヴァ（一八八一―一九三一）、タマラ・カルサーヴィナと、世界的な名声を得ていた三人の踊り手のうち、パヴロヴァへの関心がもっとも薄く、カルサーヴィナへの関心が強い。「彼女（＝カルサーヴィナ）にはパブロヴァにみられぬ近代的感覚があった。パブロヴァがソフイティック《（マヽ）》な技巧と表現の最高峰であったとしたら、カラサビナは情熱と理智的感覚を混淆した最高の芸術家であった」（「美の烙印」）からだという。

イサドラはいうまでもなく、古典バレエを脱却してモダーンの幕を開けたのだが、そこまでの革新性は持たずとも、新しさと情熱とが、治郎八の心を動かす要件であったようである。カルサーヴィナには「永遠の青春的情熱」があったとも、治郎八は言っている。そのカルサーヴィナにも、土蜘蛛の構想は語られた。賛成してくれていると、思われた。

私は其の後此のバレーの演出に耽溺したが、関東大震災の物質的理由が上演直前で挫折させてしまつた。日本の怪物、土蜘蛛の亡霊が地下で私の美女を絞殺してしまつた。さもなければ私は恐らく英仏を地盤にして舞踊団でも結成しておつた事だろう。（「美の烙印」）

またしても治郎八は夢想を抱いた。この裕福な夢想家は、土蜘蛛にもとづくバレエの台本を思い描き、実現を夢に見たのであった。関東大震災が起きなくとも、物質的不如意がなくとも、舞台が実現されえたかどうか。しかしまたしても、夢が実現こそせずとも、そのことが治郎八を失望させはしなかった。夢を持ったことがあるということ、そのことが、心の中に豊かに生き続けるのだから。それにまた、この夢が契機となって、こうもり劇団のニキタ・バリエフのような舞踊家とも知り合えたで

イギリスでサイドカーに乗る治郎八

はないか、あれらの日々は楽しかった、そう治郎八は思う。夢を持つこと、実現を夢想すること。無論のことに夢の実現は嬉しい。しかし実現しなかった夢でさえ、持てたことが嬉しい。治郎八の思考の形には常に、こうした夢想の力が働いている。

もう一つの夢。それは父治兵衛の夢の実現に協力しての、美術品の蒐集である。

美術品を求めて

イギリス滞在の初期には、日本の浮世絵の品質のよいものを選んで買い、その後には、現代作品を購入している。さらに、「フラゴナール・モロールジョンの筆になる幾枚かの風俗画」（『半生の夢』）も購入したという。これらは、一八世紀フランスの風俗版画で、フラゴナールやモロー・ル・ジューヌの原画によって、銅版画師が彫ったものである。新しい作品としては、確認できる限りでは、数も質も、必ずしも大きなコレクションを目指していたとは思われないが、もっぱらファイン・アート・ソサエティという画商を通じて購入していたことを示す領収証類が残されていて、一九二一年一二月二日付の父親宛書簡には、第一回の発送として七点の絵画を船に乗せたことが書かれている。ドービニーの油彩スケッチとされる小品以外はすべて、当時のイギリスの画家の手になる油彩および水彩の風景画であった。これにさらに次の発送が続いたものかどうかはわからない。

音楽、舞踊、美術と、芸術の世界への手ほどきは、ロンドンで始められていた。治兵衛のためにとして治郎八が勧めたものがもう一つある。自動車である。自身はサイドカーを乗り回していた治郎八だが、当時のロンドンには新しい高級自動車が集まっていたから、その情報にも詳しくなった。父親には新車を買って、一定のキロ数を走った後でなら、日本へ送っても税金が少ないことを言って、その方法で自分が買って送るからと、熱心に勧めている。手紙ではクライスラーかダイムラーを推薦しているが、「半生の夢」によれば、ダイムラーを需《もと》めたもののようである。

4　二つの伝説

藤原義江

ロンドンにあっても、治郎八は次第にパリへとますます惹きつけられていく。パリでの生活に目を向けていく前に、ロンドン時代の薩摩治郎八に結びつけてしばしば言われる、二つの伝説にも触れておかなくてはならないだろう。

藤原義江のデビューと、もう一つは、治郎八の外人部隊入隊のことである。

一九二〇年の三月に父を失った藤原義江は、声楽修行のためにミラノに赴き、さらに、すでにロンドンで一応の成功を収めていた先輩テノールの松山芳野里の勧めにしたがって、翌一九二一年にロンドンへ向かう。当初は同じ部屋に暮らした松山は、ほどなくパリへ向かった（『流転七十五年』）。この頃の藤原義江は「貧乏のどん底」にあったと、治郎八は書く。

日英協会のデーオージー副総裁はその声と人物に惚れて、確かサベージ・クラブで唄わせ倫敦芸能界に紹介したが、私も彼の精進一途の姿には頭の下がるものがあり、感激して、財布の底をはたいて、ウイグモア・ホールに於ける同君の第二回音楽会の費用に宛ててもらつた。これが藤原君の欧州楽壇へのデビューとなつた。千九百二十一年十月三十日の日曜の夜八時十五分開演でアイヴィ・ジェルミン嬢のヴァイオリンを添え、伴奏はマンリオ・デ・ヴェロリであつた。曲目はスカラッチ、モザート、ドニゼチの古典に初まり、ストラヴィンスキーの「ツラユキ」、デヴェロリの変曲した「箱根八里」「沖の暗いのに」「桜」それから浮世絵蒐集で有名な当時日英協会名誉書記長であつたセックストン中佐が訳した「梅に鶯」、更にドビュッシー、シューマン、グリーグ、デ・ヴエロリ、マスネー、ドヴォルシャーク、クライスラーとすこぶる盛り沢山で、大日本の藤原義江のデビューにはまことに適はしい曲目であつた。

（「半生の夢」）

日付からプログラムまで詳細に書いて、自らの貢献を語っている。しかしこの話は、藤原義江の回想記『流転七十五年』その他には出てこない。ロンドンで藤原売り出しに尽力してくれた人々として挙げられるのは、一條実基、森村勇、目賀田綱美の三人と、一條が引き合わせてくれた、大使館の吉田茂書記官であったとなる。しかもデビューの独唱会は、一九二一年一一月一二日シュタインウェイ・ホールにおいてであったという。藤原の回想には、薩摩もディオジーも姿を現さない。真相はどうであったか。しかも、詳細にプログラムを引用した薩摩の遺品の中に、上の日付のプログラムは見られない。代わりに同じ藤原の同じウィグモア・ホールにおける別の日付のプログラムが残されている。年号を欠くが、九月二八日（木曜日）とあって、曜日から計算すれば、一九二二年のこととなる。しかも、アイヴィ・ジャーミンのヴァイオリンも織り込まれている。いったいどういうわけであるのか。あるいは三回のリサイタルすべてが、実際に行なわれたのか。

薩摩治郎八がまったくの出鱈目を自慢げに語ったとは思われない。藤原が治郎八を、少なくともこの最初の滞欧時代に識っていたことは間違いないのである。藤原は、旧華族と名門たち（一條実基は公爵一條実孝家の分家で男爵、目賀田綱美も男爵である、森村勇も財閥の長たる男爵森村市佐衛門の縁者である）、吉田茂（吉田も伯爵牧野伸顕の女婿である）に援助されたことは言いたくとも、今は没落した薩摩治郎八に援けられたとは言いたくなかったかもしれない。治郎八には、かつての自らの華やぎが大切であったかもしれない。それにしても、金銭によって人を援けた者は、必ず後には疎んじられるものである。

外人部隊

外人部隊入隊の伝説も、はなはだ不確かである。初出は、早川雪洲との対談「世界放浪遍歴ばなし」（『週刊サンケイ』昭和三〇年一二月一八日号）のようである。

イギリスで女優に失恋して、もうイギリスが嫌になってパリへ行きたいといったが、父親からパリへ行くなら送金しないと怒られて、只でいけるからと友人に誘われてツーロンまでいって手続きをした。幾日か訓練を受けて、伍長になってモロッコへ行った。前線に出て、腰に弾を喰らって病院に送られ、再起不能扱いで三〇〇〇フラン貰って除隊した。マルセーユに戻ったら、ロンドンで振られた女優にそっくりな娼婦に出会って、三〇〇〇フランをやってしまったという落ちがついている。

敵はタムタムと太鼓を鳴らして槍を投げてくるというのだから、モロッコではなくてターザン映画のようである。

次は、談話記事「この人に聞く――外人部隊とカスバの女　薩摩治郎八氏入隊の思い出」（『東京毎夕新聞』昭和三二年八月一八日）で、次のように語られている。

「外人部隊に飛び込んだのが二十歳のとき、一九二二年の一二月だった。そのとき私は、イギリスのオックスフォード大学に在学、古典と経済を勉強していた。若さがそうさせたのか、〔……〕フランス文化のアコガレがそうさせたともいえるようだった。〔……〕とまあ、こんな理由と希望のもとに、フランスのツーロン軍港まで出かけて行った。〔……〕最初は二等兵として三ヶ月の初年兵教育のあとアルジェリアに送られた。私は入隊後六ヶ月目にカサブランカの郊外の戦闘に出て腰に弾を食って入院した。そのために早期除隊をしたが、出動は何回もした」。

さらに、『話の広場』紙（昭和三三年一〇月一日）に東京懇話会なるものの記録として談話が収録されていて、「ロンドンにいたころ、あまりにでたらめな生活をした為に、父から勘当され送金がパッタリと止められた」というくだりがある。挙句はフランスに渡って外人部隊に入隊したと発展する。「外人部隊はすぐにOKで三日目にアフリカに着きました。幸か不幸か三ヵ月目に怪我をして戦線病院に入り、〔……〕三千フランもらって〔……〕パリに帰りました」というのである。

いずれも大筋は共通して、細部は違う。行った先もモロッコといいアルジェリアという。「話の広場」版が一番長くかつ荒唐で、チャーチルの息子ランドルフ（一九一一年生まれである）と一緒であっ

イギリス時代の治郎八

たとか、競馬馬を売りそこなったとかいう尾鰭《おひれ》が付いている。

問題なのは、一九二二年一二月から合わせて九ヶ月という入隊の時期および期間である。もっとも訓練期間を在籍期間に含むとすればすべてで六ヶ月、また読みようでは、計三ヶ月の入隊と読めなくもない。それにしても、それだけの期間を北アフリカで過ごしえただろうかという疑問が生じる。

一九二二年秋までは蔦子がパリに居た。一九二三年四月にはパリ居住宣言を両親に告げて、五月からアパルトマンを借りることになる。可能性があるとすればこの間のことである。しかし、一九二二年一〇月から一九二三年八月までは、三月をのぞいて、二十数回分のオペラ、コンサート通いの跡がある。一九二三年から二四年にかけての時期にも、カンヌへ行ったことの確認できる二月を除いて、パリに居る。要するに、ひと月を超えてパリを離れた期間というものは存在しないのである。

さらに不思議なのは、治郎八の外人部隊入隊譚は、昭和三〇（一九五五）年に突如現れていることである。「半生の夢」他の回想を含むいかなる文章にも、外人部隊入隊は現れていない。しかも、外人部隊への言及はすべて、談話あるいは第三者による伝聞記事ばかりで、直接治郎八の筆になるものはないのである。

はてしない夢想

この伝説は、治郎八の架空の自慢話と断じるべきなのだろうか。事実無根と断定する根拠はないのだが、訓練と戦場と併せて三ヶ月以上の期間従軍する事は不可能だった、とはいえるだろう。しかし、何らかの形で外人部隊に関わったことがありえないとも言い切れない。家族は、軍隊のコンビーフは食べ飽きたと聞かされているし、腰の銃創も見せられている。繰り返せば、治郎八の文章は、読者サービスがよい。また同じことを繰り返すごとに誇張が加わって話が大きくなる傾向が認められる。おそらく本人は嘘偽りを語っているという意識は持っていない。外人部隊にごく短期間入隊したか、あるいは入隊しようとしたか、その時に英国人の友人も一緒であったという経験があったのかも知れない。それは一九五五年（昭和三〇）以前には、取り上げるに足りないこととして、意識もされない程度のことに過ぎなかったのであろう。日本で外人部隊の存在が知られ、またそれにある種エキゾチックあるいはロマンティックな意味づけがされるようになるのは、外人部隊を扱った一九三〇年代のフランス映画の到来以降のはずで、実は戦後の五〇年代は、戦前期のフランス映画が改めて人気を集めていた。その風潮の中で、かつての何らかの経験が、いくらか潤色されて語られたのではなかったか。

これもまた治郎八の夢想を何がしか反映していると考えてよいのであろう。ありえたかもしれない自らの姿が、そこに浮かび出てくるといったように。しかも、他人にそのように見えている自らの姿に気づくとき、その姿に自らをなぞらえてしまうという傾向が、治郎八にはある。

さて、果たされた、あるいは果たされなかったいくつもの夢を残して、治郎八のロンドン滞在はまだしばらく続けられていくが、その心は、パリへと、憧れていく。

リチモンドの丘のベンチから、美しい芝生の傾斜の果てにテムズ河の流をぼんやり眺めやることもあつた。そんなときは、紳士道の修業や父の金などはどうでもよくなつた。パリでボヘーム生活でもやつたら、どんなに気楽なことかと、考えたりしたものだ。

〈草稿『わが世界放浪記』〈別稿〉〉

第四章　ロンドンからパリ――音楽の都へ

1　二都往来

パリの華やかな時代

最初のパリ体験のあと三ヶ月経って、一九二一年六月、治郎八は二度目のパリを訪れる。それ以降、パリ・ロンドンの往復は繰り返されていった。

ロンドンにおける滞在登録証明証には、ドーヴァー入国管理官による再入国スタンプが五回捺されている。いずれも、パリ往来を示すものだろう。ここに記載がなくとも、書簡などから確かめられるパリ滞在も合わせれば、最初の滞在のほかに、一九二一年六月四日から月半ばまで、七月一日から九月一六日まで、一二月一七日から一九二二年一月二〇日まで、一九二二年四月一日から二六日まで、六月初めから七月四日まで、七月半ばから八月三一日までの七回が確認できる。そのほかにも滞在はありえて、一九二三年五月パリに居を移すまで、パリ訪問は繰り返されていた。

妹蔦子は今ではパリ山の手のアパルトマンに、看護婦の佐藤さだとともに、一條家から斡旋された家政婦マリーを雇って、暮らしていた。心置きなく語り合うことの出来る妹の家、気取らずに磊落《らいらく》な一條夫妻の家のあるパリは、訪ねる場所であるよりは、帰って来る場所であるように感じられるようになっていった。

パリ訪問の初めは、一條公爵夫妻のいわば庇護の許にあって、パリの生活に慣れ親しんでいった。一九二〇年代のパリには、華族を中心に贅沢な社交の生活を送る日本人が大勢いたのである。外交の場でも、フランスには石井菊次郎、ベルギーには安達峰一郎という、法学者としても大家でありフランス語遣いとしても定評のある人たちが、大使として赴任して居た、外交官としても、スマートで有能と評された芦田均書記官が居た。芦田夫人寿美子も、美貌かつ優雅な日本女性としてパリの社交界でもてはやされた。そういう時代であった。

初めてのパリで見る一條公爵夫妻の暮らしぶりを、治郎八は後に綴る。

この若い異国人《エトランジエ》（=治郎八）を人混みに連れ込んだのは派手好みのパリジャンヌ一條公爵夫人経子の方であった。昭憲皇太后の姪だった経子夫人は珍らしい生粋のパリジャンヌ、父君公爵が海軍武官時代の幼時をセーヌ河の水で磨いて育っただけあって、庶民趣味の貴婦人。ツリ上がった眼だけが日本女性で、あとのすべてはパリジャンヌ。そのパリなまりの俗語《アルゴー》の流れ出す紅唇をみていると、まったくのマドマゼル巴里。夫君の一條海軍大佐はこれまた日本人離れのした真黒のチヂレ髪

自家用車に乗る一條公爵夫人
左側蔦子，右は運転手。

天然パーマの偉丈夫で、仏人間から『メキシコ殿下』の異名を呈せられていた。この珍夫妻といっては失礼だが、異国情緒タップリの外交団夫妻が、私にパリの洗礼《バテーム》を与えてくれた。一條公は語学は見かけ倒しでプリンセス一條には一本とられていたが、トランプ、競馬にかけては、花の巴里でもたいした顔で、勝てば勝つ、負ければ負けるでの大盤振舞。とうに閉店してしまった大並木通り《グランブルバール》の名料亭『パイヤール』が御ひいきで、原始的ルノー車で乗りつけたものだ。パイヤールの主人は当時（千九百二十年）パリはおろか欧州きっての板前だ。その赤タッピを敷きつめたサロンで提琴家の奏でる『フィフィ』の流行歌をきいていると、成る程一世の粋人エドワード七世がこの辺でウツツを抜かしていた『ダンディ』振りも判る。（「パリは金髪美人《ブロンド》」『ぶどう酒物語』）

続けて、「十五銀行頭取松方巌侯爵の愛婿、黒木参次伯爵」、「前田侯爵夫妻」、「北白川宮、御微行の名『北伯爵』」、美術専心の細川侯爵、音楽に尽した徳川頼貞侯爵などの殿様ぶりが綴られている。

海軍大佐一條實孝は一九二〇年から二年間駐仏大使館付海軍武官であった。渡欧の船で知った黒木伯爵夫人もまた、パリにあった。当時の治郎八と蔦子の手紙には、ある意味で庶民的な振る舞いを見せるざっくばらんな一條公爵と、フランス生活にいかにも馴染んでいる経子夫人への感謝と親しみの気持ちが明らかである。治郎八は、これらの人々に見習いながら、パリの社交の暮らしに触れ、かつはイギリス流マン・アバウト・タウンの流儀も洗練させていったであろう。

第一次世界大戦終結の後に、多くの日本人がパリに赴いたのは理由なしとしない。日英同盟によって戦争に参加した日本は、ヨーロッパ各国が戦勝国といえども蒙った深刻な被害とは無縁に、戦勝国側に名を連ねて、世界の一流国に加えられたとばかりに意気軒昂たる処があった。一九一九年にヴェルサイユで開かれた講和会議にも、日本は大外交団を送り込んでいた。経済的にも戦争景気によって円は強く、日本の富裕層にとって、ヨーロッパ生活はむしろ容易なものとなっていた。いや富裕層だけでなく、戦後のパリには多くの日本人が滞在した。一九二九年の大恐慌の前には、画家だけで二百人ないし三百人の日本人がパリに居たという。画家以外にも、研究の為に滞在する、さまざまな分野の留学生も増えてきていた。一九二五年八月には石黒敬七が『巴里週報』を刊行する。パリ在住の日本人の情報を日本人向けにまとめた週刊新聞が成立して一九三三年まで二百八十二号続いたのである。購買読者が充分にあったということになる。外国人の移入を受け容れて、パリも、第一次世界大戦によって中断した戦前の賑わいをそっくり取り戻そうとでもいうような活況、ことに芸術上の華やかな活動が展開されていた。両次大戦間のさまざまな革新的芸術表現の時代であった。

その中で治郎八は、初めは派手やかな上流階級の豪勢な生活に惹きつけられ、後には芸術家達のボヘミア的生活に魅せられたもののようである。

最初のヨーロッパ滞在から持ち帰られた、大量の演奏会プログラムから、治郎八の触れた舞台が想像される。

舞踊・オペラ・音楽

オペラで最も早いのは、一九二一年六月一〇日、オペラ・コミック座のソワレで、今日では上演されることもない、アンリ・ラボー作『マルーフ、カイロの靴屋』。

一九二一年秋のシーズンが始まると、早速オペラ座、オペラ・コミック座に足を運ぶ。皮切りはオペラ座で、九月五日（月曜日）グノーの『ロメオとジュリエット』。その後はオペラ・コミック座で、九月一一日（日曜日）プッチーニ『トスカ』、九月一五日（木曜日）レオンカヴァッロ『道化師』とプッチーニ『ラ・ボエーム』、一二月二五日（日曜日）トマ『ミニョン』、一月一九日（木曜日）ジョルジュ・ユ『寺院の影の下に』、ブレア゠フェアチャイルド『蜻蛉夫人』と続く。

その後も、繰り返すパリ滞在のたびに、多くのオペラと演奏会とに接している。

ロンドン滞在許可証の出入国記録と、残されたプログラムから見ると、頻繁なパリとロンドンの往復は、舞踊あるいは音楽の公演に立ち会うために日程を調整していたかと思われるほど、移動が演奏会に連動している。治郎八は次第に、そしてますます、舞踊と音楽に夢中になっていった。

一九二二年春には、ふたたびオペラ座のバレエとオペラ三回の上演。さらにこのほかに、バレエが三公演、オペラ・コミック座が一回。秋になると、今度はオペラ座とオペラ・コミック座ばかりで、あわせて五回である。音楽に惹かれるまま、交際の幅も変わっていった。

〔日本人華族、外交官の社交の華美を記した後〕然し、いづれにしてもこのような空気の巴里の社交気分は私にとつてあまりに派手すぎたので、私は間もなくパッシーの片隅に日本人との交際をさけた生活をはじめ、音楽会、演劇、美術展覧会のみに足を運び、かたわら巴里女をモデルにして彫刻をやつたりして暮らした。一九二〇年の頃で、今にして思えば、まことに文字どおり、国にも人にも黄金時代であつた。

音楽評論家の岩崎雅通氏は私の交際していた唯一の日本人であつた。又天才バイオリニストと謳われた古典趣味の林龍作氏を紹介されたのもこの頃であつた。

（「半生の夢」）

豪奢な華族の生活と、いわば芸術家的ボヘミア暮らし、この並置は時代の真実を潜めている。一九世紀を通じて、富裕層による社交の世界が成立していったとき、その最初の主役を演じたのは、各国の貴族階級であった。日本のいわゆる華族の中のもっとも豊かな者たちもその流れの中に身を投じていった。そもそも外交は社交であった。だから、こうした華族たちが大使であり、武官であった。世紀初頭の華やかな社交の世界は戦争で一時中断されただけで、またかつての世界が戻ってきたかに思われた。しかし実のところ、戦争はヨーロッパ社会の構造も変えてしまっていた。貴族の時代から平民の時代へと、転換が果たされようとしていた。派手やかな社交の世界から、市井の中にあって芸術に触れる生活へと治郎八が自らを変えていったとするなら、たとえそのことに意識的ではなかったとしても、確かにそれは時代の変化を、どこかで反映していたのである。

この時期に治郎八はパリで音楽に目覚め、パリでの滞在を長引かせていく。岩崎雅通、林龍作とのパリでの交際も確認できる。音楽世界の知友を得たことと、治郎八のパリ滞在のいわば変質は、無関係ではないだろう。一九二一年、二二年における治郎八の姿を、岩崎、林とも相識の小松耕輔の残した記録の中に、見出すことが出来る。

小松耕輔（一八八四―一九六六）は秋田県出身の作曲家、音楽教育者。一九〇一年（明治三四）東京音楽学校選科入学、一九〇六年本科を卒業して、研究科に入学、同時に学習院講師。一九二〇年（大正九）、学習院在職のまま、欧米留学することとなり、九月に神戸を出港、その後ヨーロッパとアメリカに滞在して、一九二三年に帰国している。

小松の記録に、『音楽の花ひらく頃――わが思い出の楽壇』がある。ここには生い立ちから一九二六年までの事柄が、自らの経験した音楽状況に関して、実に細かく記録してある。

一九二〇年、治郎八がイギリスに赴いたその同じ年、一一月八日の朝早くマルセイユからパリに到着した小松は、前年から滞在していた太宰施門に迎えられ、オテル・デュ・パンテオンに投宿する。パンテオン広場南側の、日本人が多く泊まったことで知られるオテル・デ・グラン・ゾンムの隣である。宿には文部省留学生の田中耕太郎（後の最高裁長官）が居て、独法出身でありながら留学の多くの時間をパリで過ごした音楽好きの田中は、小松にパリでの演奏会指南をしてくれた。

2　音楽の都

音楽の花ひらく頃

小松は一二月末にイタリアに向かい、ついでドイツにも廻ってパリに戻っている。その途次ベルリンで、細かな記録をしてきた日記を紛失して、以来記録をとる意気も阻喪していたが、ようやく気を取り直して一九二一年六月から日記を再開、さまざまな人との出会いや演奏会聴取の様子などが記録されていく。そのなかに、治郎八がしばしば登場する。

この時期には、小松はすでにホテルを出て部屋を借りていた。蔦子の手紙の中に、小松の住所は、ソムラール通り一七番地とされている。ソムラール通りは、ソルボンヌの前を東西に走るとデゼコール通りとサン＝ジェルマン大通り《ブールヴァール》の間をこれらに並行する通りで、一七番地には日本人の画家や留学生が多く泊まった下宿宿《やど》があった。

「一九二一年七月一九日　薩摩治郎八氏を訪ね、夕食の御馳走になる」。

これが初出である。小松と兄妹は、すでに東京で知り合っていたもののようである。ホイットチャーチからパリへ移るあの問題の時期に、蔦子はピアノの教授に関する相談のために、パリの一條夫人から、小松の住所、オテル・デュ・パンテオンを教えてもらっている。兄妹にとって未知であれば、一條夫人から問い合わせてもらうであろうが、旧識であったから直接に問い合わせたのである。三月二日、蔦子のパリ到着の日、小松は北駅に兄妹を出迎えていた（父宛書簡三月二一日）。「訪ねた」のは蔦子のアパルトマンだろう。「御馳走になる」は、蔦子の家で食事をしたと考えていい。


「八月七日（日）、午後薩摩氏を訪ね、共にロダン博物館を見物する。それからボアをドライブした。

晴、やや涼しい。夜読書。

八月一二日、薩摩氏来訪。

八月一三日（土）、薩摩治郎八氏に会って、旅行の打ち合わせ。

八月一六日（火）、午前八時三五分レ・ザンヴァリードの停車場を出発して、午後五時四五分ブルターニュのサン・セルヴァンに着く。ここは海岸で風景のいい所である。一向《ママ》は薩摩氏兄妹、美川徳之助氏、それに私である」。


ブルターニュ行では、八月一七日にサン＝マロを訪ね、一八日にモン・サン＝ミシェルを見物し、一九日にもう一度サン＝マロ、二〇日には、初め降り立った駅のあるサン＝セルヴァンを見物。サン＝セルヴァン＝シュル＝メールは、サン＝マロのすぐ南側にあって、内港を反対側から護る位置にある。ここで寺院や古塔を見物してから、夜一〇時三〇分の汽車に乗り込み、翌二一日日曜日の朝八時三〇分にパリに帰着した。

この旅行に同行したもう一人、美川徳之助とは、治郎八はすでにロンドンで知り合っていた（母宛書簡一九二二年四月二一日）。美川は一八九八年横浜の生まれ、治郎八より先に渡欧してロンドンに一

サン＝マロにて，1921年
左から小松耕輔，美川徳之助，佐藤さだ，蔦子。

年パリに五年遊学して、二十五歳で帰国、時事新報社に入った。一九五〇年から六〇年代に、治郎八同様の軽い随筆で知られていた。

両者とも、『内外タイムス』紙の囲み欄「粋人酔筆」の常連であったが、一九六一年一二月に美川が、蔦子も一緒であったブルターニュ旅行を思い起こしていて、これに応えて治郎八も同じ欄に「リバイバル」（一九六二年一月二八日号）と題する文章を寄せた。

蔦子を「一九才の番茶も出ばなの美川君のいうような奇麗な妹だった」といい、「四十年前サン・マローの海辺で万一、青年美川徳之助君にプロポーズされたと仮定したら「女の一生」も変わったろう」、「われわれの若い日を、四十年の過去を越して語っている美川君の友情がしみじみとにじみ出て懐かしさにかられた」と、遠い日を懐かしんでいる。

さらに、「あの旅行に供した家庭看護婦の佐藤さだ女（日露戦争に従軍して勲八等をえた女傑）」とも書かれる。ブルターニュ行は薩摩兄妹、小松、美川、そして佐藤さだ、同行五人であった。

蔦子は一條夫人と音楽会やオペラに出かけた。あるマチネの後で、リヴォリ通りの二二六番地のよく行く店で美味しいケーキを食べたと家族に書き送る。アンジェリーナの店である。オペラ座の桟敷《ロージュ》を持っていて、使わせてくれるカーンという銀行家のお爺さんのことも書いている。一條夫妻をも知る音楽学者の小松耕輔との交際は、治郎八や蔦子の音楽理解を深めただろう。そこにはさらに、岩崎雅通も加わっていた。

岩崎雅通

岩崎雅通《まさみち》（本名太郎）は、明治二〇年（一八八七）東京生まれ。府立第一中学校を出て東京音楽学校でハープを専攻した。音楽学校で小松の後輩に当たる。小松の記録には、「〔一九二一年〕七月四日夕、留守中に岩崎太郎君の来訪があった。同氏の宿はオブセルヴァトアル通り四十三番地のオテル・ボヴォアルである」と初出、ついで「七月五日、岩崎雅通（太郎）君を訪ねる」とあるから、このころパリに到着したのであろう。その後一九二九年（昭和四）まで留まって、パリを中心に各地に足を延ばし、ひたすらオペラや音楽会に通った。治郎八は、「パリは金髪《ブロンド》美人」（『ぶどう酒物語』）で岩崎の名前をあげている。

その頃のパリは天文台《オプセルバトワール》の『ビューリエ踊場』の隣家の安下宿に巣食った音楽家岩崎雅通は昼夜兼行で音楽会、オペラとかけ回り、食うや食わずで古今の音楽資料をカキ集めた奇特家だ。パリに音楽研究に来て、岩崎の世話にならぬ留学生はなかった。

ビュリエは、一九世紀半ばに始められた大衆的なダンスホールで、リュクサンブール公園から南に伸びる天文台大通りの、現在は、ジョルジュ・ベルナノス通りと名前の改まった部分にあった。ボーヴォワール・ホテルは、その踊り場の南隣。ビュリエは消滅したが、ホテルはベルナノス通り四三番地に現存する。岩崎はこのホテルに八年間住み続けた。後に多くのヴァイオリニストを育てた林龍作（一八八七―一九六〇）も、はじめはソムラール通りの下宿にいて、後から移って来て同じホテルに住んだ。最後の渡仏をした直後の佐伯祐三が、モンパルナス大通を見下ろす「オプセルヴァトワール付近」（一九二七）を描いたのが、五二号室（六階）の林の部屋からだったという。

後年野村光一が岩崎の人物を描写している。「十數年前の憧れのパリーへの音樂訪問の感激が餘りに素晴らしかつたので、それへの美しい追憶の夢が、それとは餘りに懸隔のある吾が樂壇の状に穢されることを怖れて、歸國後、渡佛前あれ程繁く通つた音樂會行きを中止し、今に至る迄、音樂會のプログラムその他のパリー土産が山積してゐる居室に閉籠つて外出することなく、日夜これ等のプログラム、音樂書等々を整理しつつ遠い昔のパリーの音樂的雰圍氣の回想に餘念がないと言ふ」（「上野奏樂堂の想ひ出」、『音楽青春物語』）。人物が髣髴する。後に林を通じて岩崎と親しくなった小堀杏奴は、「学識深く、高尚な趣味を持つ」、「ごく人間的な、寛容で、暖い心を持つ傍観者」と評している。

蔦子の小さなサロン

小松の記録は続く。

「八月二八日（日）晴、午前薩摩氏兄妹が来訪。

兄妹と小松、岩崎は盛んに往来している。

蔦子のアパルトマンで
左から小松耕輔，蔦子，治郎八，岩崎雅通。

九月四日（日）晴、午後薩摩氏を訪れ、一緒にオデオン座で『レ・ミゼラブル』を観た。これで二回目である。ジャン・バルジャンは相変らず大成功だった。それより公園を散歩し、一緒に拙宅に帰る。

九月七日（水）晴、薩摩氏から来状。

一〇月三〇日（日）、薩摩氏に手紙出す。

一一月三日雨、蔦子さんをつれて、オペラコミック座で二度目の『オルフェオ』を聞く」。

八月二八日午前、薩摩兄妹は小松の部屋を訪れて治郎八が写真を写した。午後には二人は一條夫人とサン＝ジェルマン＝アン＝レに自動車で遊んでいる。

交流は親密だったのだろう。一緒に写った写真も数多く残されているし、薩摩兄妹のぬいぐるみ好きに感染でもしたように、熊のぬいぐるみなどを抱いて写っているものもある。岩崎は、人形劇にも造詣が深かったから違和感はなかったのだろう。治郎八、蔦子と岩崎の三人は、俳句の運座もどきを愉しんだりもした。

神津港人
治郎八と蔦子を描く。

小南又一郎
神津の作品の前に。

このほかにも、小南又一郎もパリに来ていて訪ねてくるし、これも北野丸で知り合った画家神津港人《こうづこうじん》(一八八九—一九七八)もロンドンからパリに来て、治郎八と蔦子を絵に描いたりしている。蔦子の住まいはさながら、小さなサロンであった。

パリではフランス語とピアノを習い、また兄や、おそらく小松たちに教えられ、誘われて、音楽を聴き、美術を観るという、教養のための滞在を楽しんでいた蔦子であった。オペラ座あるいはオペラコミック座の観劇は兄妹揃ってのこともあったであろう。ロンドンから兄が来て一緒に音楽会に行ったと、両親宛の手紙の中に記されることもあった。

一九二一年の末には、治郎八の気持ちはすでに、ロンドンを去ってパリに住まっていた。

三島章道が関わった新しい雑誌「若き文化」の一九二二年新年号と二月号の二冊に続けて治郎八の詩篇が発表される。それぞれ「巴里より(詩)」および「旅情」の題で、「三島章道兄に捧げ」られ、署名は「在巴里薩摩治郎八」

とある。一九二一年秋までに送られたものであろう。「巴里より」といい「旅情」と題しても、いずれも稚い短詩篇の内容は、「私の心は遙に過ぎ去た少年の日を限りなくしたつております」と記すとおり、むしろ幼い日の追懐である。すでにその中の三篇を引用したが、ここでは別の一篇を示しておく。

初秋の高く澄みたる／青空に／晝日の浮く／夢遠し／冷えし心よ／美しき時／我れに過ぎたり
（「晝日」）

いかにも幼い表現であり、また懐旧的である。華やかなパリで、一方ではその社交の世界に引き入れられ、享楽の世界に魅惑は感じながら、他方で舞踊と音楽に惹かれて芸術家に憧れ、そしてさらに、どこかで帰心もきざしていたということであろう。

詩篇にパリ情景を歌いはしなくとも、異国にある思いを伝える三行書きの短歌もあって、

月を見る外國なるが面白し／旅情の湧きて／流れ行くまゝ
夕闇はほのかに迫りマロニエの／並木にかかる／黄金の月
（「月」）

旅情がのぞかれもする。帰心はきざしても、パリの魅力はこれに勝っていたのである。

年が明けて一九二二（大正一一）年になっても、小松の記録には、なお治郎八との交流が確かめられる。


「二月十一日（土）晴。薩摩氏への手紙出す。

四月二日（日）曇、時々雨、薩摩氏を訪う。

三日（月）曇、午後より薩摩氏を訪う。

四月一八日（火）雨、寒し。薩摩氏を訪う。

二二日（土）雨、午後より薩摩氏とレコードを買いにいく。

二六日（水）曇、正午一二時ガール・デュ・ノール駅から出発。倫敦に向う。一行は岩崎君、薩摩君、私の三人である。凪はあったが波はおだやかであった。八時半倫敦着。プリンス・スクエア二八番地にとまる。

五月九日（火）晴、朝一〇時宿を出て一一時の汽車で倫敦出発。午後七時巴里着」。


四月二六日には、治郎八を東道として、岩崎も一緒にロンドンへ行き、二週間ほどの滞在をしたのである。治郎八の滞在登録証明証の入国査証の日付とも一致する。


「六月一四日（水）晴、午後より曇。薩摩氏を案内して、ベルヴューの方面にホテルを探しにゆく。夜は夕食御馳走になる。

一七日（土）晴、Ida Rubinstein の『聖セバスチャンの殉教』。

二七日（火）晴、モガドールでカルサヴィナのでるロシアン・バレー。」

「七月二四日（月）時々雨、薩摩、中川、藤原義江の諸君来訪。
二七日（木）曇、薩摩氏に夕食の御馳走になる。
二八日（金）曇、オペラ座の楽屋見学にゆく。伴野、久米兄弟、岩崎、薩摩、佐藤の諸君と一緒である。まず、地下室から見物した。舞台から五階下に水ためがあって、火災に備えている。火事の時水口を出すと、噴水がほどばしり〔ママ〕出るようになっている。次いで女優室を見る。三段に分れている。上等なのは装飾も行き届いていて立派だが、下等なのは合部屋で、年の若いおどり子たちの部屋である。続いて衣裳部屋、武器庫、ダンスの稽古室等を見る。客席の中央の燈火は、八トンの重さがあるという」。

六月一七日の舞台を、治郎八は小松と観たかもしれない。一九二二年六月とあって日付も劇場名も記載のないプログラムが小松の記録に一致する。ダヌンツィオ原作によるドビュッシーの作曲『聖《サン》セバスティアンの殉教』をイダ・ルビンステインが踊ったのである。イダ・ルビンステインのプログラムがもう一冊、これはオペラ座だが日付を欠く。演目は、ダヌンツィオ原作によるイルデブランド・ピッツェッティ作曲『フェードル（フェドラ）』で、舞台装置はバクストであった。イタリアの作曲家ピッツェッティ（一八八〇―一九六八）の『フェドラ』は一九〇五年の作品である。

六月二七日も、治郎八は小松と一緒に観たもののようである。残されているプログラムによれば、演目は、ドメニコ・スカルラッティ『上機嫌な貴婦人たち』、ショパン『レ・シルフィード』、ウェーバー『薔薇の亡霊』、リムスキ゠コルサコフ『シェヘラザド』で、タマラ・カルサーヴィナ出演のロシア・バレエとある。プログラムに差し挟まれて一葉があり、ノアイユ伯爵夫人、アンリ・ド・レニエなどの署名《オトグラフ》が残されていた。

小松の記録に、薩摩兄妹との往来はここで一旦途絶える。八月初めに治郎八と蔦子はジュネーヴに居た。二日には、ここでもディアギレフのロシア・バレエ団の公演を見て、翌日インターラーケンに向かった。この短い旅行は、蔦子の帰国が迫っていたからであろう。

蔦子の帰国

初めから二年間と予定されていた蔦子のヨーロッパ滞在であった。名残は惜しみながら、蔦子は帰国の準備を始める。一條大佐も一九二二年末には駐在武官の任期二年を終えることになるのだが、こちらは一二月に発令される辞令を待って船の予約をすることになるから、出発は二月か三月、残念ながら一緒に帰ることにはできなかった。六月七日の蔦子の母親宛書簡の文章は短いながら、気持ちをよく伝えている。

一度かへらないと云つて悪うございました。もうお船もとりました。あと五ヶ月になつて只そはそはして居ります。十二月には元気にかへつて参ります。

帰国の日取りは、佐藤さだの薩摩政子（まさ）宛書簡（七月四日）に「お嬢様は十一月の四日の船でお帰りになります」とある。日本郵船の便船であろう。おそらくはマルセーユから乗船したのであろう。

小松もパリを離れる日が近づいてきていたから、九月の末からオランダ、ドイツを廻り、一一月四日（土）、ベルリンを発って、五日パリに帰着している。

小松は交友の記念として、一九二二年一二月二二日付の献辞署名で、日仏両語で出版された自作の楽譜を治郎八に贈っている。治郎八は、この頃またパリに戻ってきていたのだろう。白秋の詩による歌曲「芭蕉」および「赤い夕日」の楽譜（いずれも一九一九年刊）である。

「一二月二八日（木）曇、〔……〕午後は薩摩君を訪ねた。内と森茉莉子さんに手紙を書く。米国への出発の日も追々せまつてきた。

二九日（金）雨、午前薩摩氏を訪う。中食〔＝昼食〕を御馳走になる」。

この時期の治郎八は、おそらくホテル住まいだったはずである。

小松は一九二三年一月四日夕刻サン＝ラザール駅を発ってルーアンまで行き、翌日ルーアンからル・アーヴルに出て、六日土曜日、晴れた空の下、客船パリでアメリカへ発った。

この間、一九二二年秋の、治郎八のパリ往復は実に頻繁であった。

音楽三昧

ロンドンのウィグモア・ホールでこの年の九月二八日に開かれた藤原義江リサイタルは、ロンドンに居たならば、聴いたであろう。一〇月八日には、ロイヤル・アルバート・ホールで、バックハウスのリサイタルを聴いている。ベートーベンのピアノソナタ「アパシオナータ」のほか、シューマン、ショパン、リストなど、盛りだくさんの演目であった。

さらに一〇日とは隔たらない一〇月一九日に、毎シーズン数回のパリ来演をしていたセルゲイ・クーセヴィツキー指揮によるオペラ座管弦楽団の演奏会を聴いていて、これは一九二四年春までにあわせて五回聴いている。

これも含めて、一九二二年秋の音楽シーズン再開後のパリでの演奏会通いは、それ以前とは比べものにならない頻度で繰り返される。

一九二二年八月末にロンドンに戻ってから後のイギリス出国は、文書上は確認ができないにもかかわらず、一〇月から一一月にかけて、パリでのオペラ、オペラ・コミック、コンサートとあわせて四回のプログラムがある。帰国の途につく蔦子を見送りに来たであろうから、一〇月にはやはりパリにいたと考えるべきであろう。一一月にはすでに蔦子は出発しているのだから、治郎八が観たのである。一二月には、離仏直前の小松に会っているのだから、このときもパリにいたのである。年を越して一九二三年四月の九日に、カンヌからパリへ戻ったと手紙に書くから、それまでもフランスにいたのである。一九二二年秋から翌年にかけてのかなりの時間が、パリで、過ごされていた。

一九二三年に入ると夏までの間に、オペラ座で一〇回、オペラ・コミック座で九回の上演を見ている。オペラ座では、バレエ以外には、ワグナー『ラインの黄金』、ムソルグスキー『ホヴァンシチーナ』などのほか、ピエルネ『シダリーズ』、ルーセル『パドマーヴァティ』、ラヴェル『スペインの時』などがあり、オペラ・コミック座では、ドビュッシー『ペレアスとメリザンド』、モーツアルト『フィガロの結婚』、マスネ『マノン』、グルック『オルフェ』、シャルパンティエ『ルイーズ』、ビゼ『カルメン』、ヴェルディ『椿姫』、オッフェンバック『ホフマン物語』。『フィガロ』は二回観ている。

クーセヴィツキー指揮のオペラ座管弦楽団とコンセール・コロンヌが一回ずつ。コロンヌはシャトレ座で、ピエルネの指揮でパデレフスキーがピアノを弾いた。
この精勤ぶりは一九二二年秋から翌年八月まで続いていて、それぞれの公演の間に一週間の暇もない。外人部隊どころかロンドンに帰るということもできるはずがなかった。

3　パリで暮らす

移住宣言

実際、一九二三年春には、治郎八はロンドンを離れて、パリに暮らすことを決めてしまう。それもどうやら一方的にそのことを両親に告げるという仕方であった。

さて小生健康の為にも仕事のためにも愈々英国を引き上げ来月〔五月〕十七日より、十七番地リユー　アンリ　マルタン　のアパルトマンに落付くべく〔……〕英国は小生にとりて今は何もうる所無之かつ亦小生は英国の總てを人道上嫌悪仕候〔……〕来週英国に立ち荷物全部不要なものはそちらへ直送し必要なものだけ取りまとめ来月十七日迄に巴里へまいるべく候。

（父宛一九二三年四月二三日）

候文で切口上なのは意図的かもしれない。有無を言わさず、というところである。

JSの飾り文字

　しかも、この手紙から、治郎八は自分用に印刷させた用箋と封筒を使い始める。それ以前は、市販の用箋の類が使われていたのであった。用箋封筒いずれにも、小さな縦長の楕円の中にJとSとを組み合わせた文字が表されたマークが、印刷されている。社交上の用箋や名刺は凹版で印刷されるのが礼儀にかなっているとされ、従ってこのようなマークは彫版師がデザインして彫るのである。パリ定住の証として、まずこれを作ったのだろう。移住宣言は、パリの社交の様式に従ったのである。この後、治郎八は常に同種の用箋類を使用する。用箋の色は、白色、藤色、青などと変わるが、JSのマークのデザインは変わらない。

　ロンドンでは、まずは英語から初めて、大学で授業に出られるように基礎学力をつけて、一年半ないし二年の後に、ケンブリッジ、オクスフォード、あるいはロンドンその他いずれかの大学で、経済学を修めるはずだったのではなかったか。どの大学がもっとも自分に相応しいかを決めかねてはいたとしても、ノックス博士の下に止宿して、日に二時間の個人授業を受けて基礎学力をつける作業を始めたときには、そう考えていたはずであった。

　しかし治郎八の気持ちは次第に変化してきていた。

　すでに一九二二年三月には、ノックス博士の許を離れていた。知り合って親しくなった日本好きの浮世絵コレクター、日本協会終身書記長オブライアン・セクストン老人から、リッチモンドにいるから風邪を引いたり、神経痛が出たりするのだと言われたといって、ノックス博士の個人レッスンは続けたままで、セクストンの住むヴォグゾール・ブリッジ・ロードに程近いヴィクトリア地区のホテルに移ってみたり、二ヶ月後にはまたリッチモンドに舞い戻って、今度はホテル住まいをしてみたり。転居のたびに、ここは素晴らしいところだから、自分はもうどこへも行かずにずっとここに留まると、父親にはそう書くのが、慣わしのようになっていながら、この落ち着きのなさは、必ずしも健康的な住環境を求めるということばかりが理由ではなかっただろう。なおセクストン老にはしばしば自宅に招かれて食事を共にし、イギリス人の中ではもっとも親しんだようである。

ブリティッシュ・ミューゼアムに行くにしても、舞踊の公演を見るにしても、ロンドンに出るのにリッチモンドは便利ではないと、書いてもいる。日本郵船の北野丸が入港すれば、ドクターに会いに行くためにもロンドンに泊らなくてはならない。

そもそも機会さえあれば、パリへ出かけることが、習慣にもなっていた。

「忍耐と努力」

短気な性格はすでに見た。それと同じことといってもよいのだが、移り気なのである。気ままなのである。感激性で、すぐに熱中するが、ほかのことに惹き付けられると、すぐに感激は薄れる。その心のおもむくに従って行こうとする。勉学を放擲しようとまでは考えなかっただろうが、自由気ままは確保しておきたかった。そういうことだろう。

前年の五月末、蔦子が帰国の用意を始めていた時期に、ついにロンドンを引き払ってパリに移り住むと言いだして、周囲を慌てさせたことがある。一番心配したのは、兄を信頼もし、尊敬もしていた蔦子であった。

「二十八日の朝お兄さんから仏蘭西へうつりたいとのおたよりが参りました」（父母宛一九二二年五月三〇日）。蔦子は早速一條家にも相談する。治郎八の考えを伝える文書はないから、その真意はわからないが、要するにイギリスにはもう居たくない、フランスへ移って、今度はフランス語の本格的学習からやり直したいということであったようだ。

私としてはお兄さんのおつらいことは大層よくわかります。〔……〕殊にお兄さんは外国に居る日本人の通有性と云ひたい、くだらない娯楽に対して全く潔ぺきで詩と音楽のほかには親しいお友達もなく、一人で心をたのしまして暮らしていらつしやると云ふ風でいらつしやるので、それを思ふとなほさらせめて居心地のよい周囲の中においてあげたい様に思ひます。〔……〕けれどここまで苦しんでいらしたものをよしてフランスにいらつしやると云ふのは残念でたまりません。お兄さんの英語は大したものなのですし、お講義にお出られになる様になつて、折れておしまひなさるのは残念で残念でたまりません。（同前）

蔦子の言うことは、筋の通ったものだ。「もう少し忍耐と努力をしてもらいたい」と一條公爵も言っていると、蔦子は書く。いずれにしても、この時期までには大学に籍を置くにはいたっていない。講義に出られるようになって、という蔦子の表現は、講義に出られる程度の英語力がついた今になって、という意味だと見れば、いかなる大学にも正規に在籍は未だしていなかったと考えるべきであろう。

学問はいずこへ

この五月危機は、蔦子や一條公爵の説得で、回避されたらしい。イギリスにとどまることを納得したのである。その後の考えは、治郎八の手紙に記される。

〔……〕ロンドンの北郊ハムステッドからハイゲートは高台で健康地で知られていますから、その辺に愈々落付く事に致しました。〔……〕

十月から学校はセックストン老人かデーオーギー氏に照介して貰て籍を東洋語学へおく事にします。そしてエコノミックスやコンマーシヤルサイエンスの方は単なる聴講権だけ貰ておく事にします。之は非常に利巧なやり方で、東洋語学等になると学生が全くすくなく随て学校で嬉んで学生をとつてくれ一教授にほんの五人か六人の学生といつた風です。それで私は多分ドクター・ハチソンの教室へ行くだろうと思ひます。研究題目は日本のクラシック（特に能とか源氏とか）としておきます。そしてこの教室で専ら語学（日本語と英語の比較研究）をやつて一方自分の趣味のある能とか源氏の照介とか翻訳とか研究を教授の指導の下にやります。そうすれば語学の力がうんと付き、一方自分の内面的の要求を満たす事が出来ます。そうしてこの教室には一週に二時間位出席して後の日は経済の講義に出席する様にします。

（父宛一九二三年八月一一日）

何の専門であろうと、論文を出して学位を取ればバチェラー・オヴ・アーツの称号になる。外国人には経済学などで学位をとるのはそもそも不可能だから、この方法が得策であるというのである。自分は経済学者になる必要はないのだから、研究するには及ばない、ただ実務的方面にのみ力を注ぐことにする。すでに「商用文位は何なく書けば書けますが、もう少し根本的の方面ことに会社銀行のマネーヂメントの方面等を実際と離れず研究をしてみたい」のである、と称している。

この計画は、父治兵衛を説得することが、出来たのであろうか。イギリスに留まって所期の目標に向かって勉学に励めと、父からも一條公爵からも申し渡されて、やむなく大学には籍を置くとしつつも、もはや完全に芸術へと関心の移ってしまった治郎八が、形だけのプランを示して見せたに過ぎないと感じられる。ケンブリッジへは行かない、経済もやらない、そう宣言しているにほかならない。そうである以上、それが受け容れられようとそうでなかろうと、もはやそれほどの問題ではなかったのかもしれない。自分はそう決めたのだというわけである。

それにしても、一九二二年秋になってどこかの大学に登録はされたのだろうか。この年の八月ジュネーヴからの便りの後、治郎八も蔦子も、その書信が残されていないので、確かめようがない。しかし一九二二年一〇月半ばと一二月後半はパリに居た。この年の秋に大学に通うことはできなかったと考えるのが自然だろう。年が代わった一九二三年も、三月を除いては、オペラ通いがあり、また四月九日にカンヌからパリへ戻ったとされる（父宛四月二三日）から、もっぱらフランスに滞在していたのである。

蔦子は秋にパリを去った。一條公爵も年末までの任期を終えて、一九二三年の春早くに帰国の途についた。ディオジーさえも、この年の一月二日にニースで世を去って、すでにない。遠く離れた日本から以外には、治郎八の気ままをいさめるものは、もう誰も居なくなった、その三月末の、パリ移住宣言であった。いつ大学に行けたのか。

「オックスフォード大学を出ました」

これまで薩摩治郎八伝の類には、「オックスフォード大学を出た」と書かれてきた。すでに見た、外人部隊に関する談話の類にもまた、常にオックスフォードの名がでてくる。

早川雪洲との対談「世界放浪ばなし」（『週刊サンケイ』）には、「オックスフォードを出てから」とあった。「この人に聞く——外人部隊とカスバの女　薩摩治郎八氏入隊の思い出」（『東京毎夕新聞』）には、「外人部隊に飛び込んだのが二十歳のとき、一九二二年の一二月でした。そのとき私は、イギリスのオックスフォード大学に在学、古典と経済を勉強していた」とある。東京懇話会での講演の記録（『話の広場』）にも「オックスフォード大学を出ました」とある（九九ページ以下参照）。

オックスフォード卒業、ないし在学という事柄は、すでに見た外人部隊入隊という出来事とどうやらセットになって語られる。実のところ、オックスフォードであれ、どこであれ、あるいは登録はなされた可能性はあっても、イギリスで大学の課程を了えることはなかったと考えてよい。

それでは、治郎八は嘘偽りを申し立てたのか。いかにもそうなのである。しかしながらこれを、経歴を詐称するための、意図的な虚言とするのは当たらない。治郎八の伝記の基本となりうる唯一の自伝である「半生の夢」には、偽りを含まずに、こう書かれていた。

故国の両親には大学で法律経済を研究していると云つて安心させ、その実私は専ら希臘文学と演劇、ことに当時欧州を風靡したデアギリフの露西亜舞踊に熱中した。

帰国直後の文章では、大学には行っていなかったと、正直に述べていた。中学の時と同様に「自然解消してしまった」のである。雪洲との対談は、「半生の夢」よりも四年後になされている。この間に治郎八の立場はすっかり変わっていた。豪奢なヨーロッパの人間模様を語るその筆が読者に受け容れられて、その地位は確立していた。治郎八の文章は読者サービスに溢れている。読者が好み、望み、喜ぶ方へと、言葉は走り出していく。

治郎八はまた夢想の人である。そのようにあることも、ありえないことではなかった。そうあることを夢見たけれど、そうはしなかっただけのことだ。やがて夢想と真実との区別はつかなくなってしまう。言い換えれば、治郎八は自己フィクション化の人である。

『せ・し・ぼん——わが半生の夢』は紛らわしい本である。書物の副題「わが半生の夢」は三部に分かたれたその第一部の題名であり、その中に「半生の夢」という独立した章があることがすでに紛らわしいが、この書に収められたすべての文章が一人称で書かれていて、従って素朴な読者はこの「私」がすべて薩摩治郎八自身であると思い込んでしまう故にもまた紛らわしい。だが第二部「せ・し・ぼん」の中に、フィクションが紛れ込んでいることは間違いない。個人的な体験から出発して、自分自身を素材にしてフィクションを紡いでしまうこと。現在なら、自己《オト》フィクションと呼ばれうる方法を、治郎八は無自覚に身につけていた。自己を素材としつつフィクションを奔放に組み立ててしまう。オックスフォード卒業も、そのような挿話と見ておく。それは、嘘でありながら嘘でない、小説的自己確認作業に関わる性質のものであったと、言わざるをえないだろう。伝説はこのようにして、おのずと作られていった。

蔦子の結婚

兄に真摯な勉学をイギリスで続けてほしいと願った蔦子は、一足先に帰国して、兄の帰国を待たずに結婚した。相手は、兄と同年で、兄の幼少からの友人であった千坂親信、海軍中将千坂智次郎の二男である。

この経緯にも、治郎八は無関係ではない。

初めてのパリ滞在の際の気持ちの昂《たか》ぶりを書き送っていることからも知られるように、治郎八にとって千坂親信は小学校の同級で、爾来親友といってよい存在であった。治郎八が中学をうやむやにしてしまってからも、薩摩の家へしばしば遊びに来ていた。したがって、蔦子と顔を合わせる機会も多かった。パリへ来てからの千代にも千坂は、一応は治郎八の許可を得て手紙を寄せ、二人の気持ちは接近していたのであった。いささか強引な千坂に治郎八は危惧するところもあったようだが、結婚に兄として賛成する。治郎八の危惧は、後に的中することになるのだが、それはまだ先のことである。

蔦子は千坂親信と結婚する、帰国の翌年の春のことであった。

関東大震災の翌年の春に、二人の長女美奈子が生まれると、兄貴は独身で居るのに、子供の頃から親しんで、取っ組み合いの喧嘩もした妹が母親になったことに不思議の思いがあると言いながら、赤ん坊の写真を送ってほしいと、この兄は母親に頼むのである（母宛八月二七日）。

パリへの移住

さて治郎八は、すなわち、イギリスで大学に通うことはやめて、パリに定住することにした。その住所が、微笑ましいと言えばいえる。アンリ＝マルタン通り一七番地は、前年の秋まで蔦子の居た建物の同じ並びなのである。パリで一番親しんだ、懐かしい、そして今は淋しい街に、治郎八は部屋を持ったのである。

佐藤さだが、治郎八に宛てた手紙が残されている。

帰りました当時は、そとへ出ますればリウドパァシイィの様な気がして居りますのに出て見ますればそーでないのでがっかりして居りました、それでも若様がアンリーマルタンに御住〔ま〕ひになりました事を伺ひましてからは若様はあの辺をあゝして御歩きになっていらっしゃるのだな、などと思ひ浮かべる事がせめてものなぐさめで御座いました。

（大正一二年九月二五日）

パリに住んで、それから何をしたのか。この年の一月から八月までのシーズンは、すでに示したように、驚くべき頻度でオペラやコンサートに通っている。それ以外に、どのような学習をするのか。その計画は、パリ居住宣言の中にも書かれてはいる。

来月アパルトマンに引うつり次第、専ら仏・伊・ラテンが勉強仕るべく楽しみ居候、かくて後二三年ゆつくり修養勉学の上帰朝仕るべく候間何分後三年の御猶予願上度候、つまり小生二十六迄は勉学致したき考へに有之候　（父親宛一九二三年四月二三日）

というのである。英国でまず二年間ほどは語学を仕上げ、その上で大学に籍を置いて経済学を学ぶというのが、父に了承された初めの計画であったはずである。それは果たさず、英国の大学進学も反故にして、さらには周囲の反対を押し切って、後見役も居なくなったパリに来て住み着いて、さらに三年ほど滞在したいというわけである。フランス語の学習はすでにイギリスで始めていたと考えられるが、個人教授で続けたようである。

家庭教師

一九二二年一一月にパリに来て一九二四年一月に帰国したフランス文学者内藤濯《あらう》（一八八三―一九七七）が、治郎八に家庭教師を斡旋している。その日記の一九二三年七月三〇日月曜日の条に、「午後デュクローズ夫人を案内して、アンリ・マルタンの薩摩氏の宅にゆく。同君が夫人の指南で仏蘭西語の稽古をするためである」とある。内藤は、先に来ていた辰野隆《ゆたか》（一八八八―一九六四）の住む、五区リュ・ド・ラ・クレのオテル・ジャンヌ・ダルクに住んだが、ここで加藤という若い夫婦と知り合った。加藤はアンリ・マルタン一七番地にアパルトマンを持って、隣に居た治郎八を識り、内藤に会わせたのであった。

このデュクローズ夫人という人物が誰であるかは明らかでない。内藤の日記によれば、凱旋門に近いマクマオン並木道《アヴニュ》に住み、日本人の留学生にフランス語指南をしていたらしい。俳句の研究を含むポール＝ルイ・クーシューの『アジアの賢人と詩人』を示されて、内藤は感心したりする。内藤、辰野ともに書き残しているドクローズ夫人（内藤はドクルーズ）という人物もあって、これは、パンションン・オデオンに暮らしていたディレッタントの伯爵《コント》ド・クロオズ（辰野の表記による）の夫人である。辰野と内藤と二人ともが、貴族姓のドとデュを混同するとは思えない。別人なのだろうか。治郎八には、実は「仏蘭西語の教師として紹介されたD伯爵夫人と名乗る女」について語った文章がある（「ロマンティック」、『せ・し・ぼん』）が、伯爵夫人を名乗り、凱旋門近くに住み、そして、怪しげな手管で二〇歳の「私」に情交をせまる女は、内藤のデュクローズ夫人とは、いかにも重ならない。堅物《かたぶつ》の内藤が、そうした気配のある女を若者に紹介するとも思えない。『せ・し・ぼん』第二部は創作艶話といってよいものばかりである。実際の反映を見ようとするべきではないのかもしれない。

ともあれ、治郎八が後に引用して見せたりするフランス詩を考えると、治郎八はフランス文学ことに象徴派詩人の作品をよく知っていた教師に習ったようである。

パリ移住に対する治兵衛の反応は、今となっては知るすべがない。しかし、治郎八はその滞在を早めに切り上げなくてはならないことになる。

一九二三年秋以降はオペラなどの上演に出かける回数が急に少なくなる。ことに一〇月以降にはほとんどプログラムが残らない。極端なこの変わりようは何故だろうか。

関東大震災

この年の九月一日に東京地方は関東大震災の激震に襲われていた。薩摩の家も大きな被害を蒙ったのであった。

震災の日に、治兵衛と政子（まさ）、そして増子は大磯の別荘にいた。そろって昼食を始めようとするところに地震が起きて、それでも無事に裏の竹藪に逃れて、余震の続く数日を過ごした。夜は、自警団にも出た。そうした顚末を治兵衛が治郎八に書き送ったのは、一ヶ月以上が過ぎた、一〇月一〇日になってのことであった。長い手紙の一部を引用しておく。

〔……〕損害百億火災保険廿五億ニ対シ資産総額一億ヨリナク迚モ支払ノ能力ナクアラユル有産階級ハ僅弐日間ノ火災ニテ土地ノ外ハ資産全滅実ニ恐ルベキ大変革ガ吾々ノ頭上ニ落チテ来タ訳デス　駿河台ハ地震後弐時間ニテ火災ガ小川町猿楽町ヨリ来リ本家モ分家モ全焼　駿河台モ全滅ニコライ〔堂〕ノ如キ頑強ナ建物サエ焼ケ落チマシタ　幸ナルカナ本家ノ倉庫三棟ハ無事ニテ諸書類貴重品美術品衣類ハ全部助カリ誠に喜ンデ居リマス　田所町ノ店モ勿論焼ケマシタ倉庫モ全部焼ケテ商品モ全部焼ケマシタ併シ重要書類帳簿ハ皆出シテ無事デス怪我人ハ一人モナシ店員ハ今駿河台ニバラツクヲ建テソレニ居リマス　私共ハ幸牛込ノ千坂宅ガ無事デスカラソレニ引移リマシタ薩摩家トシテハ家屋八ケ所本所土地全焼店ノ損害ヲ合セテ六七十万円ノ損害ト思ヒマス他カラ比較シテ誠ニ軽ク実ニ不幸中ノ幸ト思ヒマス〔……〕

蔦子の嫁いだ千坂家は山の手の高台で無事であったから、そこに難を逃れたのであった。手紙は自分たちの安全を伝えるだけでなくて、東京の下町、横浜の港湾地区の悲惨な状況も伝え、知人の中にもあった死者のことを述べて、日本郵船の「藤野ドクター濠州航路中地震ヲ聞キ帰ツテ見ルト可愛イ可愛イヨリ子ト云フベビーガ圧死知人中デモコンナニ不幸ガアリマス」という。

薩摩商店は、自分が時代遅れで商売も拡げず、株式にも手を出さず、銀行に預金しただけでじっとしていたから、被害が少なくて済んだとはいえ、復興には大金が必要だが、交通機関が回復しない限り商売はまだ動き出すこともできず、収入の道はまったくないから、来年の四五月でなければ何も手が出せないと言い、この地震は日本の経済全体に深刻な打撃を与えたと、全体を見通している。さらに、「吾々ノ生活改善努力ノ時ガ来マシタ」といい、「私共モ愈々相談シテ生活改善ノ道ニ入リタイト思ヒ家ハドコカ郡部ノ少《(ママ)》サイ人ノ目ニ付カナイ所エ極メテ簡単ナモノヲ造リ住ム考デス〔……〕代々木アタリノ少サイ地所エ少サイ家ヲ建テテ住モーカト思ツテ居リマス」と重ねて強調している。誰でもが「一生懸命働イテ節倹シテ暮ラサネバナラヌト云ツテ」いるというのである。

このような状況の中で、「後三年の御猶予」を願っても、それは許されなかったと考えるべきである。その一方で、もう一度イギリスに戻れとも、治兵衛は言わなかったであろう。一年程度の期間、さらにパリで勉学を続けることは許し、家の再建も果たせるであろう翌一九二四年（大正一三）秋には帰国せよと、息子の我儘を聞き入れ続けてきた治兵衛も、さすがに今は命じたであったろうことが、察しられる。

一〇月一〇日付書信には、震災直後の現況が伝えられるのみで、それ以上の指示などは示されないが、引用した中に繰り返されている、生活を改善して簡素になり、節倹して暮さなくてはならないという意思の表明は、治郎八への意見にほかならないだろう。

パリ滞在を許し、かつそれをあと一年としたであろうと見るのは、翌一九二四年の七月になって、治郎八はまたしても滞在延長の許しを求める手紙を書いていることによる。「私の帰朝期を来春四月迄延して戴きたいのです」。郵便の往復に二ヶ月以上、マルセイユからでも郵船の片道に四〇日以上かかる時代に、滞在延長は一ヶ月二ヶ月のものではない。一〇月前後の離仏を約束していたものを、半年延ばしてほしいと求めたのであろう。この願いは認められなかった。

4　居場所の発見

滞在許可

パリ居住の登録申請は、一九二三年一〇月一二日に受理されている。パリ警視庁が身分証明書を発行するのが一〇月二二日、申請者が出頭して交付されたのが一〇月三一日である。住所は、すでに移住宣言のなかに示されたとおり、五月から住んでいたアンリ＝マルタン通り一七番地である。この通りは、翌二四年にマスネ通りと名称が変わり、現在もその名は変わらない。地下鉄のパッシー駅からシャイヨーの丘の上に出て、南西へと延びるパッシー通りの途中を、北西に折れる通りである。一七番地は、蔦子のアパルトマンのあった五番地の前を通り過ぎて、短い通りも終わりに近い左手にあたる。

この一九二三年のパリ滞在許可証にはほかに、照会者として、クリシー大通り《ブールヴァール》六番地のグワ氏 M.

Gouwaという名前が読まれる。だがクリシー大通り六番地は有名な諏訪ホテル、いや諏訪旅館の住所である。Gouwaは、Souwaであろう。筆記体のSをGと誤記したのだ。であれば、これは諏訪秀三郎にほかならない。軍籍を剝奪されてパリに居つき、日本人向けのホテルを開き、多くの日本人の世話をしたという、伝説の人物である。第二次世界大戦直前の時期にオランダで自死を遂げたという。このことは、いよいよパリに居住しようという時に、治郎八には、ほかには照会先になってくれる誰もいなかったということを意味するだろう。誰でもよいわけでは無論なくて、居住許可のある者でなくてはならないが、今の治郎八には一條公爵のような庇護者はいなかった。諏訪秀三郎が身元を保証するということが、治郎八の孤独な旅行者としての立場を裏書きしている。

銀絲の雨の巴里をぬらす

パリ定住にほとんど一年先立つ一九二二年六月に、治郎八は小松に案内されて、ベルヴューの方へホテル探しに行っていた。パリ市の東側に高くなるベルヴィルの丘を登っていって、ビュットショーモンの公園のさらに東側にベルヴュー通りはある。かつて、一八六〇年のパリ市拡大までは、周辺の村の一つであったベルヴィルの高台地区である。拡大後のパリで、中心地区の再開発と近代化が進められたとき、古いパリの住人たちが逃れていった、今日でも小さな家並みの並ぶ地区である。治郎八が、一六区一七区の高級お屋敷町とはまったく正反対というべき地区に、住まいを求めようとしたこともあったのだと、この記事は教えている。華美な社交の世界と、ボヘミア暮らしとの両方に惹かれるものを治郎八は持っていた。もっとも実際には、パリの街の東側に、治郎八が住むことは、ついぞなかったのだが。

パリ定住の直後に、治郎八は自らのパリ滞在を記念する私家版の刊行物を作っている。歌集『銀絲集』である（口絵三頁上）。扉には、「銀絲集／薩摩治郎八歌集／第一／巴里／一九二三年」とあり、奥付によれば、「大正一二年一一月一日発行非売品、著作兼発行者薩摩治郎八、仏蘭西巴里」、である。印刷は当時ロンドンにあった東洋出版会社。限定刊行二五〇部。三校の校正紙が保存されていて、これには「一二年八月」の日付印が捺されている。震災以前から準備は始められていたものが、ようやく完成したのであった。

すでに一九二二年初めには、在巴里薩摩治郎八と名乗って、「若き文化」に詩篇を送り、一九二三年五月にはパリに定住を宣言し、一〇月二二日付で、パリ滞在の許可証を得ていた。いわば、一年半かけて治郎八は、ロンドンからパリへと居場所を移動する作業を終えたのだ。物理的な移動というよりは、意識の上での移動が完了したのである。それを記念するように、実質的なパリ移住の時期に用意が始められて、その完了とともに印行された私歌集である。

この歌集には、岩崎雅通が序文を書いていて、日付は詩集刊行の一年前である。

君とパッシーの窓に據《よ》り、エッフェル塔を眺めトゥロカデロを望んだのも、既に過ぎた日の思出となった。今君の歌集第一を手にするに及んで、更に當時を想ひ起こすこと頻である。〔……〕
今日迄に邦人で、フランスを歌ひパリを詠み又は祖國を忍んだ人々は多いであらうが、君のやうに若い心をもって豊麗な感受性を、かくまでも表現したものを見たことがない。〔……〕

「エッフェル塔を眺めトゥロカデロを望んだ」パッシーの窓というのは、蔦子の住所アンリ＝マルタン通り五番地の四階のことであっただろう。

歌の印刷されてあるページのみに通しのノンブルが施されているという不思議な造りの本で、四六版本文実質七四ページ、絹のくるみ表紙にメダイヨンの絵（鎚谷茂一郎）を配し、扉のほか四枚の木版の別丁挿画（漆原由次郎）で飾り、天金を施した、瀟洒な姿である。扉の次の見開きに、「父母に捧ぐ」とある。全八〇首は「夕月」、「フリヂヤ」、「春雨」、「噴水」、「明星」、「若芽」、「白百合」、「青空の下」と題された八章に分かたれている。

すでに「若き文化」に発表された歌をも含むなかから、目に付くものを、抜粋しておく。

夕月の光れる空に飛行機の靜にかける初秋の頃
夕闇はほのかに迫りマロニエの並木にかゝる黄金の月
故郷の人は野分と呼ぶならんププリエ渡る秋風の音
春は来ぬ机の上のフリヂヤほのぼの香る朝の光に
トロカデロ　トゥ　レツフエルをかすめはて銀絲の雨の巴里をぬらす
春雨の降りては晴るゝ芽だしごろアンリ　マルタン青く烟れる
春の宵並木を渡る輕風《そよかぜ》に巴里の街《まち》の燈火ゆらぐ
エネスコのギオロンの音に更け行きぬ春の巴里の華ぎし宵

春の夜はたゞをることの惜しまれて何とは知らず歌よみそめぬ
春淺きセーヌの河の岸沿に電車の鈴の快きひゞき
朝ぐもり若芽の並木眺めつゝカフエ　デ　リラに君と語らふ
朝風のや丶冷たきも心地よしリユクサンブルの若芽の並木

和歌の形式に思いを載せることには、すでに中学校の頃から馴染んでいた。技巧の巧拙は問うまでもないところで、春から夏に向うパリの気分がよく伝わってくると、評してよいのではあるまいか。素直な、気持ちの良い歌が並んでいる。カタカナで表記された地名などがいかにも瑞々しいのは、治郎八の手柄か、それとも和語とのぶつかりあいが自ずと生み出す異化の効果か。収めるところもっぱら春夏の歌で、初秋はあっても冬を見ない。それはなるほどその季節にそこに居たからでもあろうが、それ以上に、若い治郎八の歌に乗せうる気分は、春のものにほかならなかったということであろう。セーヌ河岸に鈴の音を響かせたのは、路面電車である。カフェ・デ・リラは岩崎の住むホテルの前の大通りを隔てた向かい側。そこはまたリュクサンブール公園に続く場所でもある。

最終章「青空の下」は二十一首と最も多くの歌を集めるが、これのみは、南フランス滞在の記憶をとどめるらしく、いまだ実体化していない恋の夢想を反映しているようである。

青空を父とし薔薇を母として生まれたりけん優しき少女

なやましさたとへば夕むせび泣くミモザにも似し君なりしかな
美しき古代グレスの幻か波打際につと立てる君
今頃はオランヂユ香るメッシナの沖を行くらん君乗せし船
若き日はうら悲しきが美しや夢と少女とものおもひとにて

フランス的教養をめざして

歌集に遅れることさらに数ヶ月、治郎八の書いたフランス語の詩がある。一九二四年二月六日の日付で、治郎八がカンヌから千坂夫妻宛に自分の肖像写真を送った、その裏面に、宛名、署名などと共に、フランス語の詩が書きつけられている。四節一四行から成るが、三／三／四／四行という、あたかもソネットを逆転させたような配置で、韻は踏まない。訳文のみ示してみよう。

涙！／汝の薔薇の頬を流れ／わが心に落ちる。
おお涙！　わが心の／暗い鏡に映りつつ／可憐な薔薇の姿をつくりなす
水銀の涙を汝は零す／汝の瞳の底より！／ああ！汝の可憐な姿はひと時より続かず／汝の口紅も白粉も
たちまちに消えてしまう、／しかしわたしは、見つめていたい／汝の心魅せる面差しを千年もの間／そしてそれでも心満ちることはあるまい！

まだ貧しいフランス語の語彙を用いて、何とかまとめた幼い詩は、しかし奇妙なものである。ロンサール以来の、若い美の儚《はかな》さの主題を変奏しようとしているのだが、若い夫婦に贈るべきものではあるまい。まして、ここで汝と呼びかけられるのは、一人の女性にほかなるまいから、友人の新妻となった自らの妹を指すとしか思われない。治郎八が一歳下の妹をいかに愛していたとしても、これはいささか異様である。このわたしは友人に仮託して書かれているのでもあろうか。この奇妙さは、治郎八自身が、まだ愛する女を知らなかったからに違いない。友人の妻となった妹に、友人の眼と自らの眼とを重ねて向けるということは、まだ愛の対象を持たない者のすることだ。

そうした文脈はともあれ、語彙は貧しく、詩想は幼いとしても、フランス詩の伝統に則《のっと》って、表現を生み出そうとしていることは確かであって、若い治郎八のフランス語学習のほどがうかがえる。

一九二三年晩秋の歌集刊行と一九二四年のフランス語詩作とは、パリに暮らしていこうとする治郎八の意識を伝えるものである。

ロンドンではなくパリを、英語ではなくフランス語を、選んだのである。

フランスの文化の中で生きていくことを、択びとったのである。

第五章　パリ――芸術と恋の季節

1　芸術の季節

藤田嗣治との出会い

一九二四年こそは決定的な一年であった。

一九二三年五月、妹の去った通りにアパルトマンを持ち、一〇月、その住所での滞在許可を受ける。滞在許可を得ることは、住人になる覚悟を象徴的に示しているだろう。そして一九二四年が訪れたとき、治郎八はパリと離れがたく結ばれていく。そこには音楽があり、美術があり、出会いがあり、恋があった。

小松耕輔と歩いたパリ東側の高台の庶民地区に部屋を持つことはしなかったが、治郎八は、パッシーのアンリ＝マルタン通りに住みながらも、モンパルナス界隈に足繁く通っていた。小松がパリを去った後にも、岩崎雅通と林龍作は、ブールヴァール・サン＝ミシェルを南に下った先の天文台通りの宿にいた。宿のすぐ前のクロズリー・デ・リラの角を西に折れればモンパルナス大通り、画塾や、画室の集まるヴァヴァンの交差点へ目と鼻の先だ。そこから、南側に切れ込んでいくドランブル通り五番地の一階のガレージを改造した画室に、一九二四年の春までは藤田もいた。

藤田との出会いについて、「半生の夢」には、こう書かれている。

　或る日マドレン広場のベルネーム画廊で、氏のうしろ向の裸婦図を見てからは、氏に心を惹かれ、ついにモンパルナス、ドランブル街の画室の戸をたたいた。

藤田訪問のきっかけを言うが、その時期は前後の文章からも推定しにくい。

治郎八自身が、藤田の近くにいた時期をよく描いているのは、「モンパルナスの秋――宜き哉！古き巴里の日本画壇」（「改造」、一九五三年（昭和二八）一一月号、『せ・し・ぼん』に収録）で、これは、藤田嗣治とその周辺にいた日本人画家たちの姿を、いくらかノスタルジックな調子で回顧した文章だが、大仰な自慢話ないしは暴露話になることなく、ある時期の人間関係の雰囲気が伝わってくる。高野《こうの》三《み》三男《さお》、岡鹿之助、高崎剛、海老原喜之助、板東敏雄などの関係から推して、おおむねのところは一九二三年から二四年の交を取り上げていると考えられる。藤田がフェルナンド・バレーと別れてリュシー・バドゥー（ユキ）と暮らし始めるころであり、高野や岡がパリにやって来たころでもある。

彼（＝藤田）が一介の新進画家として発見されたのは、モンパルナスのブームの前夜であった。女流画家フェルナンド・バレーとの結婚生活で、家庭的安定を得た藤田を買ったのが、ボエシー街の小画廊のシェロン老人だった。

シェロン画廊の飾窓には、藤田の初期風景、マドンナ型の少女、静物、猫、等が並べられた。

ここでは、初期の藤田の作品世界への共感が語られ、しかし、やがてモンパルナスが時代の流行の地となって変転を遂げていくなかで、「画家藤田」も「画工藤田に転身」させられてしまったと断じる。その背景には、妻フェルナンドの問題などがあったというのである。その当否はともあれ、文章からは、一九二四年にユキを伴ってモンパルナスからパッシーへと転居する以前からの藤田を識っていたことがうかがえる。

一九二三年四月に、治郎八がパリ移住を父親に伝えた手紙には、パリで親しい人の名前がいくつか挙げられるが、その中に藤田のそれはない。翌年七月になると、「藤田はほとんど毎日お互に訪ね合ひます。全《まる》で神様の様なよい人です」（父宛一九二四年七月一九日）と書かれている。出会いは、この間のことだろう。

やや傍証的なことがらを挙げておく。父堀口九萬一が大使として赴いた最後の任地であるルーマニアに同行する堀口大學が、パリに一時滞在したのは、一九二四年一月から二月のことである。日本からの船中でポール・モーランの『夜開く』を訳了した大學は、これを出版するために著作権についての了解を求める必要もあって、外務省にポール・モーランに会いに行っている。パリに着いたのが一月一八日、その日の夕方電話をして、翌日会いに行った（「ポール・モーラン」『水かがみ』）。堀口大學はこの滞在中に藤田嗣治に会っている。リオ・デ・ジャネイロで親しかった画家鈴木龍一に再会して、鈴木が堀口を、親しくしていた藤田に引き合わせたのである。鈴木龍一は暁星中学を中退して、父の事業の故をもってブラジルに渡り、かの地で堀口と親しんでいた。一九二六年の治郎八の婚礼時に、大學は御祝儀奉加帳に名を残していて、最初の出版物である『昨日の花』（一九一八年）を届けている。すでに交友関係にあったということであろうが、それがいつに遡るものか、判然としない。フランスにおいて知り合ったのであるなら、このときを措いてないので、それならば、それ以前に治郎八は藤田と知り合っていなくてはならないことになる。治郎八がこの時期のパリでポール・モーランに会っていることも間違いないと考えられるが、大學を介してモーランに会ったのだろう。

藤田の手紙

藤田から治郎八に宛てた、一九二四年五月の手紙が三通だけ残されている。この時にはすでに知り合っていたのである。いずれも簡易書簡紙に書かれた短い手紙で、宛先はどれも、ピエール・シャロン通り／シャンゼリゼ通りとされているということは、角にあったということだが、内二通には、ホテル・ガリア内としてある。このとき、治郎八はアンリ＝マルタン通りを出てシャンゼリゼのホテルに暮らしていたことになる。

三通を順に引用しておく。

一、（一九二四年五月五日消印）

今度の災難に就てはいろいろとても親身も及ばぬお世話になって一生忘れぬ御恩を蒙つた。決して忘れない君の親切を心すべてを以てお礼を申す、／いろいろ見舞客が居て打ち解けて話も充分出来ぬが君に対しての友情は他に比類ないもので貴重なもので只々君の心切に心から伏して感謝する何うか動ける迠骨を折って救けてくれ給へ

さつま大兄　シャリテ藤田

二、（一九二四年五月八日消印）

君の御馳走は全く多すぎて驚いた。決して阿んなに心配しなくつてたつた鶏なら足一本でいゝのです。別にぜいたくにも生活した事も貧乏した事も阿るので何うでも都合が附きますが今日のハ丸るで全快祝の様で看護婦が眼を丸くしてます。こんなに君に親切をして貰うとこれからいろいろ駄々をこねる訳に行かなくなる様で困ります。トマトなら三ツ、鶏な〔一字欠〕クイス〔＝もも〕一本丈けでいゝのです。いろいろ有り難う（繰り返し符号七つ）

三、（スタンプなし。留守に残したものか）

Mon Ami Satsuma/Hôtel Gallia

雪言はく／ブー　ゼート　ブレマン／ジヨンチ　シヤルモン／メルシ　メルシ

主人曰く／これはこれは／実ハ今日始めて退院いたしましたので実ハ第一番に　その　君の処へお礼に上りました次第で、在院中ハもう一方ならぬ御世話様になりまして　もう　お礼の申し

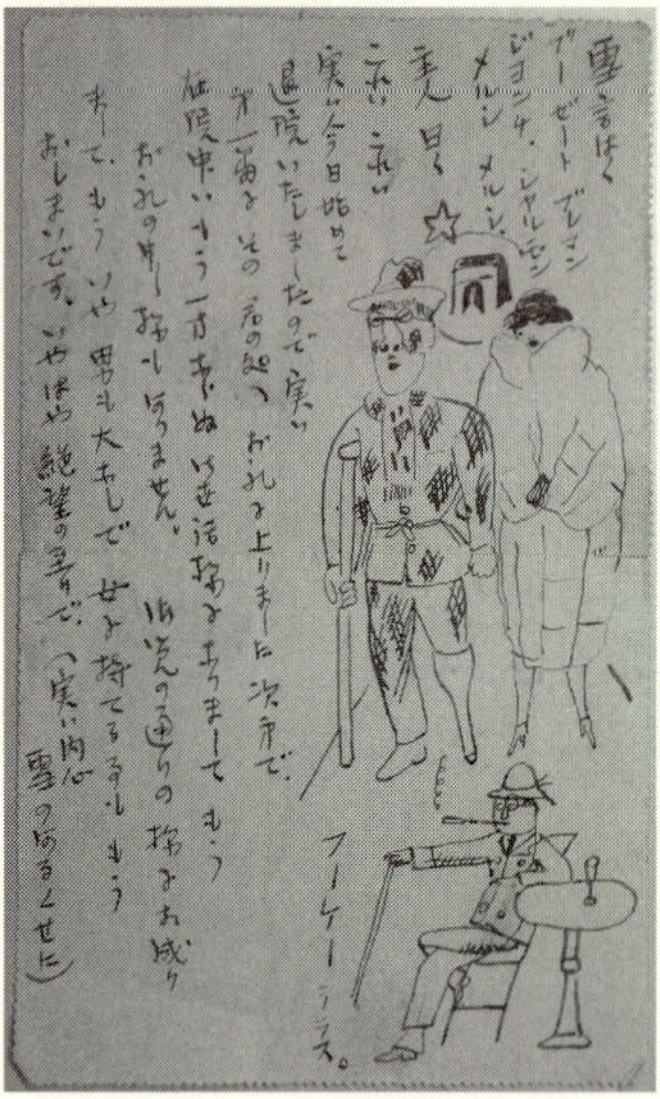

藤田嗣治からの手紙

様もありません。御覧の通りの様に相成りまして、もういや男も大なしで 女に持てる事ももうおしまいです。いやはや絶望の至りで。（実は内心雪の阿るくせに）／à Hôpital de la Charité/rue Jacob/Foujita

三通目（日付はないが、退院したとあるから、前便より後である）に添えた戯画が松葉杖の自画像であることから見て、板東敏雄のオートバイに乗って転落し、脚の骨を折ったとされる事故直後なのではなかろうか。「シャリテ藤田」あるいは、「ジャコブ通り、シャリテ病院内」とあって、入院した病院の名前と場所が知られる。

治郎八は、藤田を見舞い、またこまやかな心遣いをして、おそらく藤田を援けた。

それにしても、藤田の口調は二人の親しさを示している。すでに小松耕輔も治郎八より一七歳の年長であった。藤田嗣治は一五歳の年長である。治郎八は父治兵衛一九歳の息子であるから、二人はむしろ父親に近いとさえいえる世代に属する。治郎八は、多く、年長の友を持つようである。

アンリ＝マルタン通り

「全快退院した藤田は、河岸を変えてしまってセーヌ左岸の古巣を捨てて、右岸パッシーのマスネー通りに貸アパート住いをしてしまった」（「モンパルナスの秋」）とあるが、「マスネー通り」の「貸アパート」というのが、いささか問題である。藤田はたしかに、ドランブル通りとモンスーリ公園《スクアール》通りという二つの住所の間で、一時マスネ通り一七番地に住まっていた。ところがこの通りは、この年にマスネと改名されるまでは、アンリ＝マルタン通りであった。マスネ通り一七番地は、一九二三年五月から治郎八が住み、一〇月には居住地として届け出たアンリ＝マルタン通りの住所に他ならない。同じ通りの同じ番地に藤田嗣治が、ユキとともにドランブル通りから移り住んだことになる。このことに治郎八が関わったのかどうか、それはわからない。治郎八はこの年の三月初めにカンヌから戻ってすぐ、オテル・ガリアに宿を取っている。三月二八日付の父親宛書簡では、帰国までここに居ると書いているから、アンリ＝マルタン（＝マスネ）通りはもう出ていたのである。すでにアパルトマンを出た治郎八がそれを藤田に斡旋したということもありうるかもしれない。住所が同じであっても、別のアパルトマンかもしれない。しかし、同じ建物に偶然二人がアパルトマンを持つのは、偶然ができすぎているだろう。

それにしても、治郎八は一つの住所に長く留まらない。ロンドンにおいてもそうであったが、パリにおいても、アンリ＝マルタン通り、オテル・ガリア、そして七月にはまたパッシーのアパルトマンにと、落ち着きがない。

一九二三年の治郎八の動向を読み取れる資料は多くない。オペラ、コンサートのプログラム以外では、両親宛の手紙も、四月末に蔦子の結婚問題に関して書き送ったもの、またパリ移住を宣言するものが僅かに残っているのみである。とにかくその一九二三年四月までは、藤田に出会ってはいない。

「モンパルナスの秋」とはまた違う調子の回想の文章がある。手書きで残されたものだが、その原稿の状態から、一九三五年前後の執筆と推定できる。「彼」と題するその文章の一部を、引用してみる。

「彼」

グランパレーを彼は手製の桃色のシヤツに黒いリボンの細いクラバツトを結んで独特の上衣の帯に両手を突込んで、黒い河童頭にべつこう眼鏡の底から光る視線を投げながら歩いていた《〔ママ〕》。彼の出品は「家庭」と題する彼夫妻の肖像画であった。彼は作品の前を低廻する様に行ては戻りしてゐた。之こそは彼が弟の様に愛撫してゐたKにうばはれた愛妻フエルナンドの帰来を待ちつつ過去の温い室内を追想して冷たい地階の画室で階上の燈火にうつる二つの影を望みながらひつ生の筆を振て完成した傑作であつたのである。

彼は沈黙の人間だった。彼は麗はしい童心と愛に満ちた心の持主であった。藝術家は作品によってのみ物語るのである。彼は無言の作品によって呼びかけやうとしたのだ。

彼は友情をぬすまれ愛妻をうばはれたのみか、その住居迄もやってしまつたのである。そして家の入口の前庭に向いた冷たいたたき敷の車小屋を画室にして愛妻の帰来を待ちながら仕事に精進してゐたのである。

その頃の彼の生活は一種聖的な光にさへ包まれてゐた。

画室の一隅に小さな寝台があった。終夜の絵筆を握りながら彼の休む唯一の床であった。

画室を出て右側に、暗い階段を前に彼の物置兼食事場があつた。うす暗いその室内には、彼の愛したブルタニユの幾夏かの貧しいながらも楽しい休暇の思ひ出、純朴な農民の魂の香を秘めた天使や聖像が所せまい迄に置かれてあった。彼はこの物置でアントルコットを肉屋から買つてきて料理してゐた。

彼が物置には鹿児島生れの情熱的なE、ブラヂルから渡来した理想的なS、彼の画を丹妙に真似てゐたBが、彼を取巻いてゐた。彼らは「親父《おやじ》さん」と彼を呼んでゐた。いや彼はむしろ、之等の若い画家達の慈母であつた。

彼の愛妻は終に戻らなかつた。そしてKと腕を組んでロトンドのテラス等で、Kの口にくわへたパイプの煙をほれぼれと眺めてゐた。

モダニズムの文章を気取った、技巧的な文体である。治郎八には、いわば芸術的に文章を練り上げようとした時代もあったことが見て取れる。常に、芸術家への志向、ないし憧れが治郎八にはあった。また藤田の精進を崇拝した当時の気分が伝わってくる文章でもある。

言及される作品「家庭」が藤田とフェルナンドを描いたタブローであるなら、一九二三年の作品だろう。この年五月のソシエテ・ナシオナル・デ・ボザールに招待出品しているから、この展覧を見ているということになる。一九二三年五月に前後する時期に、「モンパルナス、ドランブル街の画室の戸をたたい」て、交渉を持つようになっていったと考えておいて、大きく過《あやま》つことはないだろう。

この時期には、鈴木龍一や海老原喜之助などのもっとも若い世代が藤田周辺に居て、治郎八は彼らとも親しくなっている。

文中にアルファベットで示される人物は、K＝小柳正、E＝海老原喜之介、S＝鈴木龍一、B＝板東敏雄と推定できる。

ラヴェルと藤田

治郎八が藤田の作品について語るとき常に好意を持って示される作品が二つある。一つは初期の、ルソーなどの影響のある時期の、パリ市周辺地域を描いた一連の作品の一つで、「人生」と題されていたと、治郎八は書く。

彼の傑作の一図「人生」の画面、それは現在巴里大学都市に転化してしまつた旧城壁の前を、淋しい葬儀馬車が過ぎてゆく、その道傍には、乳母車がとめられていて、城壁の崖の芝生には一組の男女が恋を語つている。

（「モンパルナスの秋」）

この「人生」と呼ばれる作品は、現在のカタログ上の何に当たるものか。霊柩馬車と葬列が描かれる「シャティヨン門」（一九一七年、シルヴィー・ビュイッソンのカタログの一七―九九、ただし「メーヌ通り」と題されている）が、これに近い。もっとも崖の芝草の上に恋人達の姿はないのだが。ほぼ同じ構図が、一九一八年にも二枚記録され、さらに一九二一年には、乳母車の見られる図（国立近代美術館所蔵）もある。治郎八は、これらを記憶の中でひとつにまとめて見ていたかもしれない。

もう一つは、《乳白色の地》の裸婦を確立してからのものと見られ、先に引用した「半生の夢」でも「氏のうしろ向の裸婦図」としてあったのだが、「モンパルナスの秋」には、こう記されている。

彼の最大傑作の一つであろう後身の裸女の図を、マドレン広場のベルネームジョン画廊の名家展で見たが、その線の美しさと、音楽的韻律は、自分と同行したモーリス・ラヴェルの鑑賞眼をくぎづけにしてしまつた。

「こんなに海の感覚を出している画はないね。それでいて裸体の線だけなんだがね」

と、鑑賞眼の高かつたラヴェルは感嘆した。事実、この画のモデルには藤田の最高技術と芸術的感覚が表現されていた。モデル・キキの追想と雪の肌があつた。

ここでもまた、背中を見せた裸婦が、どの作品を指すのか、明確には知られない。「雪の肌」というのが、単にキキ（アリス・プラン）の肌を指すのか、ユキ（リュシー・バドゥー）を暗示するのかも、定かではない。そもそも藤田の作品の中に、背面を見せる裸婦は多くは見られないようである。一九二二年とされる「ジュイ布のある裸婦」はキキがモデルだが、背中を見せてはいない。ユキのモデル作品は一九二四年からだが、この年の「長いすに横たわる裸婦（ユキ）」（シルヴィー・ビュイッソンのカタログでは二四―五〇）では、背中を見せている。引用したいずれの回想でも、マドレーヌ広場からオペラ座に向かう通りの、東南隅取りつきの位置にあったベルネーム＝ジューヌ画廊でのこととされている。治郎八があげる作品を同定する必要は必ずしもないだろう。この著名な画廊で藤田の大画面を前にラヴェルと治郎八は並んでいた。ゆったりたゆたうとでも言うのだろうか、この時期の藤田の裸婦に、ラヴェルは海を感じていたということだけを理解すればよいだろう。治郎八自身も、ラヴェルの観方に賛成したもののようである。

モーリス・ラヴェルについては、治郎八は別の、美しいエピソードも伝えている。

夜通し筆者やパリの詩人、言語の魔術師レオン・ポール・ファルグ等と語り明し、ポール・モーランの言つたように、……夜の踊場の最も魅力的な時間は、看板時椅子を片づけはじめる時刻……にアテネ街《ルユー・ダテン》の小ホテルの一室に引きあげたラヴェルは、生涯の朝寝坊で、日の出の空を知らなかつた。そのラヴェルが作曲中で暁の風景を描いているのだ。

「どうして朝景色が描けるんだね、モーリス？」

筆者は或夜彼にブッツケにいつた。

「夢の中で見ているからだよ」

これがモーリス・ラヴェルだ。

（「パレー・ロワイヤルの幻」）

このラヴェルと、藤田の後ろ向きの裸婦に海を見るラヴェルとは、どこか似ている。

治郎八はどのようにしてラヴェルを知ったのか。ラヴェルを先に知って、藤田を見たのか。知っている藤田の作品をラヴェルに見せたのか。おそらくは藤田との出会いのほうが先である。この最初のパリ滞在中に、治郎八がモーリス・ラヴェルやモーリス・ドラージュと親しくしていたことは、本人が繰り返し書き、語ったことで、知られている。出会いは一九二四年春以降のことのようである。

ラヴェルの仲間たち

大田黒元雄を聞き手として治郎八が語った、対談「薩摩治郎八よもやま話」（『音楽芸術』一九五七年五月号）では、サン・クルーの丘の中腹に家は持っていても風呂のないフローラン・シュミットが、治郎八のパッシーのアパートに風呂に入りに来たなどというエピソードは披露しても、知り合ったいきさつまでは述べられていない。

出会いを記した治郎八の文章はこれまでに刊行されたものの中には見られない。治郎八が会ったと考えられる作曲家達の側の回想などに、治郎八は登場しない。ただ一人、ドラージュは治郎八との交友を書き残しているそうで、二〇〇一年に刊行された、フィリップ・ロドリゲスの評伝『モーリス・ドラージュ』（フランス語。未邦訳）は、ドラージュと治郎八の交友を重視してページを割くが、その出会いについては詳細を示すところがない。

一九二五年（大正一四）、治郎八の招聘によってアンリ・ジル＝マルシェックスの連続ピアノ演奏会が催されたとき、ドラージュの作品は一曲も演奏されなかったにもかかわらず、プログラムには、ドラージュの写真を掲げた一ページがあり、「モーリス　ドラーヂユは彼の友人Ｊ・ＳＡＴＳＵＭＡの爲に芭蕉の俳諧を大なる歡興を以て作曲せり」と日仏語で書かれることになる。第二次世界大戦後の時期には、治郎八はドラージュの家のすぐ近くに住まっていたし、ドラージュが治郎八の日本語の詩に、じかに作曲しようとした痕跡も残されている。二人の関係は持続的な友情になっていたと考えてよいようである。

だがドラージュ（一八七九―一九六一）は、二二歳の年長である。相変わらず治郎八は、自らの父の世代の誰彼と友人になるのであった。紳士として立ち、芸術趣味に身をゆだねる生活を、息子によって実現させようとした二代治兵衛によって、治郎八はヨーロッパに送り込まれていた。治郎八は、父の身代り《ダブル》となった。父は、治郎八の年に引き下げられたのである。父の世代の人間であれば、それは自らの世代にほかならなかった。それだから藤田とも小松とも、ドラージュとも、友人として交流できた。やがて治郎八が、友人になってしまった父に代わって、本当の父を求めるようになるとき、その役を果たしうるのは、さらに年長の世代の人たちということになるだろう。

「巴里原始林《ジアングル・パリヂエンヌ》」

藤田とその周辺について回顧した先の草稿と、おそらく同じ時期に書かれたと推定される、「巴里原始林《ジアングル・パリヂエンヌ》」と題する文章がある。これはラヴェルたちとの交友を描いたものだ。これもまた、モダニズムの文体を狙って書いたとおぼしいもので、かなり長いものである。冒頭の一部を引用しておく。

タルボーのハンドルを片手にグルネル街の人込みの夕暮れを八十キロの急速力で自由自在にカーブを切る運転台で、僕は叫んだ。「危いぢやないか、こんな速力で飛ばすなんて」、「恐いなら眼をつぶつて乗ってるに限るよ」。パタツと止ったたと思ったらドラージユはハンドルの傍の小栓をひねつた。湯気の立つた熱湯が小さなバケツの中に奔り出す。「手を洗ふなら石鹼はここにあるよ」。

　モオリス・ドラーヂユは巴里のジヤングルの深林に隠れた猛獣だつた。デビユシーにその楽才を認められラヴエルの無二の楽友である彼が一九一三年の東洋旅行の途上、印度と日本の宮島でヒントを得て描いた「印度の歌」は近代音楽の寶石《ビジユー》である。その天才を秘めてオートイユのシヴリー街に隠棲したゐた〔ママ〕頃の彼の日本家屋は世にも珍らしい魔術師の住居であった。靜かな前庭の小門はこの世俗を避けた達人を蔦の中に押込んでゐた。孔雀が一羽闇の中の霊光のやうに翼を拡げてゐた。電ラヂオが始めて世に出たその頃彼は既に自製立派な器械を日本蒔絵の小戸棚の中に備へてゐた。電気ボタンを押すと扉がさつと開いて欧州各地の声が流れ出す。或る夏の黄昏にラヴエルと彼と僕の三人がボタンを押した。浪曼的な音波が響いてきた。僕は直感的にシユーベルトだと叫んだ。我々三人は暫らくその作品に就て議論した。三人共各自の直感を語り合つたが、結局シユーベルトの作品であることが明らかになつた。僕は一躍にしてラヴエルとドラーヂユの征服者になったものだ。

〔……〕

　我々は実に始末の悪い「あばれッ児《アンフアン・テリーブル》」の一群であつた。

　デビユツシーが一生他人の客間に飾つてある置時計や人形をポケツトに入れて我家に持ち帰つたやうに我々はあらゆる藝術を捜し歩いたものである。シヤンゼリゼー劇場は我々の活動舞台であつた。露西亜舞踊、瑞典舞踊のはねた後、我々は深更迄アルマ広場の角のフランシスのテラスで議論に花を咲かせたものである。我々の仲間には、フローラン・シユミツト、ローラン・マニユエル、アルチユール・オネガー、ジヤツク・イベール、ジョルジユ・オーリツク、ジルマルシエツクス等も混ていた〔ママ〕し、それに、倫敦からも時折ユージエン・グーセンス等が加つた。
〔……〕
フランシスのマロニエの樹蔭から、我々はモンマルトルの「グランド・エカール」に移つていつた。グランド・エカールは「ブッフ・スール・ル・トワ」の分店である。「ブツフ」の歴史が戦後時代のポール・ポアレ、ルドルフ・ヴアレンチノ、ペエル・ホワイト等の名と共に、あのヴイエネとドウセのピアノの合奏のシミイやワンステツプで踊つてゐたジエネヴィエーブ・ヴイツクスや戦後時代の花形男女の姿を永久に我々の記憶に印た如く、あの黒人の素晴らしいピアニストの敲き出すスヰート・ホット・ジヤズとカロンの香水とパトウ、ランヴアンの夜会服との雰囲気の裡に、毎夜浮んだラヴエル、レオン＝ポール・フアルグの顔に混つて浮沈した多くの美男美女の幻は、自分の忘れ得ない華やかな懐かしい思い出である。

いかにも技巧的に造った文章であって、しかも、自らの交流の広さを衒って見せているという趣である。しかしともかくも、ラヴェルを取り巻く、かつてのアパッシュ連の後の姿を、それなりに描きとどめている。引用の後さらに続く文章の終わり近くには「モオリス・ラヴエルも病んでゐるとか」という一行があって、この文章が一九三〇年代の半ばに書かれたことを示唆する。ラヴェルの、ある種の失語症的状態は一九三三年から悪化して、期待した脳外科手術もむなしく、一九三七年の末に世を去っているのだから。

ドラージュは一九〇四年以来、一六区、オートイユのシヴリ通り三番地の山小屋風の造りの家に一人で住んでいた。パリ市の南西の町外れに近いが、環状鉄道線《プティトサンチュル》と、後には地下鉄線で、サン＝ラザール駅周辺の劇場などへは便がよかった。ラヴェル、ファルグなどのいわゆるアパッシュ仲間は、この家を溜りにしたという。一九二三年に結婚した後、二年かかって新しい家を、程遠くない囲い地ヴィラ・ド・ラ・レユニオンに造っていた。

上の文の初めの省略部分では、ドラージュの家でのストラヴィンスキーが語られていた。ラヴェル、ドラージュ、ストラヴィンスキーは、同時代音楽世界の中心にいた。まさしくそのときに、治郎八はそのグループに接触を持つようになっていった。

2　恋の季節

佳人との出会い

それにしても問題は、いつ、どのようにして、治郎八が彼らのグループと近づきになることができたかである。明確な証言はこれまで知られていなかった。そして不思議なことに、この時期はまた、恋の手ほどきの時期でもあった。

千九百二十四年四月の忘れもせぬ一五日、巴里社交界の花形P夫人の茶宴で青年期の最初の恋人に邂逅した。春雨が煙るエトワールに近いP夫人のサロンで初めて会つた彼女は、雨宿りを口実に、玄関口で私の帰りを待つていた。

（「半生の夢」）

自分はマリー・ローランサンのモデルだつた、という女友達がアカデミーで画を描きだしたので、よく彼女をドームの片隅で待ち受けた。われわれ仲間でメリサンド《〔ママ〕》と仇名した彼女は、感覚的な詩を書き、画はマチスの家に出入りして、いわゆるマチス張りな色彩派であった。

この美人友達には当時パリパリの讃美者群が取巻いていてモンパルナスの作家ミッシェル・ジョルジュ・ミッシェルは彼女の宣伝係り、名優ジェミエは彼女を一世の女優にと熱を上げ、マチスは画道で一旗挙げさせようと力んでいたが、美貌自慢の彼女は蝶々のように飛び立つてしまい、神出鬼没、それに加えて体自慢の露出趣味とあつたので、モンパルナス通りを自作の裸自画像のカンバスを小脇に抱えて、自分とのランデブーに飛びこんでくる始末、流石のペリ《〔ママ〕》アス気取りの自分もペッチャンコ。さながらストリップのサンドウィッチマンよろしくの役割で、彼女の後ろから、絵具の生乾きのカンバスを棒時して従つた。

（「モンパルナスの秋」『改造』）

ミシェル・ジョルジュ＝ミシェル（一八八三―一九八四）は本名ジョルジュ・ドレフュス、モンパルナスの画家で文筆家。エコール・ド・パリに関わる回想などを残している。フィルマン・ジェミエ（一八六九―一九三三）はオデオン座に拠る俳優で演出家。

「青年期の最初の恋人」と治郎八が言うこの女人との出会いがまた、一九二四年春のことなのだ。しかしそれは誰であったのか。

ジャンヌ（＝ジャンヌ・ジル＝マルシェックス）は絶世のフランス美人で、マリー・ローランサンがモデルにしていた。あのちょっと目の上がったローランサンの初期のモデルだ。女流画家でマチスが可愛がっていた。

（「華やかなるモンパルナスの彼」『藤田嗣治とエコール・ド・パリ』）

このジャンヌ・ジル＝マルシェックスは、さる夫人のサロンで知り合った美女、ローランサンのモデル、モンパルナスで画塾に通っていた活発な娘の像に、いかにも重なる。

実際それは、ジャンヌ・ジル＝マルシェックスであった。

恋と音楽と美術が一つになる季節であった。一つの出会いが、季節を開いたのであった。

一九二四年三月にはアンリ＝マルタン通りのアパルトマンを出て、治郎八はオテル・ガリアに暮すようになっていた。そのことを伝える三月二八日付の手紙に、「すっかり荷物もまとめて了いました。もう自分の側には数個のスーツケースがあるばかりです。之から来春まで之で暮します」とあるから、帰国の準備が始められているということであっただろう。帰国は一九二五年春と、決められたようである。父親治兵衛はそれを認めていたのだろうか。日本の経済状況、また薩摩家の財政状態の困難を父の手紙に読んで、「こんな際外国で多額の金を使ふのを全く心苦しく思いますが」と言いながらも、「金を使はず小さくなつていたら、〔…〕外国に暮している価値が全然ありませんから、まあ後一年はどうかお許し下さい」と、気楽なことを言う。

この時期の治郎八の金遣いは、決して慎ましいものではない。カンヌから戻った後で、汽車で拾った風邪をこじらせ、胃カタルを併発して苦しんだが、ホテルの世話で、イギリス人フランス人二人の医者の世話になり、全快したので、それぞれに「千五百法《フラン》宛計三千法」、それに「ホテルの人達に五百法」の礼をした上に、フランス人のお医者は、かつて一條公爵に教えられた馴染みの高級レストラン、パイヤールに一夕招待し、その後は芝居にも招いたという。別の手紙だが、貴族の夫人を同じくパイヤールの特別サロンに招待したとも記している。プレベのサロンに出入りしながら、「やつと服装なんかも調ひどんな所へ出ても恥しくないだけの服に出来たので之からは専ら交際の修業をします」というのである。

同時にこの手紙では、社交のサロンへの出入りが報告されている。「マダムプレベの昼食に呼ばれて行きました。〔……〕いつもの様に大勢お客があつて賑でした。この夏はプレベのファミユ〔＝家族〕と一緒に避暑に行くかもしれません、盛にさそつてくれるし、このグループは巴里でも最上の一つなので客も皆貴族とか大臣とかばかり、それに一流の音楽家や文士なので一夏暮せば随分いゝ知己が出来ますし、語学のためにもなるので多分行動を共にします。来冬はアフリカを自動車旅行すると云ふので之には是非加るつもりです。生活程度も家風も丁度家位なので、私には全くよい知己です。〔……〕明日はまたプレベのグループとコンセルコロンへまいります」。どうやって、このサロンに出入りするようになったか、またこのプレベはプレヴェであろうかと思われるが、どのような一家であるのか、それを伝える手紙は残らない。一條公爵に導きいれられていたのだろうか。次の冬にはアフリカ旅行をするというのだから、来春帰国とは、来春出発という心算なのであろうか。

兄妹のように

しかしどうやら、帰国は早めるようにと、治兵衛は命じたもののようである。四ヶ月後、七月一六日から一九日にかけて書かれた父親宛の手紙は、帰国の延期を求めて始まっている。始まっているが、その内容は、いささか驚くべきものである。

心にも無い長い御無沙汰暮々もお許し遊して下さい。たびたびお便りを嬉しく拝見いたしました。

さて今日は是非是非私の一生のお願の一つとしてこの手紙をかきます。どうかよくよく御覧遊して幸私の意志を入れて下されば幸この上ありません。

他の事ではありません、私の帰朝期を来春四月迄延ばして戴きたいのです。

理由は私の今やりつつある仏語の完成のためとこの半年以来知り合いになつた世界的の人々との交際から得る自分の心の糧を裕にすることの二つが主の事です。おそらくこの巴里で日本人の内で私程よい知己を持てる人間はないでせう。

御無沙汰していた理由もそれ等の人々との行き来とセイゾンで毎日ひまのなかつたことが主の理由です。

私はもう一つこの巴里に肉親の姉妹にも等しい私の姉であり妹である人を知りました。若い天才的のピアニスト　アンリ　ヂルマルシエックスの夫人で、この四月十五日、マダム　プレベのサロンではじめて会たのです。ジアーンと云て私と仝年で、画家で、巴里一の佳人と云はれる人で、マーリー　ローランサンは彼女の幻をそのカンバスに描いて現代の若い詩人達フランスの一流の詩人達が「ナンフ　ド　オートユ」と讃美しつくしているその人なのです。私達二人の出会は全で偶然でその日は二人の話がすつかり合て全でお互がお互の憧れていた幻像にぶつかつた様に、それほど二人の趣味から望みからが合ていたのです。

今だから申上る様なもの丶実は私は自分の一生の妻とする女を巴里の良家の娘の間に求めていたのです。相手さへよくばよく私を知ていて下さる御両親はどうにか許して下さろうと考へていたのです。私はプレベのサロンに出入する若い娘全部を知り、ド　モレロのそれを知り、ドーダンスのそれを知り、ド　ローズと云ふミリオネールの奥さんからその娘を貰てくれないかとの内々の話さへあつたのです。然し私はどうしても自分の望みが高く、たとへいくら金持で貴族で自分に厚意を持てやうと自分の望む趣味でなくてはとその方もぴつたり断たのです。そしている内にジアーンに会たのです。私は娘とばかり思ていたら二つになる子供迄あると話された時は実に自分の一生の幸福が失はれた様にさへ思ひました。二人が姉と弟のちかひをしたのもまもなくの事でした。私はこのフランスに再びジアーンの様な美しい人はいない、いや此地球上にいないと考へて自分の結婚問題を全然投げうつて了たのです。私にとつてジアーンは愛人以上の人であり姉以上の人です、我々二人は神様によつて結ばれた永遠の姉弟です。

私がマチスを知り、ラベルを知り、モーリス　ドラーヂユを知り、オネガーを知り、アルベールルツセルを知り、マーリーローランサンを知り、ヂヨルヂユ　ベツソンを知り、フローラン　シユミツトを知り、ローラン　マニユエルを知り　シユロイツエルを知り、その他数へきれぬ程の人々を知たのも全くジアーンの美しい私に対する友情の結果です。英国にセツクストン老人を持た私は巴里にジアーンの様な人を知たまことに思ひもかけぬ運命です。

ジアーンの良人は私に非常に親切にしてくれて全《まる》で親類の様な行き来をしています。

〔……〕

私は御両親様がどうかこの一年を我慢して下さつて私が人間としてもう少し人格が出来てくる迄このままにさしておいて戴くことを祈ています。

私は一日一日静かになり地味になり物を確《しっか》り見る様になつて行きます。

私の様によい友達を持た人間は日本に一人もいないでせう。

藤田はほとんど毎日お互に訪ね合います。全で神様の様な人です。


ジャンヌ・ジル＝マルシェックス　この年の四月一五日、プレベ夫人のサロンで知ったのは、ジャンヌ・ジル＝マルシェックスであった。三月の手紙には帰国準備が触れられていたのだったが、七月には、ジャンヌとの邂逅が語られて、帰国延長が求められる。四月の出会いが事情を変えた。

午後のお茶の会でジャンヌと知り合って意気投合し、兄妹のように親しんで、付き合うようになったこと。そのジャンヌを通じて、多くの芸術家と知り合えたこと。この人たちと付き合って、心を豊かにしたいこと。そのために、帰国の時期を延ばしてほしいと、懇願するのである。

生活を簡素にするために、ホテルを出てパッシーにアパルトマンを借りたともいう。ヴィヌーズ通り六番地、先のアンリ＝マルタン（マスネ）通りよりもセーヌ河に近い、トロカデロに登る坂道の途中である。ドラージュの家は同じ一六区の南のはずれである。ジル＝マルシェックス夫妻の家は、それよりは北側の長い南北通りミケランジュ通りの北側に位置していた模様であるから、徒歩でも三〇分ほどで互いに歩いていける距離であった。この住所はさすがに帰国まで変わらなかった。

三月の手紙では、冬にはアフリカへ行って、春に帰国すると書いていた。帰国のための離仏を「来春四月迄延」ばして欲しいということは、出発は秋と、一旦定められていたということであろう。いつまでもパリに留まっていようとする息子に、治兵衛は送金を取りやめるとまで言って、帰国を早めるように促していはしなかったか。今の手紙のさらに後の部分で治郎八は、自炊を始めて、いかに節倹の生活を始めているか、「ここ数年派手な生活に憧れてきた私が再び大磯で暮らした様な静な質素な生活気分に入たのは今月一日から」であり、それにはジャンヌの心持も手伝って良い影響を与えているのだと、力説している。派手な社交に、惜しげもなく金を使い、足りなくなれば送金を求める治郎八に、治兵衛がようやく厳しい態度をとり始めていたことが、裏返しに読み取れる。

マチス、ラヴェル、モーリス・ドラージュ、オネゲル、アルベール・ルッセル、マリー・ローランサン、ジョルジュ・ベッソン、フローラン・シュミット、ロラン＝マニュエル、シュロイツェルといった知名人、とはいえ、その何人を治兵衛は認識できたであろうか、その名前を挙げて、いかに一流人士と自分が交際しているかを、治郎八は強調しようとしている。今日の読者には、それらの多くは周知のものであろう。アンリ・マチスとマリー・ローランサンは画家である。ラヴェル、ドラージュ、オネゲル、ルーセル、シュミットまでは誰でも知っているだろう作曲家。ロラン＝マニュエルも作曲家、シュロイツェル（＝シュレゼール）は音楽評論家、ジョルジュ・ベッソンは美術批評家で、いずれもラヴェルに近い位置にいた。

3　恋と芸術のパリ

音楽家たち

ラヴェルも、その友人たちも、治郎八はジャンヌの仲介によって知りえたのであると、考えておいてよいだろう。一方で、おそらくそれに先立って知り合っていた藤田の世界にも、治郎八はこの新しいフランス人の知り合いを引き合わせたのであろう。すでに付き合いの長い岩崎雅通も、まだ遊びに来る。藤田のもとで知り合った海老原喜之助も、やって来る。国境を越え、表現を異にする少数の人々の群が、治郎八の周りには居ると感じられる。そしてその要には、ジャンヌが居た。ことに海老原は、後までもジル＝マルシェックス夫妻の輪の中に残った。

ジャンヌから治郎八宛の書簡は、絵葉書を含めて、多数が残されている。最も古いものが、一九二

アンリ・ジル＝マルシェックス夫妻
薄れているが，二人の署名が白く残る。

四年五月初めで、治郎八が初めてジル＝マルシェックス夫妻の家を訪ねてくれたことに対する礼状である。その後も旅行先などから、時には夫と連名で書信を寄せていて、一九二五年の日本滞在を挟んで、一九二六年春までが最も多く、その後も断続しながら、治郎八の最晩年にまで及んでいる。

知りあって半年足らずの九月一五日、折からブルターニュ地方に出かけたジャンヌは、ブルターニュ最西端部の村ランディヴィジヨから絵葉書を書く。

お友だちへ、
次から次へと驚くことばかり。一八日にパリへ帰ります。いい子にしていらっしゃい。それで、フジタにサロン・ドートンヌには私の事を忘れないようにいってください。

ジャンヌ・ジル＝マルシェックス

「次から次へと驚くことばかり」とは、旅で出会ったものを言うようだが、むしろ、治郎八と知り合ってからの、さまざまな出会いないし出来事を意味しているだろう。藤田には治郎八が引き合わせたのだ。忘れずにサロン・ドートンヌの招待状をくれるように言ってほしいというのである。この年のサロン・ドートンヌに藤田が送ったのは、「ユキ（雪の女神）」と「友情」の二点であった。

ジャンヌと知り合ってから、すでに親しんでいた、しかもその両者を結ぶ位置に自分があることを認識した時、治郎八は自分がパリにあることの、たとえようもない幸せを感じたであろう。今ここで、芸術が生きて働いている。それを、芸術家たちと共に体験していると、感じたはずだ。そしてその芸術家たちは、一見すると常軌を逸したように見える行動を見せても、心底のところで、きわめて人間的な美しいものを持っている人々である。治郎八はそう感じるようになっていた。父宛の手紙は続く。

こんな素敵な友達を持てしかも親類付合いをしてるのは全く私一人です。
世界一の美しい人を姉さんに持て、世界一流の（精神的に）人々と付合てるなんて私みたいにめぐまれた人間はないと皆友達から云はれています。全く之で自分の修養が出来なかつたらもう仕方ありません。自分ながら幸福だと思てます。
皆実に質素な人達です。心の貴さが人間の標準になる人々で、物質で人間の価値をきめないので全く子供の様に清い付合いです。

私も来年の誕生日迄この貴い友達の中に入て暮せばきつとよい人間になれませう。

すてきな友達

素晴らしい人たちと交際できて幸せである。この人々との付合いで、自分もより優れた人間になることが出来る。だから来年の春、誕生日（四月一三日である）がすぎる頃までここに留まらせてほしい。長い手紙の中で、治郎八は繰り返し、この理屈を申したてる。そのためには、「お金のことは当分決して御心配かけません」と書き、自分は変わったのだと強調する。

変わったというのなら、変わる前はどうであったのか。清らかに質素になったというのであれば、それまではどうだったというのだろうか。内面の改革がすでになされたのであるのならば、さらに留まるまでもないだろうものを。

しかし治郎八は滞在の延長許可を求めるのである。同時に母に対しても手紙を書き、ここではさらにセンチメンタルに、ジャンヌの美しさ優しさを語る。「どうしてジャーンみたいな人がこの世に生れたのか不思議な位です。ジャーンは孤児で一人の姉さんと良人としかないので、本当に僕を兄の様に思ていいます」。「ジャーンが娘だつたら随分母様に御心配かける様なことになつたでせうが、べべ（＝子ども）があつていくらお互いに好きでもどうも仕方ないと云ふので、一生清い兄妹になる盟をしたので、まあまあフランスの妻君は持たずにすみました」。ジャンヌとは「元の蔦子の様に仲よくしていい」る（母宛八月一九日）。

今の自分の質素な生活を強調する。「私の現在の生活は実に簡単です。日本へ帰ても一生こうした気持ちで己に足《たり》て生活したいと思ています。どうして近頃では料理なんか実にお手際なものです」（母宛八月二七日）。

芸術家との交際を誇る。「昨日もまたマチスに招かれてルートドクラマールの別荘へ遊びに行き、三時間ほど遊んできました」（母宛八月一九日）。ジル＝マルシェックス夫妻に同行したのだろうか。

そして自分がいかに両親に感謝しているか、しかもいかに昔の幼い「ぢよちゃん」に変わらない、母を慕う幼な子であるかを繰り返し述べて、「私なんかまだ子供子供していていまだに童貞を守てる」と記すのである（母宛七月二三日）。晩年に日本へ帰国した後に書いた、数多くの回想的文章の中で披瀝されるドンフアンぶりとは、いささかならず色合いが違う。

ジャンヌとの関係はいかなるものであったか。

何があったかまでは、知るよしもないが、互いに惹かれていたことは、ジャンヌの手紙の中に、感じられる。しかしまた、家族同士での持続的な関係が生まれてもいる。後に結婚した治郎八が、妻とともに、ノルマンディーのジル＝マルシェックス夫妻の別荘に遊んだりもしているのである。

感激すると、そのことに一辺倒になってしまい、極端な物言いをする傾向が治郎八にあることはすでに見てきた。それでいて、醒めることもまた早いのだが、ジャンヌとの友情は、夫アンリをも巻き込んで、冷めなかったのだろう。恋愛的友情《アミチエ・アムルーズ》とでもいうべきものであったことが持続の理由の半分であり、芸術交友の楽しさがその周りに生まれたことが、残りの半分ではなかっただろうか。

美しい友情

一九二四年春以降に治郎八の身の回りに起きた、日仏にまたがり、美術と音楽にまたがり、山の手の社交世界と左岸のボヘミアン世界とにまたがる人間関係は、フランス、特にパリに対する治郎八の気持ちを決定的にしたものに違いなかった。

「実に質素な」、「心の貴さが人間の標準になる」、「子供の様に清い付合い」の人たち、パリでの人間関係への共感が治郎八に生まれていた（父宛七月一九日）。

それまでは物質的な豊かさを拠りどころに、パリの上流人士に立ち交わろうとしていたのであったとするならば、ジャンヌを知ることによって、今改めて、フランスの芸術家を識り、その飾らない人間性に触れたわけだろう。ここに居たい、居続けたいと、治郎八は思った。「私の帰朝期を来春四月迄延ばして戴きたいのです」は、その気持ちから生まれた。

一月に十日程南の海岸へ行くつもりでいます。ニースにマチスを訪ね、〔……〕カンヌに一晩それからアゲーと云ふ小さい村に一週間保養したく思てます。〔……〕
私には世界漫遊なんて野暮したいお上りさん気分は全く消滅して了いました。〔……〕「人間として生き様とするなら、巴里ほかない」と藤田が云てるのは本当です。巴里には人間のきず〔ママ〕いたあらゆるものがあります。それを本当に見、知るのにさへ私みたいに数年はかかつて了います。私は日本へ帰てどこを見てきたとたずねる人があつたら、巴里とロンドンと南フランスこの三所だけしか知りませんと立派に答へるつもりでいます。

（母宛一九二四年八月二七日）

もはや、プレヴェ家の人々とアフリカへ行くとは言わない。アゲーは、カンヌとサン＝ラファエルの間にあるエストレル山地が海に張り出して急角度で海に落ちるところにある、小さな入江の村である。ニースへはジル＝マルシェックス夫妻と行くつもりだったのだろうか。しかし、一月にはもうフランスを去っている。旅は実現しなかったのだろうか。

滞在延期は許されなかった。九月九日に母に宛てて書かれた手紙では、「今持てるフランで今年一ぱいはうまく行くとあがり、年末に英貨で二百磅《ポンド》位残るつもりでいます」とあって、年末までの滞在を目途としているらしく、さらに送金を希望はしていないと見られるからである。満四年にわたる英仏への滞在が終わろうとしていた。

芸術の都との別れ

帰国までの間も、治郎八の演奏会通いは、回数は減ったが、続いていた。一九二二年春の後では、しばらく足が遠のいたようにも見えるバレエ公演へ、一九二四年には、回数こそ少ないが、出かけている。五月から六月にシャンゼリゼ劇場で行われた、第八回オリンピック期芸術シーズンと銘打った、ディアギレフのロシア・バレエ団公演。パリ・オリンピックの芸術展示である。ピカソの絵を表紙にしたプログラムには、それぞれ初演であるミヨー『ブルー・トレイン』、プーランク『牝鹿』、オーリック『おこりんぼ』、シャブリエ『失敗した教育』のほかに、すでに定評のあったストラヴィンスキーの『ペトルーシュカ』、『結婚』、『春の祭典』、『プルチネルラ』、サティ『パラード』、モントクレール『羊飼いの娘の誘惑あるいは愛は勝つ』、そしてチマローザの曲による『チマロジアナ』と並んでいる。一公演でそのすべてを踊ったわけではない。

そのうちの何回に行ったのか、またその日には何が演じられたのか、それはわからない。

帰国を控えた一九二四年秋には、一一月一九日にマドレーヌ座でスウェーデン・バレエ。プログラムには一九二四年秋から翌春のシーズンとのみ記されたこの公演で、オペラ座のダンサーとして名高かったパイヴァの舞台も観ている。

コンサートは、一〇月三〇日にパドルー管弦楽団でラヴェルを含むプログラム。一二月八日にはオペラ座で、ラヴェルの『スペインの時』とアダンの『ジゼル』という組み合わせであった。いまやプログラムは、親しくなった作曲家たちの作品に満ちていた。

イサドラ・ダンカンとロシア・バレエ団に関心を持つことから初めて、やがてオペラ、そして純粋音楽に惹かれていき、ロンドンからパリへと滞在の軸を移した治郎八は、いまや単に聴衆としてだけでない、音楽世界との直接の関わりを持つにいたっていた。

今その中に身を置いている、芸術家との交流の場に、身を置き続けたいと治郎八は願った。このパリで発見した音楽の世界を、日本へももたらしたいと、治郎八は願った。その願いの中から、翌年の秋、治郎八が事実上単独で勧進元を勤めて実現することになる、日本におけるアンリ・ジル＝マルシェックス連続演奏会も構想され、準備が始まったのに間違いない。ジル＝マルシェックスにとっては、往復の旅と滞在とを併せて、四ないし五ヶ月を要する大旅行になる。ヨーロッパを本拠とする演奏家にとって、それは長い不在をさえ意味しかねない。その危険を敢えて冒しての計画であるから慎重が求められた。「仏蘭西外務省及文部省設立仏蘭西音楽普及交換協会会長ロベール・ブルッセル氏」の協力は、帰国以前に整えられただろう。「仏蘭西外務省ポール・モーラン氏」も確かに駐日大使ポール・クローデルに当てて紹介状を用意してくれた。そこまでの準備に抜かりはなかった。治郎八とジル＝マルシェックスとモーリス・ドラージュとの、パッシーからオートイユの往来の中で、治郎八の帰国までに一年後の演奏会準備は整えられていった。

ジャンヌとの別れ

ジャンヌとの関係は兄妹のように清いものであったはずだが、出発の直前に、ただならない息遣いがうかがえる手紙を、ジャンヌは治郎八に送る。

水曜日朝

親しいお友だち

昨夜はひどく具合が悪かったものですから姉はわたしを無理にも休ませようと今日一日中付きっ切りで居たがるのです。お電話しようとしたけれど、いらっしゃらなかった。お会いしないで一日中居るのがどんなに淋しいか言いたかったのです。だっていらっしゃるわけにはいかないのですから。姉がどんなだかはご存知の通り。

心配はなさらないで。何でもないのです。ただ横になって静かにしていなくてはならないだけ。

明日、大好きなサツ、できたら今夜電話差し上げます。

〔署名　J〕

封書でヴィヌーズ通り六番地に届けられている。発信側のスタンプはプッサン通り郵便局、一二月一〇日、午前一〇時から一二時の間。オートイユ門に近い、ミケランジュ通りのジル＝マルシェックス家最寄の局である。目を偸《ぬす》んで投函しに出たものか。午前中に投函された市内宛郵便物は、その日のうちに配達されなくてはならないという決まりが、昔はあった。帰国を目前にした「大好きなサツ」に、「出来たら今夜電話する」と書いたジャンヌは、何を伝えたかったのだろう。それは伝えられたのだろうか。何があったにしても、二人の関係のみに留まらない友情の維持されたことは、その後の交友が示している。

一二月一三日に発ったと、「半生の記」には書かれる。一一日にパリに居たのなら、一三日にパリを離れたのだ。パリに思いを残して治郎八は帰国の旅を始める。

乗船したのは、日本郵船の香取丸である。

しかし、パリからマルセイユに出て、直ちに船上の人となったのではなかったようだ。

一二月二九日付でジャンヌが送った電報が、マルタ島の香取丸に宛てられている。「うれしい知らせをうけとりました。でもとても悲しい思い」とある。パリを発って以来の治郎八の便りのあったことに対してのものだろう。さらに一月一日付で、夫妻の新年の挨拶が、コルシカ島南端のボニファチオ停泊中の香取丸に送られている。航路と日付が合わないようだが、乗った船さえわかれば、最寄の港へと、電報も郵便も、適宜に届けられた。

ともあれ、香取丸は一二月末近くに出航したのである。パリを離れてからの二週間ほど、出発までの時間を治郎八は、どこで過ごしたのか。計画していたようにジル＝マルシェックス夫妻と、ニースとアゲーへ赴いたのではなかったのだろう。

幸福だった彼女との交際も、私の欧州滞在期間が終りに近づくと共に当然別離の日が来るべきで、南仏イェールで最後の夜を明かした。

（「半生の夢」）

イェールはアゲーよりははるかに西の、軍港トゥーロンの東、当時は避寒地として知られた海岸の町である。治郎八は、ジャンヌとパリで別れた後に、この港町に滞在したのであったろうか。「半生の夢」のこの記述は、あるいはすでに以前『銀絲集』中の「青空の下」の章に反映したイェール滞在を踏まえてのフィクションかもしれない。

船はすでに日本に向かっていた。

友たちに、また会いたかった。友たちのいるパリへ、また帰らなくてはならない。治郎八はそう思っていた。

ここから日本まで四〇日ほどかかった。横浜に入港したとして、それは年を越えて、二月初めのことであったはずである。

第六章　気紛れ荘——フランス恋し

1　ジル＝マルシェックス演奏会

帰国

一九二五年おそらく二月初め、ほぼ四年を過ごしたヨーロッパ、ことにも離れがたいまでに親しんだパリから、治郎八は帰国した。齢ようやく二三歳、いまだ何にしろ成し遂げたというほどのこともない。しかしこれから辿るべき道は、すでに心に描かれていた。

治郎八は、パリとも、パリの友たちとも、別れたくはなかったのである。もう一度、戻って行かなくてはならなかった。パリへ、パリの友たちのもとへ。芸術と、芸術家の友とに囲まれて、美しい生活を自らの周りにつくり上げて、パリに暮らすこと、それがすべてに勝る、治郎八の夢であった。治郎八は、夢想の人、夢想へと近づくために一切を費やす人である。すでに夢想の赴く先が定まった以上、その辿るべき道は、はっきりと設計図の上に姿を現していた。

留守の間に建設され、その出来栄えを楽しみにしていた駿河台鈴木町二一番地の、御殿といわれた屋敷は、三棟の蔵を残して、震災で灰燼に帰していた。その後には仮設の建物が建てられ、その一方で薩摩本家は市外代々木初台に約千四百坪の土地を購って、新たな屋敷の建設にかかっていた。代々木初台五六〇番地、現在の渋谷区代々木五丁目の中央部に当たる。平屋の和風建築と、二階建ての洋風建築からなる広大な屋敷が以後の薩摩邸となった。その家に、治郎八は帰ったのである。

華やかなパリの思い出と、現実の日本の落差の中で、索漠たる思いに駆られて、せめても純日本的な世界へと耽溺していったと、治郎八は言う。しかしそれとても、江戸の最後の名残も震災によって破壊されつくした今となっては、むなしい夢でしかなかつた。

巴里と別れた私は、せめては生粋の日本人になりきつて、日本伝統美の世界に生きたいと願い洋服を捨て、和服、白足袋、角帯とこの特種な世界の雰囲気に調和するよう全くの江戸の町家の若旦那になりすまし、柳橋、浜町あたり旧大江戸の面影を追い求め、雪の朝の置き炬燵、夏の涼みは向島と、屋形舟仕立てて、凝りに凝つた遊び方をした。然し江戸の粋筋を夢想していた私にはすべてが幻滅で、江戸の小唄を話せるような女からして既に皆無、めまぐるしく変る時代と共に亡びる江戸文化の名残をさえ探し当てることは容易ではなかつた。

（「半生の夢」）

それでも六代目（尾上菊五郎）の舞台を楽しみ、相撲を喜んだのではあったろう。茶屋酒の味にも、あるいは遅ればせに、馴染んだのであったろう。角力取りは幡瀬川《はたせがわ》を贔屓にしたという。共に酒席にある写真などが、なるほど残されている。幡瀬川邦七郎（一九〇五—一九七四）は小兵だが相撲巧者で知られた。一九二二年（大正一一）初土俵、一九二六年五月新十両、一九二八年新入幕。一九四〇年に引退して年寄りとなり後進を育てた。弟子《おとうと》弟子として育てた中に、横綱になった照國《てるくに》が居る。治郎八の帰国当時、ようやく十両に進むかという時期の幡瀬川に注目したとすれば、相撲を見る目はあったということだろうか。「半生の夢」の書かれた一九五一年は照國が一月に全勝優勝した年であった。

悠々たる江戸情緒の日々は、父治兵衛の寛容によるところがあったであろう。満四年余りを外遊してきた長男を、帰国後直ちに商売の現場に立たせるのではなく、しばらくは浮世離れした時を過ごさせたとすれば、そこには父の考えがあったはずである。その心を治郎八は理解していただろうか。

ともあれ、治郎八はかならずしも、閑雅な時を送っていたわけではなかった。夢想した道を現出させるために、努力しなくてはならなかった。なによりまず、パリで下準備を進めてきた、アンリ・ジル＝マルシェックス連続演奏会を開催にこぎつけなくてはならなかった。

ジル＝マルシェックス招聘に向けて

帰国の後ほどなく、治郎八はフランス大使館に連絡をとった。一九二一年秋に着任した大使ポール・クローデルは、関東大震災で麴町区雉子橋大使館が焼亡したのち、被災者救援などの活動を繰り広げ、次いで麻布区広尾に新たな大使館を開設、さらに、かねて準備の始められていた日仏会館の設立にこぎつけるという休みなしの仕事を仕上げて、一九二五年一月二三日、治郎八と入れ違うようにして、横浜から休暇に出発していた。

クローデル
1927年の離任を前に二代目治兵衛に署名して贈った写真。

　ポール・モーランが紹介の手間をとってくれた大使クローデルに、治郎八は直ちに会うことはできなかったわけだが、大使宛の招待状を送ったもののようで、クローデルの留守の間代理大使を務めていたジャンティは、大使館付武官ルノンドーおよび第一通訳官ボンマルシャンとともに、三月一六日晩餐へのご招待に喜んで伺うと、三月四日付で返事を出している。ポール・モーランは治郎八がパリを発ったあとの一九二四年一二月二三日付の外交書簡で、大使クローデルに、治郎八を紹介する手紙を書いていた。クローデルは離任以前にこれを見たであろうし、代理大使ジャンティも承知していたはずで、そのことが、治郎八の招待を受け入れる根拠にもなっただろう。一個人の招待を代理大使が公式の立場で受けることは、必ずしも一般ではあるまい。

　後のことだが、一九二六年一〇月初めに、治郎八が日本学生会館建設のためにパリへ発つことを外務大臣に伝える書簡（フランス外務省史料。中條忍青山学院大学名誉教授のご提供による）の中で、クローデルは、モーランの紹介に触れている。

一九二四年一二月二三日付小職宛書簡により、モーラン氏は年若き日本人薩摩氏を推薦してきました。薩摩氏は長期にわたるフランス滞在の後帰国して、フランスの知的影響推進のために活発に活動したい考えを持っていたのです。

代理大使を招いての晩餐は、初台の薩摩邸でなされた。招待の主眼は、ジル＝マルシェックス招聘連続演奏会への協力取り付けを依頼することであったはずである。この下交渉は成功した。この一九二五年五月号の『婦人画報』誌に、「今秋来朝する仏国の洋琴家　アンリーヂルマルシエックス」と題する一ページの記事があって、横顔を見せる写真とともに、その紹介がなされている。「これ程迄に盛んになつた我が国の洋楽界に、仏蘭西の音楽が殆ど知られてゐないのを遺憾として、此度仏蘭西大使館並に仏国に永く滞在されて、其国の芸術の深い理解者である薩摩次郎〔ママ〕八氏の力添へによつて、仏蘭西現代の天才洋琴家アンリーヂルマルシエックスの来朝を此秋に見ることが出来るとは何と云ふ喜びであらう」。こう書き出された記事は、一八世紀から現代の「ラベル、ルツセル」、「ストラビンスキー以後」にまでおよぶ音楽の天才的演奏家を紹介する。この記事が掲載されたことは、この段階で、大使館の協力が得られると確実になったことを意味している。

佛蘭西芸術普及交換協会

この紹介記事には、招聘のことに与《あずか》るのが、在日フランス大使館と治郎八と書かれているが、やがて演奏会が公表されたとき、そのポスターと、演奏会の解説プログラムには、「佛蘭西外務省及文部省設立佛蘭西芸術普及交換協会主催、佛蘭西大使館後援、主催者側代表薩摩治郎八」と示される。この佛蘭西芸術普及交換協会なるものが何であるのか、またこの協会の会長として示されるロベール・ブリュッセルが誰であるのか、確かめておく。

ことは一九一八年にさかのぼる。一群の芸術家・政治家たちが文部省芸術局の承認を得て、フランスの芸術活動を国外で発展させるための部局を創設した。責任者にピアニストのアルフレッド・コルトーが任じられて、外務省の国外活動部と協力して作業を始めた。しかしほどなく、このような活動は、旧来の縦割り行政の枠の中では、困難であることが明らかになって、一九二二年に、フランス芸術普及交換協会が、文部外務両省によって作られ、翌年公益団体として認可された。この協会の会長として活動したのが、ロベール・ブリュッセル（一八七四―一九四〇）である。

ブリュッセルは、ドビュッシー、フォーレ、デュカスなどと近しかった音楽評論家で、二〇世紀初頭から有力な「フィガロ」紙の音楽欄を三五年にわたって担当した。ロシア・バレエを早くから評価して、招請に尽力したり、テアトル・デ・シャンゼリゼ劇場開設にも関わっている。一九三八年まで、佛蘭西芸術普及交換協会会長の座にあった。

どのような経緯によってジル＝マルシェックス招聘が進められたかは明らかではないが、ジャンヌを通じてジル＝マルシェックスと親しくなり、さらにラヴェル、ドラージュなどとの交友のなかから、ピアニストの日本での演奏会を発想した治郎八が、周囲の応援を得て、ブリュッセルと交渉、協会の承認および助力を獲得したものと、推測される。ポール・モーランの助言もあったのだろう。少なくとも、フランス政府の文化使節の名目を、正式に得るということはあったのである。協会の実質的な援助がどれほどのものであったのか、まったくわからない。ただ、この大掛かりな招聘活動のかなりの部分が、薩摩家の支出によって支えられたであろうことは想像できる。「主催者側代表薩摩治郎八」の文字が、そのあたりを語っている。実質的には、薩摩家が勧進元、興行主なのである。

「いかにも、フランス政府派遣の「文化使節」のようだが、実際には、薩摩治郎八が自分で計画し、遊び仲間のポール・モーランあたりに話をつけてもらって、こんな形をととのえたにちがいあるまい」（中島健蔵『音楽とわたくし』）というよりは、もう少し正式な形を取っていたと考えてよい。ポール・モーランとは面識はあっても、「遊び仲間」と呼べるかどうか。それほどに親しい間柄ではなかった。治郎八がジル＝マルシェックス招聘の準備にかかっていたこの一九二五年七月に、モーランは日本を訪れている。休暇を得て、六月二七日にシェルブールを出発、一一月末にマルセイユに帰着する世界周遊である。七月二〇日に横浜の港に入る。それからフランス大使館所有の、クローデルの好んだ中禅寺の別荘へ行って、数日を過ごしている。むろんクローデルはいない。それから京都、奈良、大阪を経てまた船に乗り、瀬戸内海を過ぎて中国へ向かう。北京と上海を経てシンガポールに到着するのが八月二七日である。いささか慌しい訪問ではある。しかしこの間に、モーランが治郎八に会ったという記録は、どちらの側からも見出すことができない。

演奏家招聘の組織が今日のように確立しているわけではない時代のことである。しかも、音楽は官立の上野の音楽学校がすべての上に立つ権威であって、その音楽観はいまだ一九世紀ドイツのそれに留まっていたのだから、フランスから何がしかの風を吹き込もうとする文化活動を個人が支えるとい

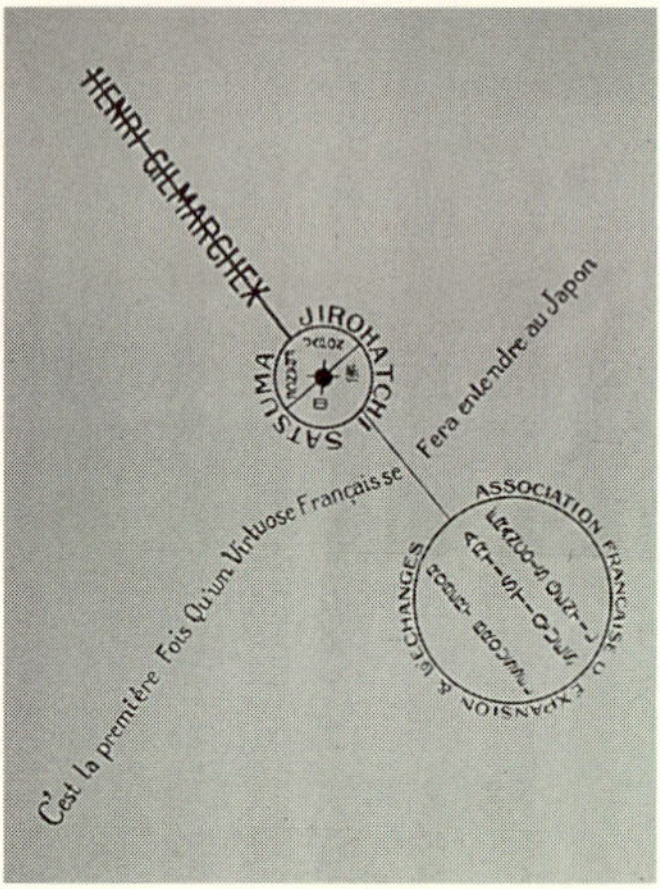

アンリ・ジル＝マルシェックス連続演奏会プログラムの一ページ

うのであれば、フランス大使館も、協力を惜しまなかったであろう。クローデル大使着任以来、日仏の文化交流、というよりも、フランス文化の日本導入に力が注がれていた時期であった。

　連続演奏会解説プログラムのなかに、不思議なタイポグラフィー処理のページ（右上参照）がある。

　ジル＝マルシェックス、治郎八、佛蘭西芸術普及交換協会、ロベール・ブルセル（これは図中のつづりが間違っていて、正しくはブリュッセル Brussel である）、代理大使フランソワ・ジャンティの名前が線と円で結ばれ、それと交差して「仏国名演奏家が日本において聴かれるのは初めて」とフランス語で書かれる。日仏両国にまたがって、一方には薩摩治郎八が興行を仕切って、ジル＝マルシェックスを呼べば、他方には、ロベール・ブルセルと駐日フランス大使代理たるフランソワ・ジャンティがこれを認め支えるという仕掛けが浮かび上がるというわけである。

　演奏会実現までには、フランス大使館を手始めに、各方面の援助が集められた。「半生の夢」には徳川頼貞侯爵、稲畑勝太郎の名前が挙げられている。徳川頼貞は日本の西洋音楽発展に対する貢献で知られるし、フランスで面識を得ていた可能性もある。

稲畑勝太郎（一八六二—一九四九）は早く明治一〇年に一五歳でフランスに留学して八年を過ごし、リヨン大学などで繊維および染色について学んで帰国した。渋沢栄一にも薫陶を受けつつ、関西における先進的実業人として盛んな活動を展開し、同時に文化活動にも積極的であった。映画の発明者、リュミエール兄弟の兄オーギュストとはリヨン工業学校で席を並べていて、その要請に応えて、明治三〇年には京都で日本最初の映画上映にこぎつけたりもしていた。フランスとの文化交流に熱心で、日仏文化協会設立にも関わり、特に大使クローデルには協力を惜しまず、昭和二年（一九二七）に開館する、関西日仏学館建設に尽力することになる。音楽普及活動にも関わっていた。

各方面の協力を得ながら、計画は進行していた。八月には、ジル＝マルシェックスはマルセイユを出港する手はずになっていたはずである。

懐かしいパリの音楽世界

準備が続いている間にも治郎八の許には、ジル＝マルシェックス夫人ジャンヌからしばしば手紙が届く。自分の新作絵画の写真を同封してくることもあった。

ニースの絵葉書に認《したた》めて送った手紙がある。封筒が失われていて日付は確定しがたい。

土曜日朝

大好きなサツ

昨夜はモンテ＝カルロでラヴェルの総稽古でした。私たちは、ラヴェル、オネゲルとその女ともだち、クロワザ、オーリックと一緒に夕食をして、世が明ける前にニースに帰りました。まだ眠ってるの。素敵な作品で、あなたは好きになるでしょう。心からキスを送ります。

ジャンヌ

一九二〇年代にモンテ＝カルロで初演されたラヴェル作品であれば、すぐに思い浮かぶのが『子供と魔法』である。初演は、一九二五年三月二一日であった。これはあたかも土曜日に当たる。ジャンヌは前日の金曜日に行われたジェネラルを見た後、一同で食事をして、夜中にニースへ戻ったから、土曜日の朝、まだ寝床の中でこの葉書を書いたのであるとすれば、平仄《ひょうそく》は合う。ラヴェル、オネゲル、オーリック。六人組はラヴェルを敵視していたなどという音楽史家のたわ言は消し飛ぶだろう。そこにソプラノのクレール・クロワザと、ピアニストのジル＝マルシェックス夫妻が加わっている。当時の音楽家の交友の幅がそこに見られるだけでない。そう書いてやれば、それが想像できるだろうとジャンヌにはわかっていたのである。むろんのこと、治郎八はその世界に戻りたかったであろうし、また戻れば受け入れてもらえると確信してもいただろう。

ジル＝マルシェックス連続演奏会

いよいよ一〇月一〇日から、四つの週末、土曜と日曜に、合わせて六回の連続演奏会が、帝国ホテル演芸場で開かれる。演奏会二回ずつ組み合わせて、主観的音楽《ラ・ミュジク・シュブジェクティヴ》二演奏会（一〇月一〇日土曜日午後八時および一一日日曜日午後二時）、追想的音楽《ラ・ミュジク・エヴォカティヴ》二演奏会（一〇月一七日土曜日午後八時および二四日土曜日午後八時）、舞踊音楽《ラ・ミュジク・ド・ダンス》二演奏会（一〇月二五日日曜日午後二時および一一月一日日曜日午後二時）である。会員券は六回分通しで、五人がけのボックス席が三〇〇円、椅子席が四〇円、一九円、一〇円。一回分では、五人がけのボックス席が七二円、椅子席が八円、四円、二円である。

この連続演奏会のために作られた、解説つきプログラム冊子は、当時としてははずれな豪華なものであった。「当時のいい方でいえば菊倍判、今のグラフ型で、総アート紙五一ページ、厚手の紺色のラシャ紙の表紙には、マチスの素描による演奏中のジル＝マルシェクスの姿の複製がはりつけてあった。口絵として、演奏家の写真のほかに、フジタの素描による薩摩治郎八の顔がある。本文の中にも作曲家たちの肖像がふんだんにはいっている」（中島健蔵『音楽とわたくし』）。「私が執筆出版した解説書」（「半生の夢」）と呼ばれている通り、自らの著作とするつもりで作られていることが、表紙に書き込まれた「par Jirohachi Satsuma」の文字にも奥付の「編集発行人　薩摩治郎八」にも、見て取れる。巻頭に置かれたジル＝マルシェックス紹介の文章も、六夜それぞれに分けてなされている楽曲の解説も、薩摩治郎八自身の執筆である。大田黒元雄の短い文章もおさめられている。また巻末には、ジル＝マルシェックス自身による「ラヴェルのピアノ技巧について」と題する譜例つきの論文が、小松耕輔の翻訳で収録されている。このプログラムが一円であった。その巻頭の文中には、次のよ

アンリ・ジル＝マルシェックス連続演奏会プログラム表紙

うな部分がある。

自分は今Association Française d'Expensions et d'échanges Artistiquesの會長ロベール・ブルッセル氏及佛外務省のポール・モーラン氏及フランス現代音樂家達の友人として、ヂル　マルシエックス氏の憧憬者であり親友であるとの理由の下に、同氏の來朝を報ずる重大な使命を與へられた。そして自分は己のかかる重大なる使命を果すに値しないのを自覺しながらも自分の友人等に對する友情と同氏への憧憬と友誼から厚かましくも拙い筆をとった罪を許して頂きたく思ふ。

そして自分は敢て同氏の來朝が決して興行的の目的をもって成立したものではなくフランス政府及フランス音樂家達の日本音樂界に對する清い友情から成立したものである事を附加しておく。そして自分は完全なる日佛藝術界相互の友誼理解の増進を計らん微志から厚かましくもこの嬉ばしい使命を果たすものにすぎない。

自身が主催者であるとは言わないものの、「使命」と言う言葉を繰り返し使うところに、かえって自らの役割を言外に誇らしく伝えようとしていることが感じられる。

この連続演奏会のほかにも、ジル＝マルシェックスは多くの演奏会を開いている。確認できただけでも、以下のものがある。日取りと場所のみを示しておく。

一一月七日（土）日仏会館（山王台）、一一月一一日（水）丸の内日本工業倶楽部、一一月二一日

（土）上野音楽学校講堂、一一月二二日（日）日本青年館（神宮外苑）、一一月二五日（水）関西学院講堂、一二月一日（火）大阪中之島中央公会堂、一二月二日（水）大阪中之島中央公会堂、一二月四日（金）岡崎市公会堂、一二月一二日（土）帝国ホテル演芸場、一二月一三日（日）帝国ホテル演芸場、一二月一四日（月）横浜高等工業学校講堂。

全体としては、帝国ホテルの連続演奏会六回とそれ以外の一一回の、合わせて一七回の演奏会の日取りを確認できる。さらに、一般に公開されなかった、五夜にわたる専門家向けの演奏会の行われたことが、小松耕輔の『音楽の花ひらく頃』に記録されているから、一〇月一〇日から一二月一四日までのほぼ二ヶ月の間に、関西への旅行も含めて、少なくとも二二回の演奏会が行われたことがわかる。これ以外の演奏会もありえたと考えるなら、かなりの密度でジル＝マルシェックスは演奏会をこなしたのである。さらに、一二月八日には、治郎八の私邸での演奏会も開催されている。

一二月一二日の演奏会は東京女学館新築後援会同窓白菊会主催で、これは薩摩治郎八後援である。治郎八の二人の妹、蔦子と増子はいずれも東京女学館を卒業した。一九一〇年（明治四三）生まれの増子は、この年に満で十五歳であるからまだ在学中であった。妹二人の母校が校舎新築をするに当たっての同窓会後援事業に協力して、収益の提供を行ったということである。

一二月一四日は、帰国の船に乗るために横浜に移動して、その横浜で、出発前の最後の演奏会を開いたのだろう。

帝国ホテル演芸場での連続演奏は、おおむね、日本人の聞きなれたドイツ古典派から近現代へ、あるいはバロックへ、フランスおよびスペインへと聴く者を導くように配列されていた。第一回は、バッハ、ベートーベンで、第二回はモーツァルト、ベートーベンで始められている。

プログラムの全体は時代も地域も広くカバーしていて、むろんのことフランス音楽は、バロック以前から同時代までの作曲家を並べている。当然ながら日本では初めて演奏される曲が少なからず含まれていた。世界初演という作品もあった。その作品、ラヴェルの「ファイヴ・オクロック、フォックストロット」は『子供と魔法』の中の一曲をピアノ独奏用に書き直したものであったのだが。

今見れば、当時のフランスで、音楽会のレパートリーになっていた作曲家たちが、バランスよく配列されているという感じがある、ということは、当時の日本では、極めて新しい音楽の現場を聞かせる演奏会になっていた。しかも一人のピアニストの演奏会として、この曲種の多様さは、驚くべきもので、日本の聴衆に対する啓蒙的な意図のあったことがうかがわれる。プログラム編成に治郎八の意見が加味されていたものかどうか。没交渉でもなかっただろう。治郎八の解説記事は時にフランス語からの翻訳かと思われてぎこちないが、パリでの音楽会通いの成果ということだろう。

幅広い反響

演奏会の評判は、大方は好意的であった。たとえば増沢健美は二度『東京朝日新聞』に批評を寄せていて、「生々しい現代音楽——然もドイツ音楽とはすこぶる趣を異にしたフランス音楽——の中心地に、最も新しい空気を呼吸して居るピアニスト、ヂル・マルシエックス氏の来朝した事は、それ自身わが楽界にとつて異常の出来事であらねばならぬ」と書き、バッハ、ベートーベン、ショパンの演奏の、それぞれ詩的、情熱、陰翳を讃えた上で、「特に氏はデビユッシーを中心とする印象派、ラベル、ルッセルの作品の完全なる解釈者表現者であり、又ストラビンスキーその他の急進派の作品の卓越せる演奏者である」とまとめる。さらに「我が楽界に大なる刺激を与へた氏の労を謝すると共に、大なる損失をも顧みず今回の挙を敢行された薩摩治郎八氏に深く謝意を表する」と締めくくっている。

先にも引用した中島健蔵は「演奏がりっぱなものであったというのは、その当時たしかにそう感じたのであって、今もなお覚えているのは、第四回の最後に弾いたリストの『波を渡るパオラの聖フランシス』の壮烈な演奏ぶりであった」と言い、「二度の世界大戦の中間期の音楽体験の中で、わたくしにとっては、三週間にわたるこの六回の演奏会の感銘が、きわ立っていた」という。

若い文学者にも反響はあって、梶井基次郎は、「六回の演奏會の、通しの切符を一寸悲壮な氣持で十圓出して買つて」通ったし、堀辰雄も六回すべて聴いている。富永太郎は死の床で、ジル＝マルシェックスの名を口にした（一一月一一日）という。

この演奏旅行は、その与えた刺激と影響を考

ジル＝マルシェックス夫妻を迎えた薩摩一家
左から，前列母まさ，ジャンヌ，アンリ，妹増子，後列二代目治兵衛，次郎八。

えれば、大成功であった。ジル＝マルシェックスはその後も一九三一年、一九三六年に日本を訪れて演奏することになる。

2 日本館建設計画

日仏会館

帰国の当初は、単にジル＝マルシェックス招聘演奏会を企画実現しようとしただけであったはずの治郎八は、次第に、日仏文化交流の活動全体に関係を持つようになっていく。日仏会館は、渋沢栄一を中心とした日本の財界人によって醵金《きょきん》された源資に日本政府が補助金支出を決定し、フランス政府も運営基金を支出するという方式で、大正一三年に財団法人として設置されている。理事長は渋沢である。この計画は既に大正八年に端緒があって、進められてきていたが、一九二一（大正一〇）年一一月にクローデルが大使として着任してから、一層の進捗をみていた。しかし、一九二三年九月の関東大震災は、計画を一時停滞させた。震災はフランス大使館を失わせもしたが、特に日本の経済状態をはなはだしく悪化させたから、募金は一旦頓挫せざるを得なかった。

それでも、既に日本政府の補助金支出は決定しており、フランス政府の予算も認められていたから、機を先に延ばすことなく、一九二四年三月に設立されたのであった。日本におけるフランス語とフランス文化の普及浸透をその目的の一つとし、他方で、日本をよりよく理解するフランス人の育成をも目的とした。フランス政府は優れた学者及び、東洋学の優秀な学生を日本に派遣し、日本側は日仏会館にその宿舎を用意することとされていた。当初はそのための建物を得られず、理事の一人であった村井吉兵衛が、永田町にあったその邸宅に隣接する西洋館を提供することとなった。この建物も、一九二四年末までは震災後の復興局によって使用されていたから、形式上は三月に創設された会館の開館式典も、一二月一四日にいたって、日本工業倶楽部において執り行われたのであった。

日仏会館の事業の皮切りに、一九二五年末に、フランスから最初の学者二人の派遣が決定される。ソルボンヌ大学教授、仏教美術史専攻のアルフレッド・フーシェと、フランス学士院医学部幹事長、医学者のシャルル・アシャールである。一九二六年一月二一日東京に到着したフーシェは、日仏会館の宿舎に入った。アシャールは二月一八日に到着して、治郎八の客という扱いで駿河台鈴木町の治郎八邸に宿泊した。会館に空き部屋はあったが、フランスから取り寄せるはずの家具がまだ間に合っていなかったのであった。

このことは取りも直さず、治郎八が日仏会館の運営に関わることであり、会館理事と接触し、助力を求められ、あるいは提案する関係にあったことを意味する。これまで、日仏文化交流の事業には何の関わりも持っていなかった治郎八が、帰国後一年を経たいま、フランス政府派遣学者の宿舎を、日仏会館に代わって提供するまでになっていた。治郎八は日仏会館の賛助会員であった。

アシャール受け入れは、ジル＝マルシェックスの一連の公演日程も終了した後のことであるが、治郎八が、日仏文化交流に積極的であり、かつ、父治兵衛の資力をこのために活用させることのできる立場にあることが、すでに会館運営者側によって認められていたことを意味するだろう。そのような方向での関係は、治郎八が自ら代理大使に接触したことから始まっていたのであったに違いない。

治郎八にとっても、日仏文化交流に貢献しうることは、望ましいことであった。フランス文化に目を開かれ、フランスで活躍する日仏の芸術家たちと共にありたいと願いながら、そのために何ができるのか、それを探っていた。とりあえずはジル＝マルシェックスの演奏旅行をお膳立てしたとはしても、それ以外に何ができるのだろうか。また、再びフランスに、フランスの友人たちのもとに戻ってできることはないのか。自分の居るべき場所は、彼らの居る、パリではないのか。

日仏会館の活動に協力していくことは、日仏両国の最も高いレベルでの、文化活動に協力することであるから、そこから自分のなすべきことも見えてくるだろうし、またパリへと戻ることもできるようになるはずだ。そのためには、言うまでもなく父治兵衛の賛成がなくてはならなかった。父は同意したもののようである。

巴里大学町ニ日本館設立計画

日仏文化交流のために協力を、しかも多額の出費を惜しまないで、進めようとする治郎八は、日仏会館を支える理事たち、また大使館の代理大使以下の人々にとって、頼もしく映ったであろう。パリ国際大学都市建設に治郎八の、そして治郎八を通して薩摩家の資産の援助を求めようとする動きは、次第に顕在化していったようである。

一九二五年（大正一四）九月九日付で、在仏松島代理大使宛に外務大臣幣原喜重郎名で発信された電信がある。「巴里大学町ニ日本館設立計画ニ関スル件」として、本文には、「貴地大学町ニ最高限二百万法ノ日本館ヲ建設シ其ノ維持費百万法ヲ添ヘ寄付シタシトノ特志家アリ参考ノ為各国会館ノ建設費、維持費ノ額、其ノ支出者及経営振並各国政府カ本事業ニ関係シ居ル場合ニハ何レノ省ニテ之ヲ主管シ居ルヤ等御取調ノ上本件実行ニ関スル貴見ト共ニ回電アリタシ」とある。

現在見ることのできる限りの外務省資料で、パリ国際大学都市日本館建設に直結する具体的な記録は、これを嚆矢とする。文中に「特志家」の名前は明かされていないが、実際の状況から見て、これが治郎八ないし薩摩家以外である可能性は、まずない。

この時期にはすでに、篤志の趣が外務大臣の知るところとなるに至っていたということである。帰国した治郎八が、代理大使ジャンテイを晩餐に招待してから、ようやく半年、誰がどのように治郎八の関心を惹きつけ、例の感激性の昂揚癖に点火したのか。そのおおよその流れは、推察できる。

治郎八自身は、「この事業（＝ジル＝マルシェックス招聘）も一段落付くと、その後更に一つの大事業が託された。と云うのは帝国政府が駐仏大使によって調印した巴里大学都市日本会館建設の実現策が私に相談されたことを指すので、この案を持って来たのは、元西園寺公望公秘書松岡新一郎で、外務省側は廣田弘毅氏（当時欧米局長）であった。私は直ちに牧野伸顕伯の意見を求めに行ったところ、大賛成である。西園寺老公また大賛成。大いに鞭撻された」（『半生の夢』）と記している。「直ちに牧野伸顕伯の意見を求めに行った」ことは、牧野の側に記録がある。

原玄了、薩摩治郎八携帯入来にて、仏国の芸術家を日本へ今秋招引する事及巴里に日本館（Maison *Japonaise*）を建設する事に付き相談あり。仍て所見を開陳し置く。要するに目的に付ては至極結構なるが、其事に当る人の選択が大切にして、事の成敗、目的の成否も其人に存する事を力説し置けり。

（『牧野伸顕日記』大正一四年七月二四日）

治郎八の文章のいつもの癖で、時系列での経過展開は必ずしも正確に再現されない。日本館建設の打診は、ジル＝マルシェックス連続演奏会開催以前に起きているのである。もっとも、「一段落付」いたというのが、準備が一定程度進行したという意味でなら、そうだとも言えるだろう。

牧野の記録には、いくつかの興味をひく点がある。治郎八は原玄了と帯同して行ったのである。また、日本館問題をジル＝マルシェックス招聘のことと合わせて話している。牧野の側の言ったとすることには、大した内容が含まれているわけではない。

「至極結構」

原玄了は牧野の歯科医であった。親しく出入りしてもいたのであろう。かつてイギリス滞在の初めに、絶交するとまで憤激した当の相手と同行したということは、そこに薩摩治兵衛の意向の働いていることを想像させる。ジル＝マルシェックス招聘のことは、改めて相談に及ぶ必要はまったくない。ことは進行しているのである。フランス大使館も協力してくれている。これは話の緒であって、訊くべきは日本館建設のことである。そのためには、すでに御前と近しい原先生に導いてもらうのがよかろう。牧野の日記にも、薩摩、原ではなくて、原、薩摩と記してある。小生の親しい薩摩家のご子息が、とでも原は引き合わせたのだろう。すでにフランス人洋琴家を招いて演奏させることになっているのだが、日仏文化交流促進に熱意を持ち、そのために、外務省情報部からパリ大学の学生宿舎建設計画についても相談を受けている、内大臣にご助言賜りましたならば幸い、というわけである。要するに、牧野は反対はしない。事に当たる人物の選択さえ宜しきを得るなら、うまくいくであろう。こんなものは助言でも何でもありはしない。もっとも、この言は治郎八を喜ばせただろう。まずは「目的については至極結構」とお墨付きを貰えた。次には、ことに当たる人が重要であるというのであれば、計画を引き受けた以上、他人に任せるのではなくて、自分自身が責任者となって監督しなくてはならない。実際、父を説得しつつ、パリで陣頭指揮に当たるとしたら、自分以外に適任者は居ないだろう。この示唆は、治郎八の望んだものに違いない。

ともあれ、ここではじめて日本館問題を相談したというのであれば、この直前に打診を受けたということだろう。打診した側には、治郎八の熱意と、治兵衛の資産の力が伝わったということである。そのように考えれば、三月に始まったジル＝マルシェックス招聘準備の進捗と、おそらく日仏会館及びその背景にある日仏協会への治郎八の参画が、一気に日本館建設計画を、薩摩の家の方へと推し向けた事情が呑み込める。

治郎八の「巴里大学都市と私」（『国際文化』第一〇一号、一九六二年）と言う文章は、すでに一九二一年段階でオノラと大学都市計画を知って、共鳴したかのように読めなくもないが、この文章では、オノラに初めて会ったのを一九二五年秋とするなど、ありえない年代的錯誤がいくつもあって、これは受け入れがたい。帰国以前の父親宛書簡には、世界平和も国際親善も、現れてはいないのである。

それにしても、日本館建設計画とは何であったのか。当時の文脈の中で見ておかなくてはならない。

パリ大学都市

パリ大学都市の計画は、一九一九年に始まる。

パリ市の南のはずれにあって、内環状道路ぞいにベルトのように広がる大学都市の敷地は、かつてはティエールの城壁と呼ばれるもののあったところに位置している。城壁は一八四〇年代に、当時のパリの市域のさらに外側に、パリを周回する防護市壁として建設されたもので、一八六〇年に、パリ市はこの城壁の位置まで拡大されていた。普仏戦争の際には、パリ攻囲戦で防御の役を果たした城壁であったが、第一次世界大戦のあいだに、パリへと連日砲弾を打ち込んだ長距離砲や、それにもまして、航空機による爆撃が現実となった以上はもはや無用の長物と化していた。一四〇メートル幅の城壁そのものの外側には二五〇メートル幅で建築禁止の帯状の地帯《ゾーヌ》が設けられていたが、ここにはすでに一九世紀末から最貧民層のバラックが造られて三万人ほどが住みついていた。城壁と地帯の間に設けられた空濠には戦争中に菜園が姿を現していた。

城壁は一九一九年四月に撤去が決定され、取り壊し作業は五月に始まった。跡地はパリ市の土地として、そこには低家賃住宅や公共施設などが次々に建設されたが、この城壁跡地の、オルレアン門の東にあたる位置、詳しく言うなら、パリを取巻いてすべてで九十四基あった堡塁の八十二番と八十三番の位置に（後に更に八十一番地所が加えられる）、計画建設されたのが、パリ大学の管轄下にある「パリ国際大学都市」である。

第一次世界大戦以前からすでに、カルティエ・ラタン地区の機能の一部をパリ市郊外に移して、主に外国人学生に宿舎を提供しようという計画は検討されてきていた。

この考えが、取り壊しが決定された城壁の跡地利用計画に組み込まれたことについては、一九一九年三月一九日、国民議会における、議員アンドレ・オノラの提言に始まったとされる。さらに翌年の初め、ミルラン内閣の文部大臣に就任したオノラは、これを機会に、パリ大学国際大学都市の構想を固めていくことになる。後に上院議員となったオノラはその後の生涯をもっぱらこの計画の実現にささげることになるだろう。

さらに翌年の三月、パリ大学総長に就任したポール・アペルと、実業家エミール・ドゥーチュ・ド・ラ・ムルトとの出会いが、大学都市の実現に向けての大きな一歩となった。

一九二〇年七月になって、内環状道路の南面に当たるモンスーリ公園に面した現在の敷地が決定する。翌一九二一年に敷地全体の区割り計画がなされ、エミールとルイーズのドゥーチュ・ド・ラ・ムルト夫妻の多額の寄附を受けて、その名を冠せた学寮が、大学都市最初の建物として建設開始される。一九二三年から翌年にかけて城壁の撤去が行われるのと並行して、一九二三年五月から二年間にわたってドゥーチュ・ド・ラ・ムルト財団の寮は建設が進められて、一九二五年七月九日に完工式が行われた。その後、敷地内には次々に各国もしくは私的な財団によって学寮が建てられていった。

日本学生会館建設に向けて

日本側資料への「パリ大学都市」の初出は、一九二一年（大正一〇）五月である。駐仏日本大使石井菊次郎から内田外務大臣宛の電報が、日仏文化交流について述べた後に、「大学都市」の計画および、ドゥーチュ・ド・ラ・ムルトの寄付契約を報じる。電文は、「日本モ其一部ヲ利用スルコトハ大イニ可ナルベシト同総長（「ソルボンヌ」総長「アッペル」氏）ヨリ好意ヲ以テ勧奨セリ」とも述べている。さらに「参考」とした添付文書が、「大学都市」構想を要約していて、旧来のカルティエ・ラタンの学生街が質的にも量的にも不充分であるから、優れた住環境をもつ広大な緑園都市を作り出すとともに、各国出身のエリートをここで交流させることで、国際平和の基礎を築くべき種を蒔こうという大学都市計画の二重の根拠も、ここにははっきりと捉えられている。

さらにこのあと続けて、「巴里ニ於ケル大学生寄宿舎ノ建設」、「巴里ニ於ケル日本人学生寄宿舎ノ建設」、「巴里大学寄宿舎構地内ニ本邦人留学生寄宿舎建設ノ案ニ関スル件」などの文書が、外務省において作成される。

それぞれ、パリ大学都市計画の企図、またその実際を見極めようとし、また、日本もこれに参画する可能性を検討して、「日本側としても本邦人学生を収容するを以て主たる目的とする舎宅を〔……〕敷地内に設立し、〔……〕これを運用利用するは最も時宜に適したる処置」であると結論付けて、具体案の提示も試み、最後の文書は、一層踏み込んで、日本が参画する場合には、民間資金を活用すべきであり、かつそのためには、情報局が主導する実行委員会を組織して行うべしとする立場が示されている。これらの文書には無署名のものもあるが、いずれも、当時外務省情報部嘱託であった松岡新一郎の手になるもののようである。

松岡新一郎は奄美大島出身、カトリック信者で、パリ大学で法律を学んだ。日仏銀行から住友本社に入り、第一次世界大戦後の講和条約会議の日本の全権大使西園寺公望の私設秘書として、西園寺を援助していた住友から派遣されて随行した。その後は、外務省情報部に入り、後に退いて嘱託となり、フランス関係の情報の分析などに当たっていた。また日仏会館評議員、京都日仏学館理事などを歴任した。日本館については、その建設と運営を支えるべき在京委員会の幹事を務めることになる。日本館建設については、影の主役と呼ぶべき人物だが、腎臓を病んで一九三二年（昭和七）に四八歳で早世したために、知られるところが少ない。

一〇月二六日には予告されていた大学都市委員会が開催されて、これには在パリ日本大使館からも書記官が出席して情報を集めている。その結果、参加団体は財団法人であるべきこと、用地は無料であること、本来はパリ大学学生施設として設立が計画されたが、その限りとしないこと、寄宿舎たるのみならず日本文化機関たらしめることも不可能ではないこと、建築様式は自由であるが、パリ大学の同意を得ること、などが、懇談の結果として報告されている。

実は、この後しばらくは、事態は進展しない。大使館ではどのように進展させるべきか、本省に指示を求めるが、その後の連絡がないまま数ヶ月がすぎて、大正一〇年一一月七日付の内田外務大臣から石井大使宛電報に、以下のことが明示される。

省内で外務文部両次官を含むレベルで検討した結果、他国にないものをフランス一国にだけ設けることは国としてはなしえない。よって問題を情報部に検討させたところ「民間特志家に諒解を求め其の資金寄付の勧説を試むるより外なしとの意見」であった、というのである。情報部とは、単に松岡嘱託のことであるのかもしれない。要するに、国の予算では建設はできないということである。

これ以降、大学都市計画への日本の参加は、事実上、足踏み状態に入る。そこへ一九二三年（大正一二）九月一日の関東大震災である。日本政府にとっては、それどころではなくなったというのが実情であろう。

この間に大使館側では、大学都市から仮に提示された敷地の条件を提供して、当時パリの美術学校に留学中であった中村順平（一八八七—一九七七、後横浜高等工業学校教授）に設計をさせている。その設計は卒業制作として提出されて中村は三席の褒賞を受け、さらにその設計図面は一九二四年春のサロンに出品されて銀賞を得るということがあった。しかしこれは日本館の実際の建設にはまったく関りのないことであった。

治郎八名乗りを上げる

これまでのところで、パリ大学都市に日本館を建設するとして、駐仏大使が調印を行ったという事実はない。当然のことで、ドゥーチュ・ド・ラ・ムルトの場合も、一千万フランの寄付の契約を行うことで、建設の実際は始まったのであるように、資金計画を伴わない調印はありうべくもなかった。だから、「帝国政府が駐仏大使によって調印した巴里大学都市日本会館建設」（『半生の夢』）というものは存在しなかった。それは一九二七年一月に、治郎八によって寄付行為がなされたときに起きたのである。治郎八のこの誤解は、何ゆえであるのか。

一九二五年七月の二四日をいくらかさかのぼる頃に、治郎八は、パリ国際大学都市の構想と、その中に建設さるべくして未だ実現していない日本館の計画を聞かされたのであろう。その計画に、資金提供する意思はないかと、たずねられたのであろう。その話は誰の口から聞いたのであろう。

「この案を持って来たのは、元西園寺公望公秘書松岡新一郎で、外務省側は廣田弘毅氏（当時欧米局長）であった」（「半生の夢」）。

この回想は事実を伝えているだろう。情報局嘱託松岡新一郎こそが、この計画に最も熱心に関わってきていたのであり、また民間の篤志家を求める考えは、そもそも松岡から発するものであった。欧米局長は、省内でのこの問題の責任者であった。治郎八との面談に際して松岡の話を保証するためには、欧米局長同席は不可欠であった。

治郎八に会いに行くべく、松岡には西園寺の元秘書という肩書きがあった。パリに日本文化会館でもありうる留学生館を造ることに、西園寺は賛同し、また督励したようである。

ことの推移を想像してみるなら、ジル＝マルシェックス招聘のような大きな事業を、まずはフランス芸術普及交換協会の大物ブリュッセルなどとも交渉してきて、在日大使館の協力も取り付けて準備しているのみならず、日仏会館の活動にも関わって、日仏文化交流に貢献したいと語っている治郎八のもとに、廣田が訪れて、計画の詳細は松岡が説明したということであろう。西園寺の激励も伝えたのであろう。後に、西園寺は治郎八をねぎらうなどの姿勢を見せている。渋沢栄一の意見も確かめられたかもしれない。治郎八が関心を持ったことは当然だろう。「駐仏大使によって調印した巴里大学都市日本会館建設」という誤解ないしは思い込みは、あるいはこの段階に始まったかもしれない。

治郎八にとってこの計画の魅力は、何よりも、パリに帰れるということであった。親しんだ芸術家たちの居るパリ、社交の場にも、豊かな暮らしにもすでに馴染んだパリに、戻っていけるということであった。しかも、日仏親善のために働けるのである。父親を説得したであろう。この事業遂行の途中で、治郎八が父治兵衛に繰り返し言っているのは、これはひとえに、父の名を永久に残すためである、ということである。牧野内大臣のお考えをうかがってみるようにという指示は、父親から出たのだろうから、牧野のいわば保証を得て、治郎八の説得は困難ではなかったはずである。

治兵衛が財政負担を引き受けたときに、その意向は直ちに外務大臣に伝えられた。

そして牧野伸顕に最初の相談をした七月二四日から、わずか一月半が過ぎた九月九日以前に、受諾の内意は、外務省に伝えられたことになる。歯車が廻り始める。

日本館建設の受諾

日本館建築に二〇〇万フラン、維持費として一〇〇万フランを提供する用意のある篤志家のあることを知った大使館は、早速、大学都市に打診をする。その結果は、建築費は一人部屋につき三ないし四万フラン見当とすれば、他に見劣りしないものが建設できるだろう。敷地は収容人員四〇〇人に対して一ヘクタールの割合で配分するという原則であるから、まず一応の方針を決定した後、敷地分与方をパリ大学総長に申し出る必要があるということである。また館の管理運営のために、それぞれ財団が設置されていることも伝えられた（松島代理大使から幣原外務大臣宛返電、一九二五年（大正一四）九月一二日）。

外務省情報局及び欧米局長は薩摩父子と連絡を取りながら、計画を練ったであろう。その間に、大学都市側との直接の交渉に当たるために、松岡はパリへと赴いた。そののち、治郎八にとっては予定のことであっただろう、自らがパリに出向いて計画実行を直接に差配すると申し出た。それが三月末四月初めのことではなかったか。

一九二六年（大正一五）四月一〇日、幣原外務大臣宛に、パリの石井大使が大学都市の反応を伝える。日本案建設の申し出を大学都市総裁オノラ氏も深く喜んで、あらゆる便宜を図るといってくれている。ついては薩摩氏が九月に渡欧して日本館建設に実行着手のことを改めて申し入れておくほうがよいと考えられるので、薩摩氏にはそれで異存がないか確認して欲しいという趣旨である。この電文は直ちに廣田欧米局長から治郎八に伝達され（四月一四日）、治郎八は一九日に正式の回答をする。

拝啓　四月十四日付貴翰忝拝見仕候陳者巴里大學町に日本館設立の件に關し御照會の趣拝承仕候來る九月渡歐の上實行に着手すべき事は正に相違無之候間總裁 Honnorat 氏に此旨重ねて御申入の儀は拙者に於ては更に異存無之候此段宜敷御返電相煩度候先尤右御回答申上度如斯に御座候　敬具

大正十五年四月十九日　薩摩治郎八

廣田欧米局長殿

ここではっきりと、薩摩という苗字、薩摩治郎八という個人の名前が出てきたのである。薩摩家によるパリ日本館建設事業が始められることになった。

この決意を世間に伝えるのは、八月一五日、『東京日日新聞』朝刊の記事である。

昨秋「ジルマル・シエツクスを呼んで大いに日仏親善の気勢をそへた」治郎八が、「今度は五十余万円の金をフランスへ持つて行きパリーの学生街に日本学生館ともいふべき学寮を建てるのださうでそのため新婚旅行かたがた山田英夫伯愛嬢の花嫁御の千代子さん（二〇）と相携へて〔……〕約二ケ年滞在してこしらへあげるといふ」。「『こんなことが新聞に出て金をもらひに来る人がふえるとソンなにやる金は持たないのだから困るのですが』と前置きして『震災の焼け跡に元のやうな門戸を構える事は遠慮し多少でも国際的の意義あるものを建設する決心をした次第です』」という談話も添えられている。治兵衛の言った、震災の後の「生活改善ノ道」はここにあると言わんばかりである。

3 結婚

気紛れ荘

日仏会館のための使節として二月一八日に到着したアシャールが、治郎八の客として迎え入れられた、駿河台鈴木町の治郎八邸とは、元の薩摩家本邸が震災で消失した後の土地に、帰国後の治郎八が造築させた洋風の小邸宅、本人の命名による気紛れ荘 Villa mon caprice（治郎八は後に《浮気荘》とも呼んでいる）であった。第二次世界大戦直前に主婦の友社の所有に帰して、戦後に、岩田豊雄（獅子文六）が住んだという、因縁の建物である。治郎八帰国の後に建設が始められて、一年後には使用された。この建物の、おそらく竣工から程遠くない時期に撮影されたと考えられる一連の絵葉書に仕立てられた写真が残されている。

小ぶりの平屋で、玄関にはガラスの庇屋根《マルキーズ》を持ち、石の手すりのあるテラスを廻らし、瀟洒な別荘風建築である。内部は純洋風の部屋が配置され、輸入したであろう家具が置かれ、絵画が飾られ、暖炉の傍らには、操り人形が飾られている。いささか少女趣味が匂う。絵葉書には、結婚当初かと思われる千代の写っている画面もある。

たとえ、小型の建物にもせよ、設計施行から家具の配備までを丸一年で完了するには、かなりの努力が費やされたであろう。しかもその内装は、壁紙にせよ暖炉にしろ、またあるいは家具にしても、当時の日本で容易に入手できるものではなかったから、フランスから取り寄せたはずである。ジル＝マルシェックス招聘の準備と並行して進められていたのは、自らのためのこの住宅建設であった。

気紛れ荘玄関

ジル＝マルシェックス夫妻には、二代治兵衛夫婦と治郎八、そして末妹増子も含めた一家と共に、初台の屋敷で写した和装の写真が残っていて、本家に宿泊したと考えられるが、夫妻送別の宴を兼ねた私的演奏会「近代音楽の夕」というものが、一二月八日夜この鈴木町のヴィラで催されているから、遅くともそれまでには完工していたのである。

のちの父宛書簡などから判断すれば、初台を本邸とした治兵衛から治郎八は駿河台の土地を譲り受ける形で、ここに自らの本拠を、好む姿の建物として建設したもののようである。

完成後、ことに結婚後、また日本に帰国している間には、しばしばこの瀟洒な住まいで晩餐会あるいは園遊会を催したようである。この住所での、フランス語による定式の招待状が用意されていた。

二人の美女

ジル＝マルシェックスの来日演奏会の、おそらく最初の案内が掲載された『婦人画報』には、この年は、治郎八にまつわる記事がいくつか掲載されている。

五月号、今秋來朝する佛國の洋琴家／アンリーヂルマルシエックス（無署名）、

七月号、新しい佛蘭西の文藝作家紹介（一）　フランシス・カルコ　薩摩治郎八

八月号　（口絵）自画像（三色版）　ジヤーン・ヂエルマルシエツクス夫人筆

（画報）天才と美貌で名あるヂ夫人とその自画像

歌　フランスにて歌へる　薩摩治郎八

九月号　新しい佛蘭西の文藝作家紹介（二）　天才コレット　薩摩治郎八

十月号　（画報）小萩のやうな山田千代子嬢

口絵は色刷りの別丁である。画報は巻頭および本文に挟み込まれた写真ページである。

八月号は、いささか手が込んでいる。ジャンヌの自画像が巻頭の二枚目の色刷り図版となっている。そして画報ページには、風景の中に自らを置いたタブローの小さい写真版と、当人の肖像写真。これにはマン・レイ、パリと署名があり、また治郎八への献辞の一部が見えて、そこには、「私の日本の

兄（弟）」と読める。贈った日付はどうやら一九二四年一〇月二四日のようである。ページに添えられたキャプションには、五月号に紹介した「ヂエルマルシエックス」の夫人で、マチスやローランサンのモデルにもなっている美貌の上に天才を恵まれた画家であると紹介し、今秋夫妻が来朝すると書かれている。

さらに「一とせのはかなかる思ひ出」と副題のある、「フランスにて歌へる」短歌一〇首（末尾に「南フランスにて」とある）の中には、「なやましさたとへば夕むせび泣くミモザにも似し君なりしかな」などと読めるから、さては、画報ページの美女を詠ったかと思い違いをする人のあることを、むしろ意図しはしなかったかとさえ思われるのだが、むろんそんなことはなくて、一〇首いずれも一九二三年にパリで刊行した私家版の歌集『銀絲集』に収められている歌である。ジャンヌと出会うのは、一九二四年四月以降だから、これらの歌はジャンヌには関係がない。しかし、何らかの意図を想像するのは、治郎八の自己フィクション化の傾向がここにも潜んでいる可能性を

気紛れ荘の暖炉の上にはジャンヌの自画像

考えるからである。帰国の直前であればすでに冬であって、いくら南フランスでも、「ボカンビリヤ南の国の紅き花君と我との前に燃えたり」などという情景は生まれはしなかった。

ジャンヌはまだ来日する以前だから、写真にしろタブローにしろ、当然治郎八が持ち帰ったものがここには使われているのである。写真はともかくとして、二点の油絵はサイズが気になるところだが、口絵とされた自画像は、気紛れ荘を写した写真の中で、暖炉のマントルピースの上に掛けられていた。三〇号ほどの作品である。嫌味のない、それでいて、時代の表現のなにがしかを、通俗化の方向ではあっても獲得している作品といってよさそうである。なお、ジル＝マルシェックスの連続演奏会も終わる一二月一二日一三日の両日、ジャンヌの作品は華族会館で展示されている。

「新しい佛蘭西の文藝作家紹介」はこの二回のみで、後には続けられなかったようである。いささか詰屈した文章は巧みではないが、時代の文体とでもいうべきものはそこにあって、もう少し磨けば、面白いものにならなくもなかったと思える。カルコもコレットもラボルドの挿絵入り本を所有していて、それを使っているらしいのだが、文学の徒として集書してきたのでないとしたら、どれだけの用意があったものか。充分な資料もなしには治郎八は書き続けることが出来なくなったのではあるまいか。短い二つの紹介だけではあるが、特にカルコの紹介はそれなりの手柄と言っていいだろう。

さてそうして、一〇月号の画報ページには、翌年一月に結納を交わすことになる山田伯爵家令嬢、芳紀一八歳の山田千代子嬢の姿が見られる。名家夫人や令嬢の写真を掲載する『婦人画報』ではあったが、これがまったくの偶然とは思われない。

「小萩のやう」であるかどうかは、向かい合うページの令嬢が「撫子のやうな」と形容されていることとの釣り合いだけのレトリックにすぎまい。

それにしても、こうした雑誌に、寄稿するルートを治郎八は持っていたのだろう。

山田千代との結婚

結婚準備が、進められていた。

ジル＝マルシェックスの演奏会には、「皇后陛下の御前演奏」というものもあったと、治郎八自身が記しており（「半生の夢」）、その際に、聴衆の中に山田伯爵令嬢千代を治郎八が見初めたのであるという、小説もどきの巷説もあるようだが、これは否定されるべきだろう。というのは、人事興信所による山田家の調査報告があって、これは一九二五（大正一四）年六月二六日付で報告提出されている。「伯爵山田英夫長女／山田千代明治四十年六月一日生／右人名ニ対シ結婚上必要事項ニ就キ本所〔＝本興信所〕ノ調査シタル処左ノ如シ」という、薄葉の赤い縦罫の便箋四一枚にカーボンで黒々と転写された、特別調査報告書である。報告書の提出先は薩摩家ではない。治郎八が山田千代を見知っていたか否かは別として、連続演奏会の始まる一〇月一〇日よりも四ヶ月ほど以前に、仮想の結婚相手としての山田千代の情報は集められていた。

候補者が他になかったかどうか、それはわからない。また早くから、千代が結婚相手として絞り込まれていたかどうかも、わからない。ただ、治郎八がジル＝マルシェックス招聘の準備と、瀟洒な別邸の建設に奔走しているかたわらで、その結婚話は進行して行った。

パリ滞在中には、自分は結婚するつもりはないと言い、また、フランス人を妻に求めようかと思ったと言い、それでも滞在最後の時期には、結婚しても五年くらいは子供は欲しくないとも言った治郎八だが、両親は結婚して落ち着いて貰いたかったのだろう。フランス娘などを連れてこられるより前にと、思ったかもしれない。母に対しては、手紙の中でも幼児言葉を使って、「母ちゃん」と呼び、「ぢよちゃん」と名乗っては、自分は幼いときと少しも変わっていないと、甘えて見せていた治郎八だから、母の説得の方が父以上に効いたかもしれない。

山田家は維新の功臣山田顕義《あきよし》の家柄であり、明治一七年に日本の華族制度が施行された最初に伯爵に序せられている。顕義の長男久雄が若くして没したために、一旦他家に出ていた顕義の弟繁栄《はんえい》が妻と共に復縁して跡を継いだが、この繁栄も早くに世を去り、その後に会津松平家から養子英夫が入って、顕義の長女ムメを妻とした。二人の間には、千代、顕貞、貞男の一女二男があったが、ムメが没した後添えとして、英夫は後妻宣子《ふさこ》を娶り、宣子は娘緑をあげた。英夫は正三位勲三等功五級予備陸軍歩兵中佐伯爵、屋敷は東京市内麻布区笄《こうがい》町三一番地に千三百坪ほどの宅地と合わせて二百坪弱の住宅を有するほか、神奈川県三浦と栃木県黒磯に別荘があった。長女千代は、この年には一八歳、三月に女子学習院を卒業して引き続き高等科に在学中であった。興信所報告は、いかにも育ちがよく、快活で人好きのする、さりとて特別な趣味または特徴を有するのでもない「春風」のごとき「お嬢様」で、また色白く目鼻立ちはっきりと、晴れやかな印象があり、学校では「ギリシャ美人」の異称ありと伝える。一家は「暮らし向きは質素にして家内円満心地よき家庭なり」と遠慮がない。なお、母の違う妹緑と千代は仲がよかった。

気紛れ荘内部
千代と西洋婦人。

結納が交わされるのは、年が代わって一九二六年（大正一五）一月二四日のことである。婚姻のことがいつ決められたか明らかではないが、当時のことであって、身分家柄のこともある。『婦人画報』一〇月号に千代子の写真が出た頃には、すでに決まっていたと見るべきであろう（名前は戸籍上では「千代」である。旅券にもそう記される。「子」字は敬意尊称の意味で加えられることがあった）。

婚礼

治郎八と千代の婚儀は、一九二六年三月一三日土曜日に執り行われた。式場は代々木初台の薩摩家本邸である。「午後一時御式典小笠原流ヲ以テ挙行午後三時頃芽出度終了」（家令手控え）。このために、小笠原教場から三名が出張して万端を執行した。

媒酌人は公爵一條實孝夫妻である。役割分担表の中に待上臈《まちじょうろう》千坂蔦子とあり、また別の文書には、治郎八の介添役が小林吟次郎様おちか様となっている。

披露宴は、同日午後六時から帝国ホテル。余興として能狂言、高砂と石橋が観世喜之ほか三四名によって演じられ、宴会は続いて七時から、さらに食後に手品の余興があった。招待客は二一三名、ただしこれは上席で、ほかに六七名が同じ帝国ホテルにおける次席の披露宴に招待された。

披露宴にはクローデルが招かれていたと、獅子文六は『但馬太郎治伝』に書いているが、これは事実であったのだろうか。治郎八自身は、どこにも書いていないようである。クローデルの日記にも記載はない。実はこの三月一三日は、日仏会館は忙しかった。渋沢栄一の日記には、「日仏会館臨時評議員会、当会館ニ開カル。栄一出席シテ新ニ評議員五名ヲ依嘱シ、又理事・監事ヲ互選ス」、また「大使クローデル主催午餐会同大使館ニ開カル。栄一出席シテ当会館ノ経営ニ就イテ談ズ」とある。この日の夜には、日仏会館招聘学者として来日中のフーシェおよびアシャールの歓迎夕食会を大使館で催したとする記録もある。もしそうであれば、クローデルの披露宴出席は無理だったのではあるまいか。代理大使として交渉のあった参事官ジャンティが参席したものだろうか。わからないこととしておかなくてはならない。

婚儀に伴う御祝儀の受納控えが別にあって、一條公爵を筆頭に多くの名前の並ぶ中に、徳川頼貞侯爵、小松耕輔、大田黒元雄、堀口大學などすでに引用してきた名前も見られる。フランス大使館からは、オネト、ルノンドーなどが訪れている。

兵役

薩摩治郎八が最終的に計画を受け入れるかどうか、確認して欲しい旨の電報が石井大使から届いて、廣田欧米局長が確認のために問い合わせたのは、一九二六年（大正一五）四月一四日であったが、この時の記録の欄外に、「薩摩治郎八氏ハ入営中ニテ日曜日ニ非レハ帰邸セサル由ナルニ付書面通信ノコトトセリ　宮腰」と書き込みがある。治郎八は一九日付で受諾の正式回答をしたのだが、この「入営」という言葉が気になる。この時、治郎八は兵営にあったのである。婚礼から一ヶ月、治郎八は、国民の務めを家庭生活よりも優先したというわけなのだろう。この四月の日曜日は、四日、一一日、一八日、二五日であった。治郎八は一八日に戻って、送られて来ていた通信を読み、翌日付で、正式な受諾の返事を送ったのである。

壮丁として徴兵検査を受けるべき二〇歳の時には、治郎八は言うまでもなくイギリスにあった。帰国後に改めて検査を受けても、当時は、甲種合格であっても全員が直ちに軍務に就くことはなく、特に富裕層にはさまざまな特典制度があったから、長男である治郎八が正規の兵役に就く必要はなかったと考えられる。遅ればせに徴兵検査を受けて、そのまま予備役編入、その予備役として、志願して短期の訓練を受けたのであろう。日曜日には帰宅できる条件で兵営に入っていたということになる。翌昭和二年五月一一日に発行された褒状なるものがあって、「貴下曩ニ本區ヨリ出身兵役ニ服シ入營中克ク軍規ヲ守リ軍律ニ遵ヒ以テ護國干城ノ本務ヲ盡サレタリ今ヤ其期満チテ歸郷セラル邦家ノ爲メ寔ニ慶賀ノ至リニ堪ヘス仍テ本會ハ木杯壹個ヲ贈呈シテ茲ニ感謝ノ意ヲ表ス」。署名人は「神田區奨兵義會副會長　東京市神田區長　柴原國松」である。

三月一三日の婚儀の後、一七日水曜日には「お里開き」が行われ、山田家は芝の紅葉館で饗応している。当然治郎八もその座には連なったはずである。婚儀とそれに続く儀式を済ませて、直ちに兵営に入ったとすれば、その週末三月二一日日曜日から数えて五週間目が四月二五日日曜日になる。この日までで短期兵役が終了したのではあるまいか。千代との結婚の届は、翌月曜日四月二六日に出されている。ジル＝マルシェックスの滞在が終わった前年師走から婚礼の日までの三ヶ月は、結婚の準備その他で忙しかったろう。またこの先は、日本館建設のための外務省筋その他との交渉もあるだろうし、夫妻の渡航準備もあるだろう。その間隙で、兵役を済ませていたわけである。

出発

短期兵役を終え、婚姻届も出して、いよいよパリへ向けて出発の準備が始められた。結婚の半年後には、千代はフランスで暮らすことになったわけである。長い新婚旅行となったと言うべきであろうか。

だがそのためには、少なくともフランス語は身に付けていなくてはなるまい。それも単に滞在し、日常の必要を果たせるならばそれでこと足りるという程度では済まないのである。社交の場では、何事も夫婦が単位である世界である。しかも、大学都市に会館を建設して寄付し、かつその運営のための財団を設ける夫の妻である。公の場に身を置くことが、常に求められることになる。そのための訓練が、出発までの半年の間に行われたであろう。《気紛れ荘》を写した一連の写真の中に、千代一人が写されたもののほかに、西洋婦人とおぼしい姿も写っているものがある。あるいは、個人教師であった人の姿かもしれない。

薩摩治郎八夫妻両名名義の旅券が交付されるのが九月八日、出発は神戸から、九月一六日であった。

第七章　国際大学都市日本館――栄光の三年間

1　パリ大学都市とアンドレ・オノラ

出発――西園寺公の影の下に

大正一五年（一九二六）九月一六日正午、神戸埠頭に日本郵船白山丸船上の人となって、治郎八と千代はフランスへ旅立った。

またパリへ、パリの友人たちのもとへ戻っていく。今度は妻と共に。しかし今回もまた佐藤さだが同行していた。初めてのパリ暮らしをする千代を援けるためである。

出発に先立って、日本館建設計画の陰の立役者というべき松岡新一郎は覚書を治郎八に託す。六枚のペン書きのメモは、指示書要約である。さらに要約して示しておく。

一、以後の連絡は、治郎八と松岡の間で大使館気付で暗文として至急伝送することになっている。

薩摩公使宛として送ること。

一、大使館、大学都市当局との交渉で、建築規模様式等のプランについて見解の異なる場合には、在京委員、出資者薩摩治兵衛、今計画の「原動力」たる西園寺公の意見を求めるためにとして、治郎八は「直接交渉の責任をのがれ」るようにするがよいこと。

一、出資額は出資者の一存によるから、として、治郎八は設計設定以外については権限がないという建前にしておくこと。

一、館の宿泊用室数は、すでに西園寺公の意見を治郎八も聞いたように、できるだけ少なくしておくこと。

一、実質的には、日本文化宣伝機関であることを使命としたいこと。館の維持費は純然たる維持費のみを指すものとして、日本文化宣伝機関としての政府の運用に関する費用は、政府が負担するものとすること。

一、記者会見では、薩摩家では、あり余る財産を費やしての道楽としてこの計画を持ったのではなく、震災後のいま宏壮な邸宅を建築するのを控へて、国家の事業に微力を尽くそうとするのである、と明言すること。

西園寺公の名前は繰り返し現れる。親仏で国際派と見られるリベラルな西園寺が、パリへの留学生会館ないし実質的文化施設の建設を歓迎して助言していたのである。

出帆の日の『大阪毎日新聞』に談話記事が出た。この留学生会館の話が「西園寺公等の間に持ち上がり」、「まだ具体的なことは決つてゐない」が、「十五人位を入れるつもり」で、ほかに「図書館には日本の研究材料を集めて各国学者の参考にしたい」という。「金持ちの道楽仕事のやうに思はれると心外です。私達の本宅はまだバラックなのですから」と言っているところを見れば、治郎八は松岡の指示を守ったようである。

パリで実際に日本館建設に向けて大学都市側と交渉をしている翌年初めに、治郎八は父治兵衛宛の手紙で、「西園寺公を崇拝」していると書く。西園寺には面会もして、強く印象付けられていたのである。父の支援で日本を背負って国際文化事業に関わっていく自分が、先達とつながることでそれを果たしている思いがあったであろう。

オノラとの出会い・日本館建設

マルセイユには一〇月二五日に上陸した。大使館は三〇日付で、大学都市理事長アンドレ・オノラに治郎八の到着を伝え、翌週の会見を求めている。

一一月三日治郎八夫妻は大使館の宮腰書記官に伴われて、アンドレ・オノラを訪問した。大学都市事務局長のブラネも同席した。この日治郎八は、その後の人生を決定づける、一人の人物と、一つの事業とに出会ったのであった。

アンドレ・オノラは、自分のただ一人の「親分《パトロン》」と治郎八が呼ぶほどに、精神的父親というべき存在になっていく。日本館そして大学都市は、生涯の仕事となっていく。自分のしようとすることに理念を与えてくれる、人であり、事業であった。治郎八はそのことに、少しずつ気づいていくことになるだろう。

この日は、オノラとブラネから大学都市の現状などを聞き、さらに学生会館建設の基準及び、敷地の無償提供、建設後の会館のパリ大学への寄付、などの一般的条件について説明を受けた。

大学都市側が、敷地選定準備に入るために、日本側の計画及び資金計画の提示を求めたのに対し、建設は決定しているが、到着早々であるので、詳細は既存の会館などを検分の上で計画するとして即答を避ける。この段階ですでに学生が入居していたのは、ドゥーチュ・ド・ラ・ムルト財団館のみで、カナダ館が一〇月三〇日に落成を見たところ。ほかにアルゼンチン館とベルギー館、そしてフランス農業専門学校館が建設中であった。

当初は、ごく小規模の会館を建設するつもりであった。松岡の指示書にあったように、文化宣伝施設にすること、学生以外にも滞在邦人を宿泊させること、室数は少なくすることを目論んでいたのである。しかし現地を見て、また建設の条件などを知るにつれて、計画は変更を余儀なくされていく。

一一月二七日に、実質的な交渉に入る。それに先立つ二五日に治兵衛に宛てて、治郎八が書いているところではすでに、「室数は十五を三十とし、建物は二棟にする事、本館〔には〕館長室、事務室、応接室、講堂、図書館、番人室、寝室七部屋、貴賓寝室、小書斎、応接室。別館〔には〕学生寝室二十室、小食堂。大体こう云ふことになりました」。

しかも、「別館はごく簡単なものにする」という。学生会館と称しても、貴顕の来訪者があればこれを宿泊させることを第一目的として、小文化会館を造ろうという構想である。当初は一五室と考えていた居室を三〇に増やした。それでも学生寮はあくまでも従である。

しかし、二七日に宮腰がオノラ、ブラネに会って、あらかじめ用意した案を検討してもらう段階で、問題点がいくつも出てきて、さまざまな指摘を受けた。

大学都市は、自然環境の中で、学生に優良な生活の場を与えるものであるから、その前提に抵触することは認めがたい。パリ大学在学でなくとも、美術学校等の学生を収容することには問題がない。学者もまた、単身滞在して学生と共同生活をする者はよいが、家族同伴の学者は認めがたい。研究発表の場として講演会、音楽会開催は構わないが、日本文化研究所を併設し、あるいは日本語教授を行うなどは、大学都市に多くの外来者の出入りを生むので、問題がある。

各国からの参加希望が集まっていて敷地に空所が少なくなっており、またパリ市との契約によって、一ヘクタールあたり四〇〇人収容することになっているので、収容人員六〇人未満の小会館は認めない方針とした。運営上も、学生納入の宿泊費で経営するには、六〇人以下ではかなりの維持費を別途見込む必要があるであろう。敷地の利用を考えれば、本館と寄宿舎に分かつよりも、本館のみとして階数を増すほうが建設費は抑えられるであろう。

日本館計画の確定

計画は練り直された。

収容人員を三〇人にとどめる場合として、フランス側の大規模な建物に併設する解決策も提示された。これは同時期に準備がはじまったフランス地方館に接続して建設されたアルメニア館およびモナコ館を想像させる。しかしこの方式では、結局は間借りの形となって独立せず、また建設も本体の建設に依存するために完工の時期が遅くなるおそれがあり、加えて薩摩家の厚意を生かしきれないところから、これは採らないことにして、一棟六〇室の独立会館とすることを大使館と治郎八は合意する。この決断は一二月一三日に外務本省に伝えられる。すでに、建築家ピエール・サルドゥーを起用し、かつ内部装飾は藤田嗣治に当たらせることが示唆されていた。サルドゥーはジル＝マルシェックスの友人であった。この段階での概算では建設費用二百万フラン、維持費すなわち財団設立費用一〇〇万フランとされている。

ピエール・サルドゥー（一八七三―一九五二）は、一九世紀後半に、『ラ・トスカ』の原作などで知られた劇作家ヴィクトリアン・サルドゥーの長男で、美術学校に学んで建築家となり、多く公共建築を手がけた。戦前の右派新聞「ラントランシジャン」の社屋（一九二五年）などの作品があるが、伝統的手法の組み合わせを用いていて、時代の新しい波に掉さす作家ではなかった。パリの環状道路周辺の、一九二〇年代以降に開発された地区に、今日もその建築作品を見ることがある。

一二月一八日に治郎八と宮腰にサルドゥーも同道してオノラとブラネに会い、六〇人規模の会館にする事を提案する。あわせて、その場合には日本人学生で室を埋めることは不可能であるから、ほぼ半数はフランス人学生を大学都市本部から斡旋してもらって入居させたいこと及び、日本人学者の来訪に備えて数室を留保したいことを伝えた。大学都市側はこれを歓迎して、フランス人の優秀な学生を斡旋することを約束し、日本人入居者は館内規則に委ねるとした。また敷地については、規定によって一ヘクタールの六分の一強の面積を提供することを約束した。ここで日本側は、設計の準備図面を用意するためにも、敷地の内示を求めたところ、二二日にオノラ、ブラネ、大学都市財団建築家ベシュマンが立ち会って、すでに建設中の農業専門学校館に隣接する、大学都市内東南の日当たりよく閑静な一隅が示された。これが日本館の建設されて今日に及ぶ敷地であった。

館の管理運営に当たる財団の定款案も、この日大学都市側から提示された。

ここにおいて、いよいよ設計が始められるとともに、費用について治兵衛の了承も求め、また寄付行為の細部を確定することとなった。治兵衛は、一月初めに松岡を介してなされた問い合わせに対して、現地で治郎八が承認しているものであれば、当初計画が変更されて収容人員が増大することに異存はない、またこの建設は、日本文化を知らしめる意図も有するのであるから、同じ費用内で建設して質の低下することのないように含みおかれたいと、費用の増大も受け入れるのである。

寄付行為は、定額を大学に寄付することとせず、三五〇万フラン相当と試算されることになった会館本体を、内装共に建築完成してパリ大学に寄付すること、管理運営のために財団を設立して、三五万フランの基金を設定することを骨子として作成し、一九二七年二月九日に、パリ大学総長室において調印した。立ち会った総長は、数日前に着任したばかりのシャルレッティであった。なお、壁面を飾る藤田の作品の三〇万フラン、図書購入費用の二〇万フランはこれとは別に設定された。

寄付行為は二月二八日、パリ大学の評議員会が承認して、五月一日大統領令を以て公布され、財団は設立された。「パリ大学、薩摩財団、日本人学生会館」の名称が定まった。

レジヨン・ドヌール

寄付行為調印を待ってアンドレ・オノラは、治郎八に感謝の意を表すことを計画、文部省の芸術局長に二つの依頼をする。一つはセーヴル焼の磁器を贈ること、これは日本館の定礎式の日に公にされるだろう。もう一つは、オペラ座への招待である。薩摩夫妻は早速桟敷席への招待を受けて、これを愉しんだ礼状を送っている。依頼状の中でオノラは、治郎八を趣味のある人物であると述べている。初めて会ってから四ヶ月とは経っていないのだが、治郎八はフランスの芸術に対する興味と理解のほどを、印象づけるにいたっていたのである。

オノラはまた、治郎八にレジョン・ドヌール叙勲の準備を始める。二月一八日付で外務大臣および官房に宛てて叙勲を申請。この結果四月一九日に大使館に叙勲のことが伝えられ、治郎八に通知される。ところが治郎八は、フランス政府の厚意に感謝しつつもこれを謝絶したい旨の返事をする。今回の寄付行為はあくまでも薩摩治兵衛の行ったことであって、叙勲はまず父に対してなされることを望むというのである。この意向は早速宮腰書記官からオノラに伝えられる。直ちに治兵衛に対する叙勲が決定されて、四月二二日にはその旨が治郎八にも伝えられる。

この経緯を治郎八は治兵衛に報告する。「四月二二日朝、唯今大使館より電話にて外務大臣の意を奉じオノラ閣下からお父様にコンマンドールを送らる、由通知があった由申してきました」。さらに自分にもオフィシエを贈るように申し入れると石井大使が言うのに対して、その好意は、あるいは会館落成の折にでも頂くとしても、今はシュヴァリエで結構ということにしたという。そして、「之にて日本に於ける私とお父様との関係の甚だしい誤解は氷解するでせう。然してお父様も自分の潔白なる事を本当にみとめて下さることと嬉んでいます。〔……〕日仏親善の功としてフランス政府より尊敬と感謝の意味で送くらる、この勲章は金銭で買たのではない本当に誠心からくれたもの故何卒快く拝受なさることを望みます。オノラ氏の絶大の厚意と、オノラ氏にお父様がいかに日本でフランスの為に盡されたかと云ふのを話したのはヂル夫妻であって、ことに私への勲章はヂルとジャーンの自分に対する報恩の真心がこもつているもの」と、付け加える。

「誤解」とは何を指すのか。同じ時期の治兵衛宛の手紙で、治郎八は、「莫大な費用をお父様におかけいたすのは全く心苦しい次第ですが、この事業は薩摩治兵衛の存在を永久に残すものですから何卒お許しいただきたく」（五月二日）といい、「薩摩家の体面は保ち、自分はなるべく簡素にしている」（六月二六日）と書く。父親に金を出させて、息子が勝手気ままに、散財をし贅沢な暮らしをしているというような、当然ありそうな陰口があったものか。

この五月に、治兵衛と治郎八は、それぞれレジヨン・ドヌールのコマンドゥールとシュヴァリエに叙せられた。治兵衛の勲章は治郎八が受け取って、日本へ送った。千代が義父に宛てた手紙に書いた通り、コマンドゥール章の本体は首飾りのような形をしていた。

治郎八については、オノラは私的な祝宴を用意して、その場で勲記と勲章を渡そうと計画する。五月三〇日月曜日、マドレーヌ広場のレストラン・リュカで夜八時から。招かれたのはパリ大学総長シャルレッティ、文部省大学局長カヴァリエ、東洋語学校校長ボワイエ、医学部長ロジェ、外務省対外フランス文化局のマルクス、石井大使、河合参事官、宮腰書記官、日本から戻ったクローデル。外務省勤務で、後に駐日大使になるピラも入っている。オノラのこうした心遣いは、この国の社交の一端には慣れている治郎八だけに、感じるところがあったはずである。

治郎八の方でも、折に触れて、オノラを主賓に小宴を催すこともあった。

翌一九二八年のことだが、一月二六日に同じレストラン・リュカ＝マドレーヌに、オノラの帰着（何処からであったのか、あるいはロックフェラー財団招待によるアメリカ旅行からであったか）を迎えて一席が設けられた。「薩摩夫妻に感謝して」として一同が署名したメニュ・カードには、オノラ、ピエール・サルドゥー、ジル＝マルシェックス夫妻、モーリス・ドラージュ夫妻、森山隆介、木内良胤など二十人ほどの名前が並ぶ。プレヴェの名前も見られるのは、ジャンヌと出会ったサロンの主催者だろうか。メニュはマレンヌの牡蠣にはじまり、オマールのタンバル型寄せ、肥育鶏のポワレ、フォワ・グラのポルト風味パルフェ、サラダ・ミモザと進む。合わせる酒は、ムルソー・クロ・デ・ペリエール一九二三年、シャトー・オー＝ブリヨン一九〇六年、モム・シャンパーニュ一九二〇年のマグナム瓶であったとだけ記しておこう。支払いは六〇〇〇フラン、それに一〇〇〇フランのチップを置いた。勘定書きではシャトー・オー＝ブリヨンが一瓶一二〇フランである。

アンドレ・オノラの理想

アンドレ・オノラとは誰であったのか。アンドレ・オノラ（一八六八―一九五〇）こそが、パリ大学都市の精神であった。

イタリア国境に近い山地に父祖の地を持つオノラは、リヨンでの高等学校の途中で、家庭の財政困難のために、中断を余儀なくされた。その後は自学自習によって身を立て、ジャーナリストとして職業に就くが、やがて大臣官房に職を得て、海軍大臣、商務大臣、内務大臣などの下で働いた。一八九六年には、同志と共に、人口増加のための国民連合を創設して、人口問題と移民の同化への関心を高めることに努めた。オノラの政治基盤は急進左派で、社会的視野での活動が知られ、ことに公衆衛生の問題に意を用いた。

一九〇七年、父祖の地バス＝ザルプ県（今日のアルプ＝ド＝オート＝プロヴァンス県）のロゼ小郡《カントン》議会議員として政治の道に入り、一九一〇年にはバス＝ザルプ県バルスロネット市選出国民議会議員、一九一九年バス＝ザルプ県選出国民議会議員となる。

第一次世界大戦を背景に、結核となって除隊する兵士の問題を取り上げたことから始めて、結核撲滅運動を積極的に展開し、サナトリウム設置の法律を成立させるなどの貢献があった。一九二〇年に結核撲滅のための国民組織が形成されると、その副会長となり、後に会長（一九二五年）となった。戦争孤児援護の組織化にも関わった。夏時間を提唱して実現させたことでも、名を知られた。さらに国民間の協調を目指して、フランス＝デンマーク協会、フランス＝ノルウェイ協会などの組織の創設にあたった。その活動の根底には、社会正義の実現と、相互理解による平和の確立への願いがあった。

アンドレ・オノラ
下は治郎八宛の献辞と署名。

学生のための優良環境の確保であり、各国の学生たちの交流と相互理解であり、国際親善と世界平和を目指すものである、大学都市構想も、同じ発想に立つものであった。

一九二〇年ミルラン内閣の文部大臣に任命されると、大学都市構想の実現に向けて活動が始められる。パリ大学総長ポール・アペルと実業家エミール・ドゥーチュ・ド・ラ・ムルトとの協力によって、計画は進展する。この二人がともにアルザス出身であることもまた、この計画の理想主義をより強固なものとした。仏独の間に引き裂かれ続けたアルザスの民にとって、平和への希求、紛争に至らない友好の風土醸成の必要は、何にも勝るものであったから、大学都市の理想は、夢想でない現実として求められたのである。

オノラは、一九二一年にはバス＝ザルプ県選出上院議員となり、一九二五年からは大学都市全体を統括する大学都市財団の理事長となって、この大計画全体を推し進めていた。

治郎八が大学都市建設に参画したのは、その計画の初期、ようやくドゥーチュ・ド・ラ・ムルト財団の学寮が一九二五年に落成したばかりの、まさしく草創の時期であった。

生きがいの発見

自らが学生会館を建設するというのがどのような意味を持つのか、治郎八は到着して初めてつぶさにそれを知った。提唱者の口からじかに聞くことで、その理想を理解した。元来が感激性の青年であった。オノラの人柄もまた、治郎八を惹きつけていった。

フランスの友たちのもとに戻って、意義のあることを成しとげようと決意はしていた。しかし自らがなすべき意義あることには、まだ出会っていなかった。西園寺を後ろ盾に、松岡が語った物語は、国、あるいは、国の権力の役に立つように治郎八を使うために作られた物語であった。治郎八自身を昂揚させる物語には、いまだなりえていなかった。

いまようやく治郎八は、自分のための物語に出会ったのである。まずは、日仏の交流が、恒常的に果たされる場の創出である。それこそ治郎八があこがれてきたことであった。そしてまた、世界のエリートが出会って理解しあい、世界平和を目指す場の創造であるべき国際大学都市と、その中に位置する日本館とは、治郎八を昂揚させる物語に間違いなかった。日本館を建設するために治郎八はパリに戻ってきたのだったが、いまでは、大学都市の理想を自らの夢とするにいたっていた。

物語は発見された。次には、その物語に邁進するべき自らの手本が必要である。

本質的に治郎八は、自らの創意によって何か新しいことを起こす人ではない。ではないが、何かを起こす人の傍らには居たいと思うのである。芸術家好みもそこにある。傍らに居て、その活動をわがことのように感じたい、また必要であれば手伝いたいとも思うのである。そこには受身の夢想がある。治郎八が行動を起こすには、手本が必要だった。その手本が、ここにあった。いわば欠如している父に代わり、その欠如を埋めるべき人物として、アンドレ・オノラがあった。すでに見たように、藤田といいドラージュといい、治郎八は父の世代の人々を、友人としてしまっていた。父親の代わりをするには、さらに年長の世代が必要であったのだ。

後に書かれた示唆的な文章がある。「三人の長老の愛に」（『東京新聞』一九五四年八月二四日）と題する文章に挙げられるのは、アンドレ・オノラ、西園寺公望、牧野伸顕である。「私の青春はこの三人の信頼と愛情の中に完成された」。なかでもオノラこそが、治郎八の寄り添っていく人となった。

オノラの持つ理想は治郎八をとらえたが、その人柄にも魅力があった。青年期に持ったルペルティエ通りの大きくないアパルトマンに生涯暮らし、質素ななかに自由に振る舞い、飾らず謹厳であるかと思えば下世話にくだけることも知っている。そして常にこまやかな心遣いを持っている。そんなオノラが、中等教育途中までの学歴しかないセルフメイドマンであることもまた、何がなし、治郎八には懐かしく思われたであったろう。

オノラの世界平和教の使徒となったつもりに、やがて治郎八はなっていく。その治郎八をオノラもまたよく遇したのであった。日本館と大学都市建設は、治郎八の生涯の夢想となり、その夢想への導き手に対する賛仰の象徴となった。

ルーヴァン大学寄付講座

日本館に続いて、もう一つの寄付行為が進行していた。創立五百周年を迎えたベルギー、ルーヴァン大学に治兵衛が講座を寄付したのである。

大戦で破壊された建物もほぼ復興できたルーヴァン大学では、この年創立五百年記念の祝祭挙行と同時に記念事業を企て、その一つに記念講座創設があった。一〇万フランの寄付を得て、これを基金としてその利息で運用する記念寄付講座を創るというのである。打診を受けた駐ベルギー大使の安達峰一郎が、治郎八に働きかけたのであった。治郎八は治兵衛の賛成を取り付けることができた。ただちにルーヴァン大学総長に申し入れたところ非常な歓迎を受け、六月二三日、勅令によって薩摩父子はそれぞれ、レオポルド一世勲章コマンドゥールおよび王冠勲章シュヴァリエに叙されることになった。

この招待にあわせて治郎八は千代と共にベルギーに赴き、二八日、千代はブリュッセルにとどまって、治郎八はルーヴァンまで行った。

国王皇后並びに皇太子親臨のもと、六月二八日二九日の両日にわたってルーヴァン大学創立五百年記念祭は催され、大使とともに招待された治郎八は二八日に参列した。「式は三時間に及び荘厳盛大を極めそぞろ欧州なるかなの感に打たれました。ここでは全く一国の大使待遇を受けています。〔……〕安達大使の御厚意は永久に忘れません」（父宛絵葉書六月二八日）。この安達大使が、日本館落成時には駐フランス大使となっている。

こうして薩摩財団寄付日本講座が設置された。講座は日本の宗教、文学、美術、その他諸般について、適任の講師を求めて行うことになっていた。講師選定もできて翌一九二八年一二月七日、開講式が執り行われ、イエズス会士シャルル師の「日本布教史」全六回の講義によって講座は開始された。

2　またふたたびのパリ

パリの旧友たち

二年ぶりのパリで治郎八は、パリへ戻ってきたことを日毎に実感していた。戻ってきたパリで、また交友が始まる。藤田嗣治と若い画家たちが居た。岩崎雅通も林龍作もまだパリに居た。名を成した藤原義江も、パリに来れば立ち寄っていく。ジル＝マルシエックス一家との交流も、旧に復した。

自作を前にした千代

到着から間もない一一月二五日には、ロシアから前日帰ってきたアンリ・ジル＝マルシェックスを歓迎する晩餐会をシャンゼリゼのレストランで催して、サルドゥー、ジョルジュ＝ミシェル、ジャンティの後任として日本へ行く参事官ガロー、大使館の宮腰、アンリの父親などを招いた。翌週には、日本大使夫妻と大使館の主だった人たちを昼餐に招くことにしてある。慣れ親しんだパリの高級レストラン通いがまた始まる。何ごとも夫婦が単位であるフランスで、益々社交に磨きがかかったろう。日仏の外交官あるいはパリ大学関係にも、新しい交際は広がっていた。

治郎八と千代は、はじめ、シャルル＝ディケンズ通り五番地にアパルトマンを持った。地下鉄パッシー駅の南側の丘下、セーヌの河岸に並行して一筋内側の短い通りの角が五番地である。

夫妻に同行した佐藤さだが、一九二七年新年の挨拶を兼ねて千坂蔦子に書いた手紙（一月一〇日付）に、この家での暮しぶりが読み取れる。

「此頃若奥様は洋画を御初めになりました。突然御かきになりましたので皆びつくり致しました。

藤田さんなどもこれはうまい之は驚いたどーしてもこれは絵かきにたゝきあげなけりやと大へんな意気込みでいらつしやいます」。一月三日の朝には雪が降って、バルコンから見えるパッシーの高台に連なる建物の雪を描いた。翌日岩崎が来て、是非売ってほしいと言った。上層階であったのだろう、反対側のバルコンからはセーヌの河岸道を通るヴェルサイユ行きの市街電車が見えた。

藤田が斡旋したラプラードに手ほどきを受けて、千代は絵画に熱中する。モンパルナス大通の一六二番地の二階にアトリエを持った。藤田がつけたあだ名をそのまま使って、ドリー・チヨ・サツマとサインした。一九二八年にはサロン・ドートンヌにも入選する。

「マダム薩摩は十二月十日頃におかつぱに御ぐしを切つてお仕舞になりました〔……〕ジャンさんや私などが反対なのでお二人でこつそり切つて御帰りになりました」。「髪結」は、蔦子も知っている、フォーブール・サン＝トノレのジョルジュの店だ。

パリの大晦日

大晦日の夕食後夫婦は芝居に行く。マリヤと後片付けを済ませたのが一〇時過ぎ、「それからお元日のお仕度にかかりました。ナベ〔＝蕪〕とキャロットの千六本のおなます。日本から少々持つてまゐりました大豆でお煮豆。栗と椎茸と竹の子の缶詰とニンジンのお煮〆を煮て居りましたところへお芝居から御帰り遊ばしました。ゆで玉子アラコックでお茶を召上てお寝になりました」。「お元日十一時過ぎ御二方御起床十二時半藤田さんいらつして御一緒にお雑煮を召上りました」。雑煮の餅は、藤田が日本人倶楽部で買い占めてきたものだ。それから治郎八夫妻と藤田は出かけて、夕方また連れ立って戻ってくる。岩崎も来て、同じもので夕食にする。一一時頃藤田は一旦帰宅するが、家に寿司が届いていたから皆で食べようと、一二時にまた戻ってくる。藤田はまだマスネ街に居た。夜中のお茶になったところへ、「藤田さんの今の奥さん二十三才のべつぴんさんがいらしつて又一さわぎ」。この「べつぴんさん」はユキである。昨晩から働きづめのさだは一時過ぎに下がって休む。そのあと岩崎は朝の五時に帰り、藤田夫妻はサロンの小寝台にもぐりこむ。起き出したさだだが、「オーデビヤン、ビール、レイモネド、ヴァンロージウ、ヴァンブラン、お茶器、焼栗、ミカンの皮、おすしのお皿折、タバコの吸ひ殻で一ぱい」になったテーブルを「そろそろアランゼ」などしていると呼び鈴がなって、大使館の木内良胤が御年始にと顔を出す。

一一月二五日付治郎八から治兵衛宛の書簡には、ピアニスト一家の近くに新築のアパルトマンを家具なしで借りることにして、家具を買って入るとあった。翌年の二月九日、日本館寄付行為の証書上の住所は、レ・ペルシャン広場四番地とされているから、それがこのアパルトマンの住所だろう。この住所での電力会社との契約は一月一四日付けになっている。新年をシャルル＝ディケンズ通りで過ごした後に移ったのだ。

レ・ペルシャン広場は、レ・ペルシャン通りに続く昔の村道から生まれた小さな袋小路で、後にル＝コント＝ドリール通りに組み入れられた。ここには長くは滞在しなかった。衛生状態が芳しくないというのが理由である。一九二七年六月二六日付治兵衛宛書簡で、ラ・フォンテーヌ小公園《スクワール》一番地に引っ越すと伝えている。七月から住んだのだろう。

ベルギーから戻って、数回の講習を受けたうえで交付された、七月六日発行の千代の自動車免許証の住所は、転居の前に申請していたから、レ・ペルシャン広場であった。

治兵衛宛の手紙では、これから移るアパルトマンの家具は、ルイ時代のものを買って、日本へ持ち帰るのだと言う。それまでは家具付の借家だったのだろう。そのために一万円を送って欲しい。先日も、千代が腕輪が必要なので探していたら、ロシアの貴婦人が売りに出したのが、五万四〇〇〇フランで手に入った。鑑定させたら三倍の値打ちがあるということだ。フランが安くなっていて、アメリカ人のいない今が、何でも買い時で、だから再来年には宝を背負って帰ります、とある。

ラ・フォンテーヌ小公園《スクワール》一番地は、ラ・フォンテーヌ通りの三三番地に新たに私道として作られた一角で、どちら側にも入り口はあった。だから治郎八の文書にも、両方の住所が混在する。截石《さいせき》と最上部には煉瓦を使い、中二階の上と五階の上に帯を配して、ゆるやかなカーブを要所に与えた建物は、アール・デコの時代をわずかに反映して、全体としては瀟洒な建築である。一九二九年五月の帰国まで、二年の間、この家にとどまった。

この家で撮影したと思われる室内写真では、岡鹿之助と千代の絵が壁に並べて懸けられ、その前の長椅子に二人は午後の外出の服装をして坐っているが、その長椅子と、横の肘掛け椅子は、ルイ一五世様式のセットのようである。これは後に日本へ持ち帰っている（口絵一頁下）。

レ・ペルシャンにせよラ・フォンテーヌにせよ、ジル＝マルシェックス夫妻やモーリス・ドラージュと同じ界隈に住むと言っていい、パリ一六区の南側である。この後も治郎八と千代のパリ暮らしは、パッシーとオートィユの間のセーヌ河沿いの土地にあった。

訪れる人たち

クローデルの『女と影』に曲をつけたこともある長唄三味線の四世杵屋佐吉《きねやさきち》夫妻がパリに来たのもこの頃である。文部省嘱託の音楽使節として、一九二六年七月二二日に神戸を発ってヨーロッパ各地を視察するとともに、三味線音楽の紹介をしていた。外務省文書にパリでの滞在記録は見当たらないが、リヨンでは、一一月二〇日土曜日に領事公邸で演奏会を開き、県知事、リヨン駐在各国領事ほかの知名人と邦人二百人ほどが集まった。一同「妙技に感じ」たと報告されるが、実態はそうでもなかった。柳澤健は、意気軒昂たる佐吉はパリの大ホールで演奏するつもりだったものを、まずは小規模の会場で音楽家や知日家を招いて行うことを考え、ギメ美術館で三百人ほどで行ったが、反応は芳しくなかった（『回想の巴里』）。三味線音楽単独では、今日でも一般には理解されないだろう。

ギメ美術館での演奏プログラムの表紙は長谷川潔が、花の間に鳩の番《つがい》がとまる瀟洒な図柄を小口木版で彫った。治郎八はラヴェル、ドラージュと相談して、ジル＝マルシェックスの家で夫妻歓迎と演奏の会を開いて、音楽家たちを喜ばせたという。ラヴェルとは「互いの作品の交歓演奏を行」ったと、佐吉の側の記録にある。

一九二七年末には、藤田の家のパーティーに出かけた。今年引っ越した、モンスーリ小公園通り三番地のアトリエである。藤田の裸婦群像の大作を背景に、テーブルを囲んで大勢が集まる写真の裏に、千代の文字で「藤田氏のお宅で氏の御誕生の御祝い」としてある。「わいわい連が無礼講で其の野ばんな事大変なさわぎで御座いました」。これは治兵衛に送ったものである。藤田、治郎八、石黒敬七、

藤田の誕生パーティー

最前列左から石黒敬七，治郎八，岡上りう，一人おいて藤田。二列目左から二人目岡，千代，一人おいてユキ，一人おいて山口。最後列三人目荻須，一人おいて高野。

海老原喜之助、岡鹿之助、高野三三男、岡上りう、松尾邦之助、ユキから荻須高徳に山口長男の姿も見える。荻須と山口はこの年の秋、フランス郵船のアトス二世号でマルセイユに到着、パリには一〇月二九日に着いたばかりだった。荻須はクリスマスの日に藤田の家に高野に連れられていったと証言しているが、山口は藤田の誕生日であったと言っている。豪華なパーティーであったという点では一致しているし、一ヶ月の間に同じような催しを二度もするとも思われないから、千代の書き込みのように、一一月二七日の誕生日だったのだろう。

旅と自動車

パリに落ち着くとともに、自動車も、ヴォワザンの一〇馬力を四〇〇〇〇円余りですぐに購入している。この一〇馬力は税法上の呼称で、実際は四四馬力、一〇〇キロ以上を出した。

寄付行為調印も済み、これが大学評議委員会に承認されたことも確認した三月七日朝一〇時、このヴォワザンに荷物を積んで千代と二人で二〇日ほど、南の海岸まで旅をする。アヴィニョン、ニーム、アルル、オランジュまで旅程を定めないで走る。今回の滞仏中にフランスをくまなく自動車旅行するつもりだ。もっとも運転手は連れて行ったのである。

三月一二日にはニースに着いて、ヴィラ・イリス（あやめ荘）にいる。この宿には翌年にもやって来る。所有者は日本びいきのイタリア人で、日本の花であるイリス（アイリス）にあやかった名前だという。いかにも、マスカーニのオペラに日本を舞台にした『イリス』があって、イリスはソプラノの主役の名前である。ヴィラはシミエの丘への上り口に近い、デ・ザンブロワ通りにあった。

この旅からパリに戻った後である。四月一二日の手紙で、前の土曜日と言っているから、四月九日のことだろう、千代のために二座席のフィアット・ベイビィを購入する。素人にはとても扱いかねるヴォワザンと違って、玩具のようだけれど運転は実に簡単だ。

この小型のフィアットには、好んで乗ったようで、千代が藤原義江と並んでフィアットの座席に坐っている写真も残されている。フィアットとヴォワザンを連ねて出かけたらしい写真も残っている。ヴォワザンのほうはやがて手放して、もう一台の大型のフィアットに買いなおす。フィアット・ベイビィは日本へ持って行きたい。初めはそう言っていたのだが、翌年の春の前には、このフィアットも大型フィアットも売って、クライスラーの自動車を買う。一九二八年二月四日ニース「あやめ荘《イリス》」からの治兵衛宛手紙に言う。

フィアット二台売て新調したクライスラーを御覧に入れます。ボデーは全部いぶし銀、金物は全部純銀メッキ、屋根と泥除が淡紫、ボデーは〔……〕特に自分の指図で造たもの。今年の全欧州自動車エレガンス競争に一等賞をとらしてみせるつもりです。

千代のクライスラー

このクライスラーに乗った千代が、カンヌで開かれた自動車エレガンス競争に出て、意気込み通りに優勝したのであった。二月一五日の大衆紙「ラントランシジャン」一面に写真が出た。当時日本大使館の書記官であった柳澤健がこのことを語っている。柳澤はスウェーデン勤務となって一九二九年の六月にパリを離れるまで治郎八とは交渉があったから、千代のこともよく知っていたのである。

それにしても、若い美しいS氏夫人が、日本人として珍しくも数年まへの南仏蘭西でのこの種の競技会に、幾十の西洋麗人を圧し一等賞を得られたことがあるのは、〔……〕

特に入れて置いてい丶ニュースと言はねばならぬ。念の為に言ふ。この競技会への参加資格の第一は美貌にして美装、第二は宝石のやうな車、第三は言はずもがなの操縦の水ぎは立つた巧みさである。

（『三鞭酒の泡』）

このクライスラーはその後どうなったのだろう。持ち帰ったという記録はない。

旅行は南フランスだけではなかった。一九二七年六月初めにはブルゴーニュを旅した二人は、ソーリューから絵葉書を治兵衛夫婦に送る。戻ってほどない六月二二日、治郎八、千代とジャンヌは今度はノルマンディーのドーヴィルに居る。世紀末から名高い高級海浜リゾートである。夏に来るべき貸し別荘を探しにきたのである。ドーヴィルよりもはるかに西の、コタンタン半島西側、モン・サン＝ミシェル湾を望むグランヴィル＝シュル＝ラ・ファレーズに夏の別荘を借りた模様で、夏八月に千代はここにいる。別荘探しの帰途、ドーヴィルに一泊したのであろう。この夏にはもう一度ドーヴィルに来ていて、藤田嗣治が鉛筆の宣伝に雇われてミス・タンゲットとともにドーヴィルを奇抜な衣装で練り歩いた折の写真に、治郎八と千代も写っている。

3　文化事業の主導者として

サルドゥーによる日本館の設計は進められていた。

建設が始まる

敷地が、粗い石灰岩質で地盤が悪く、基礎工事に手間取ることが明らかになった。提供された敷地の一部は、道路となるべきものであったから、建築対象となるのは一二〇〇平方メートルの手狭な台形の土地で、そこに講堂となりうる空間と、六〇の部屋をもつ建物を配置するために、工夫が凝らされた。完工後の一九三〇年になって、東側に七三〇平方メートルが加えられたが、これは庭園および通路に当てられた。

敷地が斜面をなすので、低い部分の基礎は城郭建築の石積みを模した。上層部も階毎の平面を同一としない複雑な構成とし、日本流に数えて地上七階に地下一階。大学都市内には高さ制限があったから、最上階については特別な許可を求めた。日本風の瓦を載せた大屋根が頂上を蔽い、その他入り口ポーチを含めて日本風の屋根をしつらえた。講堂部分の屋上は平面にして屋上庭園を設けた。

設計図は四月中旬に完成して、まず大学都市側に提示され、その承諾を経て、パリ大学評議員会とパリ市参事会で審査が行われ、五月二〇日に県知事（当時パリ市はセーヌ県に含まれていた）の建築許可が下りたから、いよいよ工事開始の段取りとなった。

入り口ホールを兼ねる広間と講堂には藤田の絵画が飾られることが予定された。広間及び講堂の欄干の、照明を兼ねた欄干飾りとして、アンリ・ナヴァルのガラス装飾がしつらえられることは、この段階ではまだ、計画されていなかった模様である。

この年の八月段階で、基礎工事は長引いていたが、それが済めば残りの工事は必ずしも長期にわたらずに、翌一九二八年（昭和三）秋には完工できると考えられていた（石井大使から田中外務大臣宛八月一三日）。起工式ははじめ七月頃を希望したが、近隣に建設が決まった英国館起工式に英国皇太子が来臨して大学都市側も忙しくなったので、秋一〇月に延期することとして、日本からは皇族の臨席を求めることとなった。

日本館定礎式

定礎の式は、一〇月一二日に挙行され、李王殿下が方子《まさこ》妃殿下と来臨した。式に先立ち大使官邸において、大統領総務長官ジュール・ミシェル（大統領代理）、文部省専門学校局長カヴァリエ（文部大臣代理）、大学都市理事長アンドレ・オノラ、パリ大学総長シャルレッティの四名を主賓として、午餐会を催した。会後一同は式場に向かい、李王殿下ならびに妃殿下は午後三時式場に台臨、パリ市衛兵隊の奉礼を受けた。軍楽隊の両

仮設テントでの日本館定礎式
立って式辞を読むオノラ。

日本館定礎式
礎石に封をする李王殿下，うしろにオノラ。

国国歌演奏のなか、両殿下は大統領代理と着席。薩摩治郎八、オノラ、大学総長が次々に、式辞、歓迎の辞、また寄附行為への謝辞を述べ、ついで文部大臣代理及び竹内博之臨時代理大使が祝辞を述べた。本定礎式挙行の次第を記した文書に一同署名して金属筒に収め、これを礎石の彫り窪めた凹部に収めて、セメントで封じて式を終えた。

そののち、近隣にあって広大なベルギー館大講堂において立食の饗応がなされた。大学都市より薩摩父子に贈呈のセーヴル焼花瓶もまた、会場内に飾り付けられてあった。

治郎八の式辞は、パリ大学総長シャルレッティ、大学都市理事長オノラ、日本大使館書記官宮腰に、その理解と協力を感謝し、ついで、この業績はひとえに父に帰さるべきものであって、フランスを愛する父が、万国の選良の間における道徳的かつ知的な協力であるこの企てに日本も加わるべき必要を理解しているゆえのことであると述べた。最後に、この薩摩会館に入るべき未来の学生の感謝を体して、「フランスよ」と呼びかけ、ミシュレの言葉を借りてフランスを讃える。「もしも人類が、フランスが世界の人民のためになしたあらゆる功績に感謝しようとするならば、そのために全世界が建立するピラミッドは、まっすぐに天に向かうであろう」と。

いささか大仰だが、フランスを愛する治郎八の思いが籠められていたのである。

工事が始まる。工事費は施工建築家サルドゥーに、工事中に八割、完成時に一割、一年後に一割支払うことになっていた。七月までに土台工事と財団基金は支払ってある。必要に応じて、日本から送金を得て、指定口座に払い込む以外、もはや治郎八には特別な役割はない。工事の進行を見守るだけである。工事の様子は撮影して、父親に送った。

定礎式の際に写された写真を見ると、あたりにはまだ郊外の田園の趣がある。取り壊された市壁の外側にはまだ菜園の名残があって、野が広がる。近くにはベルギー館のほかは、高等農業専門学校館の最初の建物ができているのみだった。

定礎式によって国際大学都市への日本館建設は、広く知られることになった。またこの大きな寄付の主として治郎八の名もひろまった。新聞の社交欄に治郎八夫妻の消息が伝えられるようになる。父宛の手紙でも、日仏文化事業のことは、フランス政府も日本政府も、日仏会館など無視して自分に相談してくると書いて自慢げである。

『修善寺物語』始末

資金提供をすることになった出来事はほかにもあった。

一九二七年六月二四日午後八時一五分、テアトル・デ・シャンゼリゼ劇場内のコメディー・デ・シャンゼリゼ小劇場で、岡本綺堂原作による『修善寺物語――仮面』（『修禅寺物語』

ではなかった）の初日公演が行われた。演じたのは名優といわれたフィルマン・ジェミエが率いるオデオン座の一行であった。

この上演の経緯には、不可解な点もあるのだが、簡単に言うならば、岡本綺堂の戯曲をいくつかフランス語に翻訳していた松尾邦之助（一八九九—一九七五）と、日本海海戦を題材にしたクロード・ファレールの『海戦』を上演して評判をとっていたオデオン座を本拠とするジェミエの劇団と、日本の芝居をフランスで上演させることを目論んでいた日本大使館の一部の思惑が一致して生まれた出来事である。大使館側でこのことに携わったのは、柳澤健（一八八九—一九五三）であった。

柳澤は東京帝国大学仏法科出身だが、すでに卒業以前から詩作を行っていた。逓信省に入って横浜局長などを務めながら、詩作、詩論、翻訳などに活躍して、一九一九年に逓信省を辞めて大阪朝日新聞に入り、さらに一九二二年に外務省に入った。詩人外交官などと呼ばれた人物。この当時は、三等書記官としてパリにあって、文化担当であった。

松尾の翻訳稿は、其角《きかく》の俳句を一緒に訳したこともあるオベルランというフランス人との共同訳でできていた。この翻訳は、『鳥辺山心中』ほかと併せて、一九二九年になってストック社から『恋の悲劇』の題で刊行される。松尾は綺堂自身に書を呈して上演許可を得ていたという。一方オデオン座から諸外国の戯曲上演について協力を求められた日本大使館側は、柳澤を中心に動き出して、上演に協力することになっていった。経緯は明らかではないが、この段階でアルベール・カイムという人物が、日本演劇についてすでに著作などもある、「ル・タン」紙の記者であったアルベール・メボンを介して割り込んできた。日本の戯曲そのままを上演してもフランスの観客には受け入れがたいという口実で、原作とは全く関係のない村祭だの、狂女だのの場面が挿入された。結局はこれを受け入れる形で準備は進められることになった。舞台装置、衣装、振り付けその他、在パリの数多くの日本人ことに画家たちの協力があった。舞台装置は柳澤が交渉して藤田嗣治が引き受け、かつて和田英作のもと帝劇で装置つくりに加わっていた腕を見せて、図面を引き模型を作った。大使館が直接表に出るわけに行かないという理由から、日本人側に準備委員会なるものが作られて松尾が代表になった。

公演回数は二、三回とも、また一週間ともいわれ、定かではない。いずれにしても短期興行であった。柳澤は、切符の売りさばきなどに奔走して、しかし四月にスウェーデンへの転勤が決まっていたので、公演初日を見届けて任地に発った。

上演時のプログラムには、『修善寺物語』、《仮面《ル・マスク》》、原作岡本綺堂によるアルベール・カイムおよびアルベール・メボン作、松尾邦之助およびステニルベル・オベルラン翻訳などとあり、さらに日本側演出大森〔啓助〕などの名も見える。公演は演劇音楽芸術フェスティヴァルの一環で、演劇世界協会がこれを組織し、この公演は日仏協会協賛の日本芸術の宵と題されていた。これだけでも奇怪な舞台裏が想像できる。

さらに奇怪なのは、資金調達である。柳澤の『回想の巴里』と遺稿集『印度洋の黄昏』で初めて知られた裏話では、公演は好評ではあったが、収支に問題が出たので、補塡の協力をして欲しいと、公演後にジェミエ側が大使館に交渉したものの、大使館は協力どころか追い払う体の扱いをしたという。

ジェミエは怒って、この作品の再演はしないことにしてしまったのだそうだ。このことを柳澤は治郎八からの手紙で知ったとされる。

しかし、治郎八遺品の中に残されている柳澤書簡があって、これによると、事情はもう少し複雑なようである。治郎八の手紙は一二月二九日にストックホルムに届いて、柳澤は直ちに返事を書いている。送られた治郎八の書簡が残らないから、返事から推測するのだが、どうやら、実質的にかなりの金額を治郎八は、京都の稲畑勝太郎とともにあらかじめの資金として貸し付けていたらしい。

この公演のための顔合わせが四月にオテル・リュテシアで行われた時の写真があって、ニューヨークからパリへ写場を移していた中山岩太の仕事だが、ジェミエを中心にした二十数人の中に、藤田、ユキ、中山夫人、松尾、柳澤、高野三三男（道具類は高野のアトリエで作られたという）、岡上りうなどとともに、治郎八と千代も写っている（一三ページ参照）。「客分として」来ていたと松尾は書いている（『フランス放浪記』）が、実は、資金の提供者であったわけである。

しかも資金は、藤田の装置のスケッチなどを売却し、また公演終了後に劇団側と大使館側とで清算することが決められていた。治郎八は公演後に、滞った貸金の払い戻しを求めたものであるらしい。必要経費は総額で三万五〇〇〇フランに上ったようで、柳澤は「お立替願つた一万法並び稲畑氏からの五千法は、是非ご返金できるやうに取計はせたいと思つてゐます」と書いているのだが、柳澤の後任者は治郎八からさらに七〇〇〇フランを借用したままになっているということも書かれていて、実際にどれだけの額を用立てたのか明らかでない。立て替えたほかに、提供した部分もあったのかもし

建設中の日本館
1928年3月の状況。書き込みは治郎八。

れない。柳澤の書簡は、言い訳が大半で、実質的な解決提案にはなっていないようである。

この顛末はまったくわからない。しかしわかることもある。治郎八は貸した金の支払いを求めたのである。治郎八といえども帳簿はしっかりと持っていた。ただのばらまきはしなかったのである。

藤田問題

日本館建設は、進行していた。

運営に携わるべき薩摩財団理事会も構成され、一九二八年五月五日に第一回会合をソルボンヌ内において開いた。理事長は日本大使安達峰一郎、ほかに大学都市オノラ理事長、パリ大学シャルレッティ総長、薩摩治郎八など。日本国内では、財団の事業運行を援助するために在京委員会が組織された。一一月五日に第一回会合を開くことになる。

第一回の財団理事会では、理事会構成、財団会計報告、続いてサルドゥーが進捗を説明し、屋根まで含めて外構が七月、内部の建築も年内に終わる予定を示した。またミシェル・ルヴォンが行っている日本人学生後援会の事務所を日本館内に貸与することが決められた。さらに、議事録には「壁画に関する件」と立項されていて、藤田側から契約破棄が本年一月一八日付書簡で伝えられたことを治郎八が述べ、善後策が検討された。すでに契約は成立していたが、藤田は下絵を展覧して公売したいことを申し入れてきた。これは最初の約に違《たが》うものである。また契約金は三〇万フランで、すでに二〇万フランの支払いは済んでいたものを、藤田はこの金額が低廉に過ぎると吹聴などして、治郎八との間に感情の行き違いを生じていた。そこへ、藤田は一月一八日に書面をもって契約取り消しを求めてきたものであるという。理事会では、藤田作品である必要は必ずしもないとして、とかくの風評のある藤田との契約破棄は承認した上で、今後の新たな画家選定も含めて、治郎八に一任した。

何があったのかは、明らかでない。治郎八が製作過程のエスキスなどもすべて渡すことを要求したのだとする説がある。藤田が画料値上げを要求したのだとする説がある。いずれが原因であるのか、また別の理由があるのか。当の二人がまったく口を閉ざしている。

ところが、一二月三日に日本大使館で開かれた第二回理事会の記録には、藤田絵画に関する言及はまったくない。問題は解決していた。壁画は描かれたのである。なお「壁画」と呼ばれているが、実際は壁上絵画ではない。キャンバスに描かれた、独立タブローである。さらに、翌年の初め、おそらく一月中には、会長藤田嗣治、総括理事薩摩治郎八、事務長柳亮の巴里日本美術協会なるものが成立している。治郎八は後で見るように、一九二九年一月一三日にはパリを発ってギリシャに向かうから、その出発以前には両者が和解に達していたと見なくてはならない。とするなら、それは一二月三日以前に果たされていたものだろう。何が起こっていたのか、まったくわからないが、藤田と治郎八の軋轢というものも、幕間劇として存在したのである。

この巴里日本美術協会にまつわるいきさつも、複雑怪奇といえば言える。仲違いしていたはずの藤田と治郎八を並べて仲を取り持つように間におさまるのが、柳亮（一九〇三―一九七八）である。柳は名古屋で商業学校を卒業後、初め日本画を近藤浩一路に、ついで洋画を山本鼎に学び、一九二五年パリに渡って、ナビ派のランソンの画塾などに通ったほか、エコール・デュ・ルーヴルに学んだ。一九二八年四月、巴里芸術通信社を作って、在留日本人に美術情報などを提供する半月刊の新聞「巴里芸術通信」を刊行して、在パリの日本人美術家の動静を詳しく伝えた。この新聞には音楽情報もあって、音楽好きの岡鹿之助がこれを担当した。

この柳が、治郎八と藤田を和解に導いたものであるらしい。しかしこの協会も簡単に成立したものでもなければ、順調に発展したものでもない。

巴里日本美術協会分裂

パリ市とヌイイ市の境にあたるポルト・マイヨのすぐ東側、デバルカデール通りに日本人会館（倶楽部）があった。ここで第一回の在巴里日本人美術家展が日本人会主催で開かれたのは一九二五年一〇月である。自由出品方式で四十人ほどの画家が出品した。日本大使館、日仏銀行などから寄付があった。一九二六年一一月には第二回展が同じ日本人会館で一ヶ月の間開催されて、六十人余が参加した。一九二七年にも一一月に、五十人余りの出品で、第三回在巴里日本人美術家展は開かれた。一回目二回目に出品した藤田は、今回は出さなかった。

一九二八年には六月八日から、日本美術大展覧会がモンテーニュ並木道《アヴニュ》にあったルネ・ジヴィ画廊で開かれ、五十数人の画家が出品した。治郎八と、同じくパリに在住していた、後にコレクターとして知られる福島繁太郎とが後援した。これにも、藤田は出していない。

この年六月二一日に、日本人会館で巴里日本美術協会第一回総会が開かれた。日本美術大展覧会が契機となって結成の機運が生じたのであった。有島生馬、福島繁太郎、小柳正、薩摩治郎八、柳亮を起草委員として協会規則を準備することが決まり、七月九日にラフォンテーヌ街の薩摩宅で起草委員会が開かれることとなった。

一一月九日からは、この年も在巴里日本人美術家展が第四回目として日本人会館で開かれた。互選された委員が運営にあたることとされ、藤田も委員に選ばれている。

一九二九年初頭に巴里日本美術協会が一旦は成立した模様で、第二回の巴里日本美術協会展（日本美術大展覧会が第一回ということであろう）が四月に開催と報道される。役員は会長が藤田嗣治、総括理事薩摩治郎八、事務総長柳亮で、ほかに展覧会委員（常務委員）がいる。ところが、二月二八日付で巴里日本美術協会臨時総会が招集される。起草委員による定款原案審議の過程で対立が生まれて、起草委員の治郎八と柳、常務委員の高野三三男と三井良太郎が退会したというのであった。臨時総会は、三月末で巴里日本美術協会入会を締め切ることおよび、「分立した他の会」（要するに退会者と同調する集団のことである）の会員は「本協会員たるを得ず」と決議した。

仏蘭西日本美術家協会

この結果、新たに仏蘭西日本美術家協会が発足する。三月八日付の仏文の案内文と、日付のない邦文趣意書の内容は合致していて、会長藤田嗣治、会計監事長嶋壽義（日仏銀行）、常務理事柳亮、創立者薩摩治郎八の名前がある。創立者とは、創設資金を出したということだろう。

和解した藤田と治郎八が、一旦はその会員として加わって成立させた巴里日本美術協会を割って出て、新たな組織を作ったように思われる。しかしその要因が何であったかは、ここでもまた明瞭ではない。例によって藤田も、治郎八も口をつぐんでいる。

気短な治郎八だから、参加者たちの実りない議論や仲間内の反目などに嫌気がさしたのかもしれなくて、それなら資金は提供するから、気の合う連中だけでやったらいいと、提案をした可能性はある。その伏線となったのが、第一回の日本美術大展覧会が出した大きな赤字（柳亮「わが美術修業の半世紀（三）」）で、治郎八と福島の後援というのも、実は赤字の後始末をつけるために寄付をさせられたもののようである。

問題を治郎八と福島の反目に帰する見方があるが、反目の原因となるべきものが、特にあるわけでもない。戦後になってからだが、治郎八は福島のフォルム画廊の仕事を評価してもいるのである。また、同じ時にパリにいても、二人の美術品に対する姿勢はまったく異なっていた。福島は自ら『印象派時代』、『エコール・ド・パリ』を出版しているように、これらの流れにつながる画家の作品を収集し、また画商となった。治郎八は、収集家とはならなかった。気に入った少数の作品を手許において楽しみ、時にはそれを公に寄贈することをした。好みも、むしろ小品あるいは水彩・デッサンに向かった。親交のある画家達の作品をまとめて買い上げる、などということもついにしなかったのである。

反目をいうなら、藤田派と反藤田派の画家グループの間にあったと考える方が実情に近いだろう。反目しあう画家たちに治郎八が短気を起こして、柳が言うように「つよい申し入れ」をして、藤田中心の会を作ってしまったあと、これに反撥したほかの画家たちが、福島に資金援助を求めていったということではなかったろうか。どちらの側にしても、後援者の資金援助なしに、自分たちで会を成立させるだけの力はなかったのである。

この後仏蘭西日本美術家協会は薩摩展、巴里日本美術協会は福島展と呼ばれる展覧会をそれぞれ展開していく。

仏蘭西日本美術家協会展は一九二九年四月（ルネサンス画廊）に開催、このとき日本館を飾る藤田の絵は、すべて展示された。それ以降は、同年六月ブリュッセル展（コダック画廊）、同年一〇月パリ第二回展（ジャヴァル・エ・ブルドゥー画廊）と重ねられた。

巴里日本美術協会第二回展（日本美術大展覧会を第一回として）（オドベール画廊）は一九二九年六月に開催、それ以降は、一九三〇年一月第三回展（ザック画廊）、一九三一年三月第四回展（ザック画廊）、一九三二年五月第五回展（ザック画廊）。第五回展には福島の援助はなかったという。

この途中で、一九二九年六月一日からは、両国政府が関わった「日本美術展覧会——現代の古典派」と題する、現代日本画の展覧会がジュー・ド・ポーム美術館で行われ、藤田は当初から陳列委員として参画するとともに、ポスター、目録表紙を描いて、重要な役を果たしたから、これもまた、藤田を快く思わない者たちを刺激したのであった。

ビアリッツ海岸の治郎八と千代

治郎八は一九二九年六月のブリュッセル展の時にはすでに帰国していた。そして同じ年一〇月の第二回展のあとでは、柳の基本財産管理をめぐって藤田が訴訟を起こすというような事件もあって、仏蘭西日本美術家協会は自然に崩壊していった。

三〇年にパリへ戻った治郎八が、ふたたび援助に乗り出すこともなかった。福島も援助をやめている。パトロン達の角突き合いなのではなくて、画家たちの内輪もめと妬《ねた》みそねみによる分裂に、美術には関心のあった二人が巻き込まれたのであったと見るべきものであろう。この後、治郎八はこの種の活動にむしろ冷淡になっていく。

旅から旅へ

一九二八年九月初めにはビアリッツへ行く。千代の健康のための転地である。オテル・デュ・パレに泊まった。

一九二九年は、年の初めから大きな旅行が続く。一月一三日日曜日にパリをリヨン駅から発ち、オリエント急行を使って、ミラノ、ヴェネツィア、ベオグラードと経て、一六日にアテネに到着。一九日にはツアーバスでデルフォイ、翌日はデルフォイの神殿跡の見学、アテネに戻るとロイド・トリエステ汽船の船でイタリアに向かい、ブリンディシを経て汽車でローマに到着するのが二七日、二九日にローマを離れて、フィレンツェ、ミラノにそれぞれ一泊して二月二日土曜日にパリへ戻った。

三月にはもう一度ビアリッツへ行って、四月四日の南方急行でパリへ戻った。

四月一九日にはイギリスの査証をとっているから、千代のまだ知らないイギリスへ出かけたのだろう。二六日にカレーでフランスに戻っている。日本館の開館式までは二週間しかない。開館式を終えるとすぐに帰国することになっていたから、それまでの間に、多くの場所を訪れておくつもりだったのである。次にはいつ戻ってこられるか、わからなかったのかもしれない。

四月二八日には、婦人写真新聞と銘打った『ミネルヴァ』紙の一面に何枚もの千代の写真が掲載される。いずれもパラフという婦人帽子店謹製の帽子をかぶった写真である。記事も添えられて、「二年間のパリ暮らしで、その魅力と優雅さと機知とを発揮。今後は日本でパリモードの使節となる」とある。帰国後の九月一日、グラフ雑誌『アール・ヴィヴァン』第一一三号に、『ミネルヴァ』に出たと同じパラフのフェルト帽の一枚が掲載される。パスポートの記載によれば、千代は身長一五七センチ、当時の日本女性としては背が高かった（治郎八は一六九センチ、これも小柄な日本人ではない）。

二つの勲章

一九二九年三月二六日、治郎八はオノラに手紙を書く。父の友人であって、と書いている、パリに長くとどまって、フランスの芸術を愛し、これを日本に伝えることに腐心している人物がある。表立つことを好まないが、優れた人物である。こういう人物に何とか、その功を認める手立てをしていただけないだろうか。この人物とは、岩崎雅通である。オノラは承知して、直ちに外務省と文部省に連絡を取る。教育功労勲章《パルムザカデミック》オフィシエに叙されることが旬日のうちに決定する。一方岩崎は、老母を看るために、四月の半ばには急いで帰国することになったから、出発までに伝達は困難と思われた。そこで治郎八は、開館式の直後に帰国することになっている自分が届けることを申し出る。勲章は日本に運ばれた。

この件が決着した四月の半ば過ぎ、もう一つの勲章が問題になる。在京日本館管理委員会の松岡が、オノラに電報を送る。治郎八をレジヨン・ドヌールのオフィシエに昇叙してほしいと言う。追って手紙が届く。薩摩氏の寄付の重要性に鑑み、また今後も日本館のために薩摩氏の協力は不可欠であるから、そのように計らってほしい。このことは、日仏の交流をフランス政府がいかに重要と見ているかを日本の人々に示すことになるし、また父治兵衛氏も喜ぶであろう。この希望は容れられた。

日本館落成

建設は進み、内装も捗って、一九二八年一二月三日に開かれた薩摩財団第二回管理理事会では、開館式の日取りを検討するにいたっている。共和国大統領の臨席を仰ぎ、その他関係閣僚、各界の名士をも招待するためには、早く準備にかかる必要があった。治郎八も、滞在を長引かせずに、六月末までには帰国したいと言う希望を洩らす。

この理事会では、図書館について、日本国内で朝日新聞社が書籍を募集して寄付する計画のあることが披露され、歓迎されている。後に免税手続きなどを経て、図書は納入される。

開館の式は、一九二九年五月一〇日と定められて、パリ大学総長セバスチャン・シャルレッテイ、在仏日本大使・薩摩財団理事長安達峰一郎、大学都市理事長アンドレ・オノラの連名で式典への招待状が送られた。多数の招待者リストや出欠の返事のカードは、日本館に今なお残されている。

式典は、大統領ガストン・ドゥメルグが首相ポワンカレ以下を従えて到着すれば、シャルレッティ、オノラがこれを出迎えて、軍楽隊が日仏両国歌を吹奏するなかで、日本館講堂に着座した。治郎八の祝辞に始まって、シャルレッティ、オノラ、東京帝国大学教授・東京日仏会館評議員山田三良博士、パリ日仏協会会長スアール、安達大使、文部大臣マロがそれぞれ祝辞を述べた。ホールと講堂には、藤田の大画面が飾られていた。

完成直後の日本館
右側にはまだ何もない。

林龍作は二日後に治郎八に手紙を寄せている。「一昨日の御盛典を祝します。軍楽隊が国歌を奏し大統領の禁軍が長い剣をかざしていた時は私も胸がいっぱいになりました」。

治郎八の挨拶は、定礎式の時ほど大仰ではない。フランスの教育を尊敬する父が望んで建てたこの館《やかた》の落成にあたって感動を禁じえないとはじめて、オノラ

日本館落成式での大統領ドゥメルグ

以下、この事業に関わって協力した多くの人への感謝を、その名を挙げて述べ、最後に、自分たち日本人が共感を抱くフランスの土地にこの家が作られたことは、精神と知恵と心とによる、両国民の友愛の絆を結ぶものとして、その開館に臨席した大統領に感謝して終わっている。

式後一同はシャンパンで乾杯した。

お別れの宴

その日の午後八時半から、薩摩治郎八と千代の名前でオテル・リッツでの晩餐会が催される。薩摩財団、日本学生会館開設を祝うものだが、同時に、数日後にはフランスを離れる二人の、離別の挨拶を述べる場でもあった。また松岡が求めた、治郎八のレジヨン・ドヌール、オフィシエ陞勲《しょうくん》も、この場でなされた。招待客は、大統領代理のマロ文部大臣、アンドレ・オノラ以下、名士を選りすぐって三百人に及んだ。

治郎八はお別れの宴の初めの挨拶では、フランスを愛する父からフランスの優れた点を教えられたといい、愛する我が祖国から、皆さんの祖国への挨拶であるとしてシャンパンのグラスを掲げた。陞勲の謝辞では、自分個人に対してである以上に、日本館の存在の持ちうる意義に対してのものと理解していると言って、フランスの歴史と文化の魅力を讃えた後、両国の人々が互いの国を互いに訪れて、理解と友好の発展することを願って、「フランスと日本のために、杯を挙げ」た。

メニューは、オクステイル・スープ、オマールのニューバーグ風、肥育鶏のオリエント風新豌豆添え、パリ風サラダ、アスパラガスのムスリヌソース、合わせる酒は、シェリー、ムルソー・グート・ドール一九一五年、シャトー・ピション＝ロングヴィル一九二〇年、クリコ・シャンパーニュ・ブリュット一九二〇年とクリコ・シャンパーニュ・カルト・ブランシュ。デザートは苺のメルバ。中心となる食材も、葡萄酒の合わせ方も、以前のリュカでのオノラを囲む宴と似ていなくもない。治郎八の好みが表れているのだろう。

二次会はモンマルトル、ピガルの広場近くのキャバレ「大股びらき《ル・グランテカール》」に、ラヴェル、ジル＝マルシエックス、ピエール・サルドゥー、藤田、外交官補の本野盛一子爵など親しい友人たちだけを誘って行った。キャバレは音楽と踊りがあって、飲んで食事も出来る店のことだが、この店はフォーブール・サン＝トノレ界隈にコクトーの音楽劇の題名を取ってつけた同様のカフェ「屋根の上の牡牛《ル・ブフ・シュル・ル・トワ》」で当てたルイ・モイゼスが、これもコクトーの作品から名前をつけた店で、「パリ名士《トゥー・パリ》」の店として知られた。下戸の藤田も「今夜はうれしいよ」と飲めないシャンパンを飲んだ。ラヴェルが大好きなジャズ・ピアニストの黒人に治郎八が「ダイナ」を注文すると、ほろ酔いきげんの藤田は、千代とチャールストンを踊り出したりして、「生涯の大作を日本のために残せてうれしい」と治郎八の頬にキスをした（『華やかなるモンパルナスの彼』）。治郎八は、意識していなかっただろうか、パリで過ごした青春の証人たちを伴って、今青春に別れを告げていたのかもしれない。

この一晩でかかった費用はどれほどか。しかし、これは嫌々ながら人に強要されて使った金ではない。その金で「自分も楽しみ、人も楽しませる以外の目的なしに」（堀口大學）使いたくて、使ったのだ。人に金をせびるぐらいしか能のない連中に使う金と違って、生きている金の使い方であった。

慌しい帰国

開館式から一週間と経たない五月一五日、治郎八はアンドレ・オノラと安達峰一郎大使に書簡を寄せる。ほぼ同内容で、まず明日帰国の途につくことを言い、薩摩財団の今後の運営に関して希望を述べ、かつその運営に協力を求めるものである。その中で、財団の会計担当理事を続けることを望んだが、諦めざるをえなかったと記す。パリにとどまって薩摩財団の理事として仕事を続けたい考えがあったということである。諦めなくてはならないとは、帰国を求められたということであろう（会計担当理事は、治郎八がパリを離れた後に開かれた第三回財団理事会で、東洋語学校校長ボワイエが後任となり、この補佐として東洋語学校会計ボーリューが任命された）。

治郎八自身には、財政上の基盤はないのである。これまでも、必要の都度父治兵衛に送金を依頼して、それで事業も遂行し、また自らの生活も営んできていた。

一旦寄付すると決めた日本館あるいはそれに付帯する支出などは厭わなかったにしても、また外部的な接触と交渉の場でもまた贅沢と見えるほどに費用を用いたとしても、必ずしも湯水の如く金を使うという暮らしぶりではなかったはずである。父親宛の書簡に、送金依頼とともに、自分たちの暮らしが浪費を避けてつつましいものであることを説明した箇所も少なくない。それは事実であるか否か、いずれにしても、父親からは浪費を戒められていたものと考えていい。治郎八は必ずしも無尽蔵な資金を与えられてパリに滞在していたわけではないのであった。ともあれ、薩摩治郎八の豪華なパリ暮らしとして伝説となった、華やかな三年が過ぎて、慌しいまでの帰国であった。

五月一六日付で送られたフランス語の帰国挨拶状末尾には、「ほどなくまた戻ってまいりまして、その時にはまた皆さまの得がたい友情に再会したいものと存じます」とあるのみで、再来の予定を示してはいない。

仏国郵船アンドレ・ルボン号がマルセイユを出航するのは五月一七日、神戸には六月二七日早朝に入港した。七月四日箱根宮ノ下の富士屋ホテルから、治郎八は無事帰着をオノラに書き送った。

第八章　パリ往還——日本の文化を世界に

1　国際文化事業のために

新しい道

日本館は完成した。ではその後の人生を、治郎八はどのように設計していたのだろうか。日本館建設計画の最深部で治郎八を動かしていたのは、パリへ戻りたいという思いであった。館が完成してパリ大学に引き渡されたとしても、これを管理運営する薩摩財団を他人に任せて、日本に暮らすことは、考えるべくもなかった。居るべき場所はパリである。パリでこの任に当たり続けることを、治郎八は願ったたはずである。ここでもまた、治兵衛の承諾が必要であった。薩摩商店の経営責任は父治兵衛に任せて、後継者とはならないことを選んだのである。祖父が築いたものを、維持しつつ消費に向かうことを父二代治兵衛は選んだのだったが、治郎八はおのれの理想あるいは夢のために、ひたすら資産の投入に向かうことを選択したわけであった。世界平和と国際親善のための費用であった。日本での実業家としての生活は、多分はじめから治郎八の眼中になかった。文化事業、ことに日仏文化交流の場にあって、役割を果たしたいと考えていた。

帰国した治郎八は、日仏協会ならびに日仏開館主催で開かれた歓迎の午餐会に招待されて、感謝の意を表されている。一九二九年七月一三日日仏会館でのことである。望まれ、期待されている。その想いが、治郎八を夢想へと進ませたであろう。この後、治郎八はフランス往復を繰り返す。翌一九三〇年三月から一九三八年五月までの間に、五度の往還である。世界が平和と親善にそむく方向へと突き進んでいき、第二次世界大戦が勃発するまでの間、治郎八は日仏の往還に時を過ごした。

治郎八を、繰り返しパリへと呼んだのだものは、もとより、フランスとその文化、ことにもパリの生活、パリの交友関係。これらは治郎八にとっては、かけがえのない自己の基盤になっていた。しかし今やそれだけではない。日本館と国際大学都市があった。

世界の若者たちの平和の意識を育てるための大学都市という、輝かしい理想が、現に存在している。そのなかに加わって日本館が存在する。いや日本館の存在が大学都市の意義を高めてもいる。その場をアンドレ・オノラと共に作ったのが自分なのである。何としてもこれを守り育てなくてはならない。文化事業家としてのすべての活動も、ここを本拠として初めて意味を持つのである。

日希協会理事

帰国後ほどない九月、日本＝ギリシャ協会設立の動きが始まっていた。前年の三月にはギリシャ国内に日本＝ギリシャ協会が創設されていた。名誉会員安達峰一郎大使の名も並ぶ。これを受けて、国内にも協会設立の動きが始まっていた。まず、設立協議会が設けられて、相談のために招待された名簿に治郎八は加わっている。稲畑勝太郎の名前も見える。ロンドン時代からギリシャに関心を持っていたといい、この年の春にはギリシャを訪ねている治郎八であった。安達大使からギリシャの協会発足を聞いてもいただろうし、ジル＝マルシェックス招聘の時に世話になり、『修善寺物語』でも協力を得た稲畑ともこのことを協議したかもしれない。

三年前の治郎八の夢は、フランスに戻って日仏交流に貢献することであったが、いまではオノラの薫陶のもと、国際親善と世界平和を人間の交流を通じてつくり出していくことが、その心を捉えていた。しかもいまや実績のある文化事業家の肩書きも得られたようであった。国際的文化活動にかかわる選良の中に加えられたということである。

設立総会は一〇月三〇日に開催されて、定款のほか役員を定めた。この設立総会発起人の中には、矢代幸雄、田中館秀三、田中秀央、新村出、児玉喜久雄、姉崎正治、久米桂一郎、吉田茂、稲畑勝太郎、伊東忠太、団伊能、新渡戸稲造と、学者、芸術家、官僚、財界人その他、幅広い人々が並ぶ。中に治郎八も加わっていて、この日稲畑と共に理事として選ばれた。以後、治郎八は専務理事として、協会の実質的な活動に関わっていく。

一九三〇年、三度目の渡仏の折、旅程には二度目のギリシャ旅行が組み込まれた。

ギリシャへ

二月一八日、治郎八夫妻は神戸を発つ。これに先立つ前年の一二月初め、興津の西園寺公から電報が届く。五、六、七日のいずれかにお待ちするというのであった。

今回のパリ滞在には、佐藤さだは同行しなかった。蔦子は三人の娘をもうけていたが、夫千坂に、ある意味では治郎八が見抜いていたような、女性関係の問題のあることが明らかになって、離婚していた。佐藤は親しんだ蔦子の生活を助けることになった。

三月二八日にマルセイユに到着した治郎八夫妻の、今回の最初の宿は、かつて前田侯爵がフロアを借り切って豪勢に暮らした、あのオテル・マジェスティックであった。しかしパリには僅かに滞在しただけで、ギリシャへと向かう。ギリシャへの入国は四月二八日であった。パリから新規購入のブガッティでマルセイユに戻って、ナポリ経由の船でギリシャへ向かった（『半生の夢』）。「半生の夢」には「ビレー」に着いたとあるが、フランス語でのル・ピレ、現代ギリシャ語ではピレアスという、アテネの最寄港だろう。

アテネではアクロポル・ホテルに泊まって、三〇日付でここからオノラに手紙を出している。この時期から、治郎八は常にオノラに書信を送るなどして、連絡を絶やさない。

旅は、アテネからオリンポスの山麓にあるデルポイに赴いて、その祭典に出席するためであった。二年後に、アテネ駐留の川島公使による「過去二箇年ニ於ケル希臘事情及日希関係概観」と題する報告の中に、「昭和五年東京日希協會薩摩理事夫妻巴里ヨリ當地へ來ラレ當地日希協會幹部ト接觸ヲ計リ今後ニ於ケル両日希協會ノ發展ニ付種々計畫セラレ又當時開催ノ第二回「デルフ」祭ニ参加セラレタ」と記されてある。

ギリシャには一月留まった。それからユーゴスラビアを経て六月三日にイタリア、四日にスイスに入国、五日にはスイスを通過してフランスへ戻っている。

前年に続く二度のギリシャ旅行が、二人に強い印象を残したことは、後年、それぞれに詩、和歌、俳句にギリシャを歌っていることから知られる。

パリに戻ると、住まいを探した。六月二五日からの住所として大学都市に伝えたのは、十六区のマスネ通り五番地である。一九二一年から蔦子が住んだのと同じ住所である。生活の規模が違うから、同じアパルトマンであったとは思われないが、同じ建物には違いない。治郎八は、二〇歳のパリの呪縛から解き放たれていないようである。

戻ったパリでは、パリ日仏協会にも関わりを持つことになる。

一九〇〇年に創設されたこの協会は、パリでの名士を集めて、日仏の交流活動を行っていた。日本からの留学生にも、援助を行っていた。

治郎八はすでに一九二九年に一〇〇〇フランの寄付をしていた。年間総収入が一万二〇〇〇フラン余りの組織にとっては少なくない額である。戻ってきた一九三〇年には、協会にではなく、協会によって運営されるべき別途基金として、一〇〇〇フランを提供している。これは滞在している日本人学生がフランスをよりよく知るために、フランス国内の旅行を助けることを目的とされた。そして一九三一年二月の総会では、五年任期の理事に選出されている。

高松宮日本館訪問

ギリシャから戻って間もなく、七月には高松宮が妃殿下とともに日本館を訪問した。

高松宮は、この年二月四日に、徳川慶喜の孫に当たる喜久子との婚儀を挙げた。四月二一日、夫妻

高松宮日本館訪問

両殿下の左右がオノラ夫妻。オノラ夫人の後はジャンヌ・ジル＝マルシェックス，その右に千代，ジャンヌの左一人おいて藤田。最前列左から三人目に治郎八。左端二列目にアンリ・ジル＝マルシェックス。

は鹿島丸で出帆、イギリス、スペインの王国を天皇の使者として訪問するほか、アメリカを含む各国を訪れ、一年二ヶ月にわたって世界一周をすることになっていた。マルセイユ到着は六月二日、直ちにパリに向かい、四日にルーヴル美術館を藤田の案内で見学、五日には大統領ドゥメルグを訪問している。この時治郎八はまだパリに戻っていない。その後高松宮は、パリを拠点に各地を訪問しつつ、翌年四月四日、イギリス、サザンプトンからニューヨークに向かうまで、一〇ヶ月の間ヨーロッパにとどまる。パリ日仏協会の歓迎晩餐会は一〇月二九日に催された。

日本館訪問は七月二四日で、大学

都市理事長オノラ夫妻が両殿下を迎えて、正装の治郎八が館内を案内した。この日正面玄関には、薩摩家の定紋揚羽蝶の幕が掲げられた。歓迎の人々の中には、千代はもちろんだが、藤田、ジル＝マルシェックス夫妻などもいた。

日本館を訪れはしなかったが、秩父宮も日本館に関心があったと、治郎八は後に大学都市事務総長宛文書に書いている（一九五〇年八月二四日）。千代の叔父に当たる松平恒雄の娘勢津子が秩父宮妃であったから、治郎八は秩父宮には会うことがあったのだろう。皇室の誰かがパリに来た時に、いつでも泊まれるように、日本館に部屋を確保しておいてほしいと頼まれたという。玄関上の二階に和室付の大きな部屋がそれであっただろうか。治郎八自身もまた、日本館に部屋を確保していた。

八月初めと一〇月、治郎八と千代はイギリスへ赴く。八月半ばには南フランスに旅した。

この年の滞在は短く切り上げられて、一〇月二八日には、帰国のための英領各地通過の査証を取得している。旅券にフランス出国日も日本への帰国日も記載されてはいないが、一二月二日にサイゴンの検印があり、一七日には、治郎八が「神戸に近い、瀬戸内海に入っている」と、スフィンクス号からオノラに書いている。帰朝すると西園寺公から「安着を祝す」と電報が届く。さらに興津から、鯛が届けられた。老公にも認められていた。

2　パリ国際大学都市日本館

日本館では、一九二九年五月の開館の後ただちに入居が始まっていた。この年の七月一日現在で日本人入居者は二十二名を数える。多くがすでに大学あるいは高等学校の教授ないし助教授であった。専門分野は、法律一名、経済二名、物理一名、数学二名、建築二名、工学一名、応用化学一名、動物学一名、農学一名、医学三名、獣医学一名、仏文学四名、東洋史学一名、仏教学一名。中谷宇吉郎、岡潔、前川国男などの名前が見える。

日本館の日常

当時の大学都市の多くの館同様に、入館は男子のみで、女性の訪問者とは一階のホールで面会することになっていた。食事は朝食のみが食堂で供された。個室に洗面台はあったが、便所と浴室（シャワーと浴槽が別箇にあった）は共用であった。衛生施設共用はすべての館で共通の基準であった。居室には充分な広さがあり、統一したデザインの机、椅子、洋服ダンス、壁に取り付けた書架など、シュミット社製作という、アールデコを感じさせる家具が備えられていた。初期の大学都市学生館としては、質の高い室内であったといえる。滞在費は、朝食を含めて月に四百フランであった。

入館資格の制限もあって、日本人だけで館のすべての部屋は埋まらないから、半数を超える部屋が、大学都市本部の選定して推薦する外国人学生に提供されていた。フランス人学生が最も多いにしても、様々な国籍の学生が一つ屋根の下で触れ合った。日本館入退館記録はなぜか一九三四年分からしか残らないが、この年度の在館者国籍は、日仏以外では、英国、ドイツ、オランダ、イタリア、チェコ＝スロヴァキア、エジプト、トルコ、ペルシャ、オーストラリア、スコットランドとある。

日本人滞在者も、そもそも高等教育機関への正規の留学生は必ずしも多くなかったから、研修その他のために派遣されてくる、大学教員などが多かった。その中には、館長のもとに管理されることを嫌って、勝手な振る舞いをする者もあった。

一九三〇年の秋、一部の不平分子が集まって自治を唱え、パリ在住の某日本人を館長に任命せよと、大使館に迫るということがあった。結局は、張本人二名を退去させることになったのだが、いずれも大学教員であった。

日本館の運営

開館はしたが、館の運営には問題があった。管理運営を行う薩摩財団は、一九二八年五月に第一回の管理理事会を開催し、以来、オノラが実質的な中心として、これを動かしていた。パリにいる限り、治郎八も理事として参加していた。しかし支援がおぼつかない。

薩摩財団理事会を援助する目的で在京委員会が組織され、一九二八（昭和三）年一一月五日に第一回会合を開いて発足していた。入館すべき日本人学生の採用を援けることと、財団の日本における連絡機関として精神的援助を行うことを目的にすると、規定されていた。入館学生は当初少ないことが懸念されたので、募集・宣伝に当たる必要があった。精神的援助とは、関係省庁との連絡の円滑を目指したのであろう。委員は外務と文部の官僚と、日仏会館および日仏協会の理事長を職務上の委員として、ほかに、日仏会館理事木島孝蔵、薩摩治郎八、事務局松岡新一郎で構成されていた。

一九二九年帰国後ほどない七月二四日に治郎八は委員を招待して会合を開き、会は新委員加入、委員長推挙などの事項を検討した。ほかに館長選任、図書蒐集、入館者採用などの件が話題となった。その後、松岡は新たに加入を求めるべき委員の提案などを八月にしたが、進展がない。松岡は国外に出ることが決まっていて、その間は代理を立てる予定であったが、そのまま、外遊を理由に辞任する。一一月七日である。以後、在京委員会の活動の記録はない。松岡が再び日本館に関わることもない。

松岡は外務省を代弁していたはずだが、実は外務省の側が、松岡の専行ぶりを邪魔にしはじめていたのではないだろうか。日本館落成直前の、松岡のオノラに対する治郎八のレジョン・ドヌール陸叙要請は、外務省は知らないことであった。これに安達大使は不快の口ぶりを示している。また在京委員増員のために松岡が東京と京都の帝国大学総長、慶應義塾と早稲田の塾長総長、東京帝大の山田三良、田中館愛橘、さらに稲畑勝太郎などをあげたのに対して、外務省欧米第二課長は基準が明確でないといって退ける。努力を傾注してきた松岡は、嫌になって投げ出してしまったではなかろうか。

その後、在京委員会に代わってというべきか、薩摩会館後援会なるものが、翌一九三〇年二月一四日に設立されて、幹事長には山田三良がなる。幹事は外務省の堀田正昭、文部省の菊澤季麿、日仏会館の木島孝蔵である。渋沢栄一を筆頭に政財官の名士と学者、三十人の名前が並ぶ。後援会は「薩摩会館の健全なる発達を援助し日仏文化の融和接近並に両国民間の交誼親善を増進することを期する」ことを目的とすると謳う。「経費は有志者の寄付金を以て之を支弁す」るというのだから、狙いはどこにあるか、想像がつく。しかしこの後援会も実質的な成果はあげなかった。

さらに、管理運営上で二つの具体的問題のあることは明らかであった。一つは館の運営資金であり、もう一つは館長の選任であった。

日本館は、独立採算が可能な財政構造になっていない。六〇室は、滞在者が支払う施設使用料だけで運営を可能にする収入をもたらさない。運転資金が不足して、毎年赤字決算になることは必至であった。館の建設と運営のための財団の基本資産は薩摩家が提供したが、それ以上の経費は政府が負担するはずのものであった。しかし補助金は予算計上されない。管理運営にあたる薩摩財団が三五万フランの設立時基金を持ってはいても、これをもって補塡すれば、当然やがて基金は失われてしまう。大使館にはそのことは充分以上にわかっていたから、繰り返し予算を本省に求めるが、本省は遁辞を繰り返すのみで、予算措置をしない。自らが生み出した日本館の存在が困難である以上、治郎八はその補塡を続けざるをえない。外務省はそれをいいことにして胡坐《あぐら》をかいていたふしがある。

薩摩会館後援会発足後に、幹事長山田三良は補助金の支払いを要請する。しかし外務文部両省は、予算がないと答えるのみである。結局は治郎八が欠損の補塡を続けた。

一九五九年当時、日本館財政を振り返った文書が作られている。菊池真一館長が作成して外務省に提出したもので、治郎八による補塡の数字も示されている。一九三四年までに、合わせて一〇万フランを超えている。見るに見かねたオノラはフランス政府に働きかけて補助金を獲得、これはパリ日仏協会を経由する形で日本館会計に繰り入れられた。これが一九三〇年および翌年で、総額一万八〇〇〇フランである。それでも日本政府は何もしない。

後にオノラが訪日の際に、日本の関係者に懇請した結果、ようやく一九三四年から年間一万円の補助金が支出されて、一九三七年度分（翌年度に払い込み）までで、総額二〇万フランを超えた。「半生の夢」で治郎八が、「金一万円也の補助金が、既に十幾年前になる一九二一年の日付と外務大臣の名で、〔……〕下付された」と書いているのがこのことである。

日本館館長問題

館の運営責任者である館長には、日本人を任命することが、薩摩財団理事会において決定していた。任命方が、大使館を通じて外務省に要請された。これがまた進行しない。開館の半年前になって、館長俸給が捻出できないから見送ることにする、大使館書記官でも適宜に任命しておけという。会館の管理運営の全責任を一手に引き受ける役目で、むろん片手間でできる仕事ではない。さらに配慮を求めると、帝国大学教授山田三良博士が視察に行くから、やってもらえと来る。名誉職ではなく、常駐して実務にあたる必要のあることさえ理解しない。

やむをえず大使館と治郎八が相談して、ロシア人の日本学者で、ロシア革命後亡命して困難な生活をしていたセルゲイ・エリセーエフを館長補佐の名目で嘱任することを提案すると、外国人を用いると、その伝手《つて》をたどって外国人が勢力を持つようになる恐れがあるから認められないと、見当違いの返事が来る。

結局時間切れの形となって、開館二ヶ月前の三月一三日、エリセーエフは主事（事務長）として嘱任され、ただし同時に臨時館長代理の位置づけがなされる。任期は、日本側が正式の館長を速かに任命することを期待して、翌年三月末までとされた。

エリセーエフ（一八八九―一九七五）は、ペテルスブルグの裕福な商社経営のエリセーエフ家に生れた。ベルリン大学在学中に日本語日本文化に触れて、一九〇八年来日。東京帝国大学文学科に入学して、一九一二年卒業。帰国してやがて日本学研究者として出発するが、ボルシェヴィキ政権のもと、家族の財産没収さらに心身の危険が察知されて一九二〇年脱出、翌年には亡命者としてパリに居住して、日本大使館のための通訳、ギメ美術館の研究員として暮らしていた。夏目漱石のもとに出入りして、「五月雨やももだち高く来る人」という句を、『三四郎』の扉に書いてもらったりしたこの英利世夫《エリセーエフ》が、フランスとアメリカで、日本研究を大いに推進したことはよく知られているが、それはまだ先のことだ。

館長俸給は年額一六万五〇〇〇フランで計画されていたのだが、実質は事務長であるから、この俸給は適用されない。事務長は年報三万フランのはずだったが、実際は薩摩財団が月額一〇〇〇フラン支払い、これに治郎八が一〇〇〇フランを追加支払いすることになった。

財政的基盤が脆弱で、居住者は定員に満たないから、経営は困難で、しかも、財団からの支払い手続きその他に時間がかかって経営はたやすくはなかった。一旦帰国した治郎八が、必要資金を私的に払い込むなどの緊急手段をとることもあった。

エリセーエフは結局、激務に疲れ、自らの研究に割く時間の得られないことを理由に、当初契約どおりに一九三〇年三月末日をもって職を辞することを望んだ。大使館側には、三月末にパリに戻る治郎八に、館務を担当してもらう案もあったようだが、これは実現していない。あるいは治郎八が、館の事務に忙殺されることを避けたのかもしれない。次の館長は、相変わらず任命に至らない。やむなく再びパリでは治郎八が中心になって人を探し、日本人を妻として、中国で郵便業務に関わったフランス人ドパルドンを事務長として仕事を任せることとした。この人選ができるまで、エリセーフは慰留されて仕事を続けたもののようで、七月一一日に任を解かれ、ドパルドンが八月一日に任務についている。しかし、館長は空席のままである。

ドパルドンが事実上館長に代わる仕事を果たしている事情に鑑みて、一九三〇年一二月二三日に薩摩財団は同人を、正規の館長任命までとする条件のもと、館長に任ずる。この契約書は、日付をさかのぼらせて一九三〇年一月一日としている。館長とはされたが俸給は月額二〇〇〇フランであった。治郎八が半額を負担していたことは変わらない。

正式に館長が任命されて着任するのは、一九三五年を待たなくてはならなかった。ただしこの時の山内館長の給与記録がない。一九三八年当時の佐藤館長の給与は、決算によれば年間二万四〇〇〇フランに過ぎなかった。エリセーエフ以来変わらなかったのである。

3　パリ定住の思い

一九三一年、治郎八と千代はまた五月のパリに戻ってくる。前年の暮れに帰国して新年は過ごしたが、春は忙しかった。

三月五日には、帝国ホテルで晩餐会を催した。

この月の半ばには、再び来日したアンリ・ジル＝マルシェックスの演奏会が行われた。三月一八日、二一日、二三日の三日間のプログラムが残っている。これ以外にも演奏会は行われたのだろう。もっともこの時は治郎八は勧進元ではなかった。二三日は、林龍作との合奏を含んでいた。林は帰国したばかりで、単独の帰国演奏会は五月一七日であったから、それに先立って競演したものと見える。二人を結びつけたのは治郎八であるらしい。ヴァイオリンとの合奏曲中にフォーレの「ドーリー」があった。二台のピアノのための曲だから、ピアノとヴァイオリンに置き換えたのだろう。ひそかに千代に捧げられていたかもしれない。

「禮爲教本」
西園寺公望揮毫の扁額。

三月二五日には旅券を取得した。これまでの二回は、夫婦共用の旅券であったが、今回はそれぞれが個人の旅券を持った。三月二七日には西園寺から三一日に待つと電報がある。老公からは出航の前には励まされ、帰国に際しては労われる習慣が、できたようであった。

このときのことだろうか。西園寺は一幅の扁額を揮毫して治郎八に与えている。

今も日本館に残るこの額には、「禮爲教本」とあって公望題と落款がある。パリでの日本人関係の煩わしさに愚痴をこぼすと老公は、人間いずれそんなものだから、これでも日本館の入り口に掲げておけといって筆を揮ってくれたのだという（『半生の夢』）。「礼は教えのもとなり」と訓む。これが魔よけになって、金をせびったり、日本館で騒動を起こしたりする輩から、治郎八が解放されたものかどうか。

四月三日には、携行する美術品などの確認をフランス大使館で受けている。このリストはあらかじめオノラに送られて、マルセイユ到着の前に、オノラは税関長に連絡をとり、通関に最大の便を図ることを要望している。荷物の主は、大学都市に多大の功績を残した人で、日本においてもっとも信頼の置ける人物であると説明している。

「薩摩治郎八氏パリ居住のための氏の所有にかかる九箱に収められた多様な物品の当リストは在日フランス大使館に提示され確認されたものである」として大使館の文書課担当が署名したリストの、九箱の中身はなるほど多様である。フランスグラモフォン製蓄音機、フランス製絨毯、銀器、陶磁器、玩具、掛軸が五箱を占める。残り四箱は絵画作品で、ヴァン・ドンゲン、ラプラード、ローランサン、コンスタンタン・ギース、藤田、岡鹿之助、ルドン、マチス、ロート、鈴木（龍一だろうか）、アングル、ブレダン、テヴネ、ヴェルデス、ヴァン・デューレン。水彩、デッサン、パステル、リトグラフィー作品が圧倒的に多い。五六点の絵画のうち少なくとも四〇点が油彩ではない。ヴェルデス、ヴァン・デューレンは交際のあった作家のようである。ほかに司馬江漢の彩色リトグラフィーが一点。また点数は記されないが、千代の油彩作品も蓄音機の箱に同梱されている。

物品の多くはフランスで購入したものだろう。美術品も、司馬江漢以外の絵画はおおむね、かつてパリで入手して日本に持ち帰った作品であることが関心をひく。持ち帰った美術品を、再び運んでいくのは何のためであるのか。むろんのこと、売却するためではない。

しかもこれらは、決して美術品として高額の値が付けられるものではなく、当代美術の重要作品でもない。実物を見るまでもなく、大部分が、ささやかな小品である。タブローであっても、大作家の大作があるわけでもない。号数の記載してあるものでは、ラプラードに五〇号、四〇号、岡に四〇号があるのが目に立つくらいのであとは八号、六号、カルトンである。また大小を問わず、千代を描いた肖像が八点ある。高価でありうるのは、本物であるならばの話だが、アングルだけだろう。

さらにマチス描く献辞つきのジル＝マルシェックスの肖像、カルサヴィナのサイン入り写真、ラヴェルのサイン入り楽譜なども梱包の中には入っている。すべて治郎八の生活の記憶である。

これらの作品は何よりも、これから生活する場所を、飾るためのものである。しかもコレクションとして蒐集したというより、パリ暮らしの間に、友人知己の交流の中で、入手したものである。それだからこそ愛着の品々である。さらに、どの作品も、自ら主張することの少ない、部屋の片隅に飾ることのできる、穏やかな作品たちであった。そこに治郎八の趣味を見て取ることができる。そして治郎八と千代が、長期の滞在を考えていたものであることが、推測できる。

新たな夢想

五月一六日に到着したマルセイユには、オノラの手紙が待っていた。

到着の翌日、マルセイユのオテル・ドノアイユからオノラに手紙を書く。「薩摩夫人をマルセイユで何日か休ませて、パリには二八日につく予定です。まずマスネ通り五番地に住んで、それからすっかりパリに定住するために家を探します」。マスネ通りのアパルトマンは、借りたままにしておいたのだろう。ただ、間口の狭い建物だから、手狭であったはずで、定住のためにより広いアパルトマンを探そうとしたのだろう。「さらに五年フランスにとどまって、薩摩財団を完成させて、それから一九三六年に、もしも政友会が外務副大臣をさせてくれるなら、選挙に出るつもりです。外交政策の専門家になって、生涯、私たちのフランスのために、慎ましいしかし熱意ある讃美者そして奉仕者でありつづけましょう。日本はフランスと共に未来の世界の平和のために進むべきなのです」。

そんな話も治郎八は、興津で西園寺としてきたのだろうか。

オノラに出会って、オノラに導かれて、オノラと共に進めてきたもの、世界の平和への途、それがいま危うくなりつつあった。オノラと共にする理想のために、自分こそ日本における使徒となるべきなのであると、この夢見がちな青年は信じたのだろう。

そうなればよかったのだろうか。いずれにしてもそうはならなかった。そうなるべくもなかった。この年の九月には満州事変が始まり、翌年五月には五・一五事件が起きる。一部のリベラルな人たちの努力だけではもう止められない力が、日本を破滅へと動かし始めていた。

パリでは新しいアパルトマンを見つける。ミラボー橋から遠くない、新しい住宅群からなるアンリ＝パテ小公園《スクワアル》八番地、ここも私道扱いの入り口に扉のある一角である。

日本から運んだ絵画は、アパルトマンを飾ったのだろう。しかし家具はどうしたのだろう。食器類を日本から運んでいるということは、最初の滞在の時のラフォンテーヌ通りのアパルトマンで購入した家具も、一旦は日本に持ち帰ったのだろう。しかし食器は再び運んで来ても、家具は運ばなかった。家具つきのアパルトマンにしたのか。それともまた購入したのか。しかしこの後、長期にひとところに留まってはいない。はじめの想いとことかわり、定住の道に進んでは行かなかった。

「サンクルーの家を引き払つて今ヴエルサイユのトリアノ〔ママ〕ホテルに居ります。汽車の都合で明晩にメジェーヴへ参ります。今日は日曜日でロンドンの叔父が中食に参りました。〔……〕吉田イタリー大使有田ウイン公使等にもお目にかかりました」（千代から義父宛一一月二二日）。

メジェーヴに千代を訪れた松平恒雄夫妻

ロンドンの叔父とは、千代の父の弟松平恒雄で、駐英特命全権大使であった。吉田茂がイタリー大使であったのは、一九三〇年一二月から一九三二年五月までであるから、これは一九三一年の便りである。オーストリア駐在特命全権公使は有田八郎であった。

サン＝クルーの家を引き払った、とあるが、アンリ＝パテはパリ南西の郊外のサン＝クルーからは遠い。サン＝クルーに短期に家を借りたのであるかもしれない。

この時は、ウインタースポーツの中心としてのメジェーヴへ行ったのだろう。松平夫妻がメジェーヴを訪れて一緒に写っている写真も残されている。千代の胸部疾患はまだ表れてはいなかった。しかしメジェーヴは、千代が多くその時を過ごす場所になっていく。

4 オノラと共に

オノラの出発まで

一九三二年の新年はメジェーヴで迎えた。住所はオート＝サヴォワ県、メジェーヴ、ヴィラ・ラ・クロワ・サン＝ミシェル。山荘を借りたのである。

三月にはパリに戻ったが、四月になると今度は南のグラースのホテルに居る。二ヶ月ほどはグラースに居て、六月の末にメジェーヴに戻る。温暖なグラースから夏は山中のメジェーヴへと、これは避暑である。秋になるとパリに戻っている。住所はアンリ＝パテだから、アパルトマンは維持していたのだろう。一〇月の末に、薩摩夫人の具合が良くないとオノラに書いている。

千代はしばしば加減が悪くなった。保養のために、季節ごとに過ごしやすい場所を選んで、都塵を離れた生活をするようになっていた。この時期にはまだ、胸部疾患と明確に判断されてはいなかったかもしれない。しかしこの頃から、治郎八は千代に付き添って、パリを離れていることが増える。

治郎八はどこにいてもオノラに宛てて書信を送っている。パリで直接相談のできるかぎりは、手紙の必要もなかったわけで、一九三二年以降、その数は増えている。どこからの通信でも、その内容は、大学都市、日本館、日仏交流に関わる計画、相談、報告、そのために必要なさまざまな人物との会談依頼の類ばかりである。寝ても覚めても、国際交流の方法を具体的に考えていた。

一九三三年元日に、治郎八はメジェーヴから新年の挨拶をこめてオノラに手紙を書く。その中にはすでに、今年オノラが赴くであろう日本への旅行のことが触れられている。旅行はすでに計画されていたわけである。このいきさつについては、「半生の夢」以外に、記録はほとんどない。

治郎八が日本を離れた二年前から、日本では軍部主導の動きがさらに強まって、国際的にも孤立の方向に進み始めていた。そのなかで、オノラのパリ日仏協会会長就任という案が生まれたというのである。当の協会は一九三一年の記録までを掲載した一九三二年の号を最後に、会報を刊行していないから、事実関係を確認することができない。

この案は、在仏日本大使館で参事官であった栗山茂の提起によるという。一方では、親日的であるオノラに日本の実情を理解してもらって、国外に向けての発信を期待し、他方で、オノラの国際親善、世界平和の理想を日本に向かって発信してもらおうという、二重の意図があったのである。

オノラの会長就任がなると、オノラを日本へ招待する計画が持ち上がる。このことを政府に理解してもらって準備するために、治郎八が日本往復をすることになる。時の外務大臣は廣田弘毅で、日本館計画の当初から、治郎八とは交渉があった。総理大臣斉藤實も相識であったと、治郎八は書く。

二月三日に白山丸でマルセイユを発ち、神戸到着は三月一〇日。翌日の「関西日報」が、「十日午後四時半折柄降りしきる雨と雪の中を郵船白山丸は久振りに欧州方面から神戸第二突堤に帰着した。帰朝者はパリ国際大学都市理事薩摩治郎八氏〔……〕を始め〔……〕」と報じている。西園寺は帰朝を祝すの電報を送る。

一月足らずの間に準備を整えて、四月六日、治郎八は再び白山丸で神戸を発つ。七日の「大阪朝日新聞」には「九月には日仏協会総裁を案内してまた帰ります」の談話が出る。

五月一九日付で治郎八はメジェーヴからオノラに手紙を書く。マルセイユ到着後パリへは戻らず、千代が病を養っていたメジェーヴへまっすぐに行ったのである。

メジェーヴでの千代

治郎八がまだ往路の海上にあった二月末に、二通の手紙がメジェーヴから治郎八を追った。一通は二四日付、もう一通は二八日付。千代の看病に関わっていたと思われる二人の女性の書いたものである。内容は共通する。

千代は治郎八が日本へ発つ時期にすでに病床にあった。当人は単なる風邪だと考えていた。それが直りきらないうちに流行性感冒にかかったのだと、初めは医者も言った。しかし熱が三九度台に達して下がらない。そこで肺充血、左肺尖部に水があると診断された。知り合いの医師ヴェルボーがジュネーヴから看護婦を呼んで看護に当たらせている。付き添ってきている召使のアントワーヌとその妻では、注射も打たねばならない看病はできないから。「流感から変てこな病気になったが大した事ないからご安心」と千代は書くが、もうスキーもできずに、床に就いて栄養を摂って大人しくしていなくてはならない。

それでもメジェーヴからのオノラ宛書簡で治郎八は、日本館の運転資金一〇万フランを払い込むなどの考えを伝え、あるいは、日仏関係の人間の中にも軍国主義のはびこりつつあることを嘆いたりしている。考えは日本館と平和裡の文化交流に向かう習いとなっていた。

パリには六月になって出て、六月二八日に以前と同じアンリ＝パテの住所で、仮滞在許可証を取得する。七月に入ってメジェーヴに行き、次いでトゥーロンの東の古くから知られた、そして治郎八も一九二三年以来馴染みのあるイエールの高台コストベルに家具つきの別荘を借りる。治郎八がオノラ夫妻と日本へ行って帰るまで、千代は地中海を望むこの温暖の土地で待つことになる。

オノラの日本訪問

コストベルからマルセイユへ、治郎八は向かったのだろう。オノラ夫妻と共にフランス郵船のダルタニャン号で出発するのは九月八日である。

ダルタニャン号出航時の乗客名簿に、三人の名前は確かにあるのだが、途中で船を乗り換えることがあったのだろう。神戸にはアメリカ船プレジデント・クーリッヂ号で一〇月一六日に到着した。その夜は京都に一泊して、翌日急行つばめで午後九時二〇分に東京駅に着いた。「夫妻の案内役としてパリまで赴いた薩摩治郎八氏も一緒に帰朝した。芳澤前外相、曽我子爵を始め外務省、日仏協会関係者多数の出迎へがあり直に宿舎である駿河台の薩摩治郎八氏邸に入った」(「東京朝日新聞」一七日朝刊)。

一九日午前一一時、前日になって決められた天皇の謁見が、皇居内鳳凰間において行われ、これに先立って、勲一等瑞宝章の叙勲が伝達されていた。続いて、首相官邸で首相招待の歓迎午餐会、夜は、正金銀行招待晩餐会が歌舞伎観劇を併せて催された。

この後、オノラは政府要人のほか、日仏文化交流に縁の深い人々と会い、また歓迎の宴席に出席した。詳細な日程は示さないが、確認できるだけでも、蜂須賀侯爵招待晩餐、三井男爵招待午餐、廣田外相官邸招待午餐。この時オノラは、日本では関東大震災で原本も複写本も失われていた、一八五八年の日仏修好条約複製を贈った。徳川頼貞侯爵招待音楽会並びに晩餐、音楽会では宮城道雄が琴を演奏した。三菱合資会社・木村久寿弥太《くすやた》招待茶会並午餐(芝高輪岩崎別邸)、貴族院議員稲畑勝太郎京都別邸招待午餐、京都日仏学館招待晩餐、鳩山文相招待晩餐、李王殿下招待晩餐、閑院宮招待晩餐、フランス大使館では午後の園遊会のほか、晩餐会も催され(一〇月二五日)、これに先立って行われた演奏会では、原智恵子がショパン、リスト、フォーレを弾いた。ほかにも藤田男爵邸で能楽拝見などの催しもあった。フランス大使館の中禅寺別荘ではメニューに中禅寺湖の鱒があった。

治郎八自身も、気紛れ荘を宿にして、和洋の食事を供した。同じ日のうちに昼は帝国ホテルに午餐会を開き、夜は代々木の本邸に晩餐会を催したりしている。

さらに京都から伊勢神宮に足を延ばし、また御木本の真珠養殖研究所を訪ねる。この折であろう、オノラは掛け軸用の和紙に、「伊勢、アクロポリス、聖《サント》ジュヌヴィエーヴの丘、これこそが私にとっては、すべての智とすべての美の、三つの象徴である」と、むろんフランス語でだが揮毫を試み、カタカナで「オノラ」と署名した。

薩摩の京都南禅寺別荘にも立ち寄ったし、曽我子爵の熱海の別荘にも足を運んだ。

一一月一四日、これは公の招待などのほとんど終わった後、外務省関係者を中心に気の置けない集まりではなかったかと推測されるのだが、料亭に遊んだ。一同の署名のある色紙をオノラは持ち帰った。中央にオノラの似顔を描いたのは重光葵である。周囲には、犬養健、曽我祐邦、有島生馬、原田熊雄他の名前が見えて、芸者たちのサインも並んでいる。

歓迎は、盛んなものであった。しかし実際のところ、この訪問にどのような意義があったのだろう。日本の国際連盟脱退宣言はこの年のことだった。日本はもはや後戻りのできない、無謀で無益な、軍部主導の文明放棄の

オノラの東京駅到着
左から治郎八，オノラ夫人，オノラ，芳澤謙吉か。

道に進んでしまっていた。オノラの旅程のすべてに同行した治郎八は後に、日本の軍国主義者たちとの会見の空虚さを語った手稿を残している。それはそうに違いなかっただろうとしか言いようのないものである。文化による平和を唱えても、もはや手遅れであった。

オノラの離日を二週間後にひかえた一一月二五日、華族会館で、少人数の宴席が用意された。呼びかけたのは、徳川頼貞、樺山愛輔、岡部長景、山田三良、団伊能、黒田清、招かれたのは主賓オノラのほか、牧野伸顕、曽我祐邦、大久保利武、吉田茂、秋月左都夫、高楠順次郎、姉崎正治、栗山茂、薩摩治郎八、柳澤健、坪上貞二である。親フランスのリベラルな、そして自由な身分の人々であった。

オノラが神戸から発つのは一二月八日、その前夜、徳川家では別れの晩餐会を催した。

在日フランス大使館からは、八日のうちにフランス外務省海外文化事業局を通じて、パリ大学に通報が送られる。オノラが満州里経由で北京に向かったことを伝えたうえで、得られた成果の主だったものを挙げる。政府が日本館に年額一万円の補助金を約束したこと、三井男爵の手によってパリに日本学研究所が設立されることとなり、この財団資金は初年度一万円、次年度からは五〇〇〇円の補助金が毎年度支出されること、そして、藤田男爵から一万五〇〇〇円が、大学都市日本館の図書充実のために寄付されたこと、である。

ようやく日本政府が日本館運営に不可欠な補助金を認めていた。日本学研究所創設は、一九三四年に実際に財団が設立される。資金を支出したのは三井合名会社であった。藤田男爵とは、藤田伝三郎の後嗣平太郎である。晩年の伝三郎が、公共公利のための寄付を惜しまなかったことを息子は継いでいたのである。ついでだが、藤田は日本館在京委員会に協力していた可能性がある。松岡が事務局を辞した後、松岡の残務を外務省の鈴木九万《ただかつ》に引き継いだり、入館申込を一時期受け付けたのは、藤田鉱業内部の人間であった。

オノラ自身の日本見聞のほかには、ささやかな成果を得ただけで、旅は終わった。

給費留学生《ブルシエ》制度の誕生

治郎八はこの旅行に触れて、こう書いている。「当時巴里日本大使館参事官だった栗山茂氏は、オノラさんを通じて日本人フランス政府留学生のプランを申し出て、フェルナン・ピラ文化局長（後駐日大使）と私が仲介して現在でも続いている『ブールシエ』の制度を確立した」（『巴里大学と私』）。例によって、実際に何がどのように起こったのか分明でないばかりか、取りようによっては、不確かな手柄話とされかねない治郎八の文章だが、早くからオノラを通じて知り、日本駐在の大使にまでなったピラ、オノラ招待のおそらくは実務の中心に居た栗山、この二人を治郎八が結び、オノラの後押しがあって、フランス政府給費留学生が生まれたということである。実際、第一回の給費留学生は一九三三年に始まっていた。第一回給費生は吉川逸治と坂丈緒であった。

試験は七月頃に行われて、合格者は次の年の新学期までに到着することになったから、第一回の試験は一九三二年に行われただろう。そうするとこの制度はオノラ来日以前に始まるのだが、上の人間関係から生まれてきた制度を、オノラの旅の手土産と治郎八は考えたのだろう。その後、戦争とそれに続く計一一年間を除いて今日まで続く、フランス系の研究者を育てる意義のある制度は、こうして誕生した。第一回の学生は二人とも日本館に入館した。吉川は一九三三年一〇月一五日に入館して、一九三四年に発足する日本学研究所の図書の整理にもかかわり、少なくとも一九三五年度も在館した。さらに戦後は館長を務めるなど、館に深い縁を持った。

メジェーヴとコストベル

さてオノラ夫妻は日本を離れて満州から北京を回って上海にでる。治郎八は満州に同行して、軍部と面倒な関わりを持つことを忌避したのだろう、オノラとは上海で落ち合うことにした。上海から香港まではフランス郵船のフェリックス・ルーセル号に同乗した。

そこから一行は、仏領インドシナを旅行して、ハイフォン、ハノイ、フエを経てサイゴン、さらにカンボヂャに入ってプノンペン、ポイペットで国境を越えてシャムのアランヤプラテートからバンコックと進み、マレー半島を下ってシンガポールに出て、ジャワに渡り、各地を廻った。途次では仏印総督に会い、仏印パストゥール研究所を訪れ、シャム王家の人々や政治家に出会ったりした。

サイゴンでシャム入国査証を得たのが一九三四年一月五日、バンコックでオランダ領事部の査証を受けるのが一一日、一月一八日には汽車でシンガポールに向かっていることが、旅券の記載から確認できる。インドネシアにも一月近く居た模様で、コロンボには二月一一日入港、あとはまっすぐヨーロッパへ向かった。

マルセイユ到着は二月二八日である。そのままイェールのコストベルに向かう。以後この年も、コストベル、メジェーヴで過ごす時間が多く、必要に応じてパリに出る生活が続けられた。パリではラ・ペ通りのホテルに泊まった。アンリ＝パテは手放したのだ。コストベルに居て、冬から春は状態のよくなかった千代は、五月に入って快方に向かい、月末にようやく治郎八に付き添われて山のメジェーヴに移動する。夏をメジェーヴで過ごすのである。そのままパリに出た治郎八は、おそらく単身イェールの別荘に戻る。千代をコストベルに連れて来るのは、一〇月の初めである。

この時期に、治郎八はオノラに依頼して、フランス郵船に帰国の船室を予約してもらう。翌年の三月出航予定のフェリクス・ルーセル号、上海と香港の間でオノラ夫妻が使った左舷の二人用一等船室が望ましい。三等にも二人室を一つ、これは召使の夫婦を同行させるためだ。それから甲板に自動車置き場。しかしこの予定は、千代の状態が船旅に耐えられるようになるのを待つために、延期されることとなった。

日本学研究所など

メジェーヴ、コストベル、パリの間で行き来しながら、この年の治郎八は、東京土産であった仕事に関わっていく。まずは日本学研究所である。

日本館計画の当初から、館内に日本文化図書館を設けて、研究者の利用に資する考えが、治郎八にはあった。朝日新聞による寄贈書蒐集送付などのことはあっても、いまだ集書は充分ではなかった。

日本学研究所は、一九三三年一二月一日、三井合名会社池田成彬から、本省条約局長になっていた栗山に基金寄付の決定が伝えられて動き出す。定款を整えて寄付行為が成立するのは翌年の五月二五日、さらに年を越えて一九三五年一月三一日に第一回理事会が開催される。理事長アンドレ・オノラ、副理事長には、大使館書記官三谷のほか、シルヴァン・レヴィ、アンリ・カピタン、理事の中にはミシェル・ルヴォンなどと共に治郎八も加わっている。研究所は日本館内に併設されたから、その購入書籍は日本館図書室に置かれ、図書館の利用価値は高まった。三井は、開戦前の一九三八年度まで資金提供を続けた。

この研究所併設に伴って薩摩財団の定款に一部変更があって、それにもとづいて日本館入口の標板を新しくすることになった。そのことを大使館からオノラに伝えているのは鈴木九万書記官である。一九三一年から三六年まで駐パリであった鈴木は、この時期に大学都市担当となっていた模様で、オノラ宛に職務上の文書をしばしば寄せている。治郎八との交渉も緊密になっていた。

一九三四年一一月、治郎八は外務省文化事業部に戻っていた柳澤健に、日本館と大学都市の現況と、現在進行中あるいは計画中の事業などについて書き送る。同時に、このことをオノラにも報告している。オノラの手足になっているという意識があるのである。柳澤はこの文書を私信ではあるが重要と見て、外務省の用箋一六枚に及ぶタイプ印刷の要約に作って、一部に配布した。

柳澤の要約から項目を挙げておく。一、巴里大学都市の現況と前途、二、三井財団日本学術研究所、三、藤田文庫、四、日本学生後援会、五、日本仏教研究所設立ノ精神的影響ト必要、六、「トロカデロ」博物館日本部ニ就テ、七、「コンピエン（＝コンピエーニュ）」ノ「トウリズム」博物館日本部設置、八、「ヴァンセーン」ノ欧州大戦博物館日本部設置の必要、九、日本庭園設置。「六」から「八」は、日本紹介のために、出品展示をするという計画、「九」も同じ考えに立つものであった。

日本学生後援会はミシェル・ルヴォンが始めたものだが、最近は活動していない。事務所は日本館に移っているし、これからてこ入れをする。日本学研究所はすでに設置されて機能している。次いで日本仏教研究所も是非パリに設立したい。日本学研究所と同程度の基金で出発できるだろうから、ロ利きを頼みたい。大学都市はロックフェラー財団提供の中央館も建設中で、いまや二五〇〇人の選良の集まる施設になっている。そして、藤田男爵の寄付金は、その半分で蔵書を購入し、残りの半分は利息を雑誌の定期講読に充てたい、既蔵書のリストを近く送るから、重複を避けて書籍の選定に協力を願いたい。

文化交流といっても、特に日本文化の宣伝普及に努めようとして、様々な方策を考え、また実践しようとしていることがわかる。時代の流れの中で、必ずしもすべてが実現したわけではないし、日本学研究所のように成立したものも、戦争によって潰えていった。戦争の到来に抵抗するためにこそ、このような企てはなされていたのだったが。

5　平和の使徒

プラハへ

一九三五年一月の初めに、前年秋からコストベルの滞在を続けている千代の健康がまたしても危うくなっていた。健康状態が悪いから手術ができないでいると、オノラに書いた手紙がある。どうやら虫垂炎が原因で腹膜炎を起こしていたらしい。

同じ一月、プラハの友人から手紙が来る。日本チェコ協会が成立したから来て欲しいという招待である。プラハには旧知の小川昇が代理公使として駐在していて、協会設立にも参画していたから、小川自身の誘いだったかもしれない。この招待を早速オノラに伝えて、行けば講演をしなくてはならないから、大学都市のことを話したいと積極的になっている。さらにプラハ市立美術館に日本美術部門を、自分が行って開設するとも言う。

パリに出ることが多くなったのであろう。この年の三月にはパリの住所がホテルではなくなっている。パリ一六区、マレルブ小公園《スクワール》二番地、これは、パリを取巻く環状道路の西側部分スュシェ大通り《ブールヴァール》沿いの、かつての市壁防塁六二番の跡地に、前年一九三四年に建設された、私道の堂々たる住宅群である。この住所は少なくとも一九三九年まで維持されることになる。

大学都市を説明するためのスライドの用意も、三月中には整って、おそらく時間をかけて講演原稿は用意されたものであろう。薄桃色の厚地のカード（これは千代の用箋であった）に書かれた日本語の原稿が残されている。フランス語によるタイプ原稿もある。パリで刊行されていた「フランス＝ジャポン」誌に講演後に発表されたテキストがある。日本語のものは、いささか生硬な、文意の取り難い文章である。二つのフランス語はほぼ一致していて、滑らかな理解しやすい文章になっている。全体の論旨と展開は、日本語テキストとフランス語テキストの間で共通するが、そのまま翻訳したものではない。日本語のメモをもとに、治郎八がフランス語にしたうえで、協力者の手を借りて完成させたのではないかと想像される。当日は、フランス語テキストを読んだと考えるのが自然だろう。

六月六日にドイツからチェコに入り、プラハではアルクロン・ホテルに滞在した。

講演は東洋研究所付設日本協会の主催で、研究所において六月七日金曜日午後九時から行われ、フランス公使と日本の代理大使が出席した。

「知性は人間の幸福のために」

「パリ大学都市と、世界の平和と文明のための日本の事業」と題する短い講演（文中では閑談《コーズリー》と称している）の主旨は直截である。

第一次世界大戦の被害は、単に物質的であるだけでなく、精神的であった。余りに大きな熱情、つまり激しい感情の爆発は、人類の偉大な文明に害をもたらす。私たちの文明を保持しなくてはならない。激情を生む憎しみを消し去るためには、普遍の愛が必要である。世界の選良《エリート》を盲目的な激情の戦いから守られた、平静な精神と心の平和の中において、互いに理解し合い、愛し合うことができるようにすること。そのために国際大学都市は作られたのである。そうして生まれた世界の若い選良がそれぞれの国で重要な役を果たすようになったときには、真の平和が生み出されるだろう。

最後の部分だけフランス語テキストから引用しておく。

『大学都市』は、フランスの献身的な主導のおかげで、世界平和を願う精神的結びつきのもっとも大きな一つとなりました。〔……〕私たちは、平和を愛し、文明という人類共通の宝の維持に誇りを持つ、すべての精神にとって、かくも親身にあふれて、かくも堅固なフランスの土地に、国際的選良《エリート》の町を実現したのです。今度は、みなさんが私たちと手を携えて、私たちのもっとも大切な希望は、共通の理想のために闘う意識を建設することであると、声を大にしておっしゃってください。人類は知性に対する敬意を守ってきました、しかしこの敬意を守り続けるためには、知性が熱狂を呼び起こしてはならない。知性は人間の幸福のために奉仕しなくてはならないのです。

いかにも大胆に、ナチスと軍国主義に対する挑戦を含んでいる。そして同時に、早く一九二〇年代から検討されながら、いまだに建設に至らないチェコスロヴァキア学生会館の大学都市への建設を勧誘するものであった。

小川代理大使は廣田外務大臣への年次報告に、「好評ヲ博シタリ」、そして「国際人トシテ致〔=チェコ〕仏文化促進ノ為ノ同氏ノ活動ハ当局ニ到テ甚タ好印象ヲ与ヘタルモノ、如シ」と書く。モスクワに行って留守であった外務大臣を待って、学生会館建設を慫慂《しょうよう》したのであったが、これは実らなかった。有名な鉱泉カルルスバートに小川と寄ってから、再びドイツを経てライン国境を越え、フランスに戻ったのは一三日。一週間の短い旅であった。

オノラの弟子

治郎八がパリに戻った後のことである。オノラは文部省高等教育局長カヴァリエに講演テキストを送って、手紙を添える。「日本館の定礎式を司ったのは貴君だった。これを読んでみたまえ。書いたのは日本館の創設者、我らが友、薩摩だ。これは私が東京で取り上げた主題だったが、それをもう一度プラハでの講演で取り上げて、しかも喝采を受けたのだ。これは生半《バナル》なことではない。会う機会があったら褒めてくれたまえ。そういうことには敏感だから」。

治郎八が、オノラの弟子として、師の理想を伝えていく役割を自らに課していると感じられる。オノラもまたそのことを承知して、用いまた援けているというところである。

講演はプラハ東洋研究所において行われたが、治郎八は九月一三日付でこの研究所の国外研究員に任命されていて、一九三八年の「研究所報」所載名簿で確認できる。

日本美術部門も、治郎八立会いのもとでこそなかったが開設された。治郎八の寄贈分として送られたものにそれ以外の寄贈も併せて、この年の一二月一七日からプラハの芸術協会で展示され、その会期後に複数の美術館に収蔵された。この経緯は小川代理公使が治郎八に手紙で書き送り、それに添えられた現地の新聞切抜きが伝えている。展覧会開会はクーデンホフ＝カレルギーが司った。

この時の寄贈計画は、プラハ滞在中に始められたもののようで、ホテルの便箋に、寄贈されるはずの作品リストと、寄贈協力を求めるべき人々の名簿と、いずれもフランス語で書いたメモが残っている。日本人以外も加わった場で書いて見せたものだろう。作品リストには、治郎八寄贈が一一点示されている。協力者には、秩父宮、李王、徳川侯、蜂須賀侯、山田伯（義父）、松平子、鍋島侯、薩摩治兵衛、そして代表委員として自分の名前がある。直接依頼できそうな人物だけに限ってあると見える。この時に作業を始めて、暮れまでにまとめて送ったということなのだろう。小川の手紙によれば、治郎八は二〇点、これに小川たちが用意したものも併せてすべてで五〇点が寄贈された。

治郎八が個人で贈ったなかに、狩野常信があり、鈴木春信があり、司馬江漢があり岡鹿之助がある。「シャンチイーの城をモデルにして、前景にカトレヤの蘭花の大輪を配した作品〔……〕この画も、現在では、プラーグ美術館に保存されてある」（『モンパルナスの秋』）。岡鹿之助のこの作品は、ラフォンテーヌ街の室内で、ルイ一五世様式の長椅子の後ろの壁に千代の作品と並んで架けられていたタブローである〔口絵一頁下参照〕。これらの寄贈作品は、今日なお、プラハに伝存する。

千代との帰国

七月一九日、オノラはフランス郵船に治郎八のために船室を予約する。千代の健康状態のために何度も延期になっていた出発が、九月二〇日マルセイユ出航のスファンクス号に決定される。二人用に一等最上等のキャビン一室と、同行する召使夫婦のために三等に一室。しかし自動車の甲板保管は依頼されていない。持ち帰らなかったのである。

治郎八はシャモニーへ行く。メジェーヴから遠くないこのアルプス観光の中心地に千代が来ていた。人に聞いたのだろう、オテル・サヴォワの部屋は小さくて暗く、カールトンのほうが良いそうだと書き送っていた。二人はカールトンに泊まった。千代は案じていたほどではなく、元気だった。

そこから二人は九月初めにはコストベルに移ったようである。

治郎八は一旦パリに戻って、日本大使館と英国領事館で、帰途に関する必要な許可と査証を受取る。千代はまっすぐにマルセイユに出て、日本領事館および英国領事館で必要な手続きを済ませる。常に病床の傍らにあったアントワーヌと妻が付き添っていた。

出発の前日、オノラは治郎八に宛てて、おそらく、いずれかの美術館に計画中の日本セクションの計画設計図を送る。いかにも楽しそうな文面を沿えて。師匠と弟子とは、日仏文化交流の計画に夢中になっている。しかし手紙の最後に、オノラは書き添える。明日マルセイユに行くことができないことを、夫人にわびてほしいと。そしてまた、私たちの想いは君たちに連れ立って行くと。

スファンクス号は九月二〇日にフランスを離れた。

千代の旅券に航海途中の上陸の検印は少ない。サイゴンに一〇月一四日、香港には一九日に立ち寄っている。兵庫県の検印は残るが、神戸上陸の日付はわからない。一〇月の末近くであった。千代がヨーロッパの土を踏むことは、二度となかった。

第九章　白銀の騎士――日本館こそわが生命《いのち》

1　模　索

薩摩治郎八商店の閉店

帰国した治郎八を待っていたのは、薩摩商店の閉鎖であった。

しかしこれを破産とは考えない方がよいのではなかろうか。事業を終え、会社を閉じて、むろん、資産の一部を手放しはしたが、残されたもので生活を続けるだけの用意はあった。事実、そのようにして生活は続けられた。解雇された従業員にも充分な手当はなされたと考えられる。薩摩本家を中心とした、旧薩摩商店従業員の親睦組織「丸丁字春秋会」はその後も維持されたことが、そのあたりを語っている。戦争を回避して世界が推移したならば、なおかなりの期間、質を維持した生活が続けられたであろう。無論、冗費を抑えた自覚的な生活が必要ではあっただろうが、それは、関東大震災の後で二代治兵衛が自らに課したところであった。

大恐慌後の一九三三年にも四〇〇万円とされていた薩摩家の資産は、存続していた。本邸も各地の別荘も保持されていた。一九三六年にオノラの秘書宛に書かれた連絡に、初台は父の住所だから、駿河台に連絡をくれるようにと書いている。気紛れ荘も維持されていたのである。薩摩家の生活が、極端に変わってしまったということはなかった。国際文化事業に関わる治郎八の姿勢にも、変わりはなかった。

帰国からほどない一二月には、前年設立の財団法人国際文化振興会評議員に推されている。

一九三六年一月には、前年から大使として東京に居る旧知のピラと会う。オノラと自分で考えて進めてきたいくつもの計画、柳澤にも伝えた計画に対して、ピラが批判的であることに憤慨して長い手紙をオノラに書いている。あるいは日本学研究所の国外研究員に、友人であるチェコのクーデンホフ＝カレルギーを任命して欲しいとオノラに申し入れる。

六月には豊田自動車の車体意匠審査会の審査員として、和田三造、団伊能、柳澤健などとともに、千代ともども加わっている。千代もまだ、入院生活にはなっていなかった。

同じ六月には、トロカデロ美術館のために五〇〇〇円を獲得したと、オノラに報告している。夏には、仏領インドシナからクルージングで日本まで来たフランス人たち四〇人を外務省に接待させ、一場の談話を行ったり、熱海で茶話会に招いたりしている。

一一月には、国際文化振興会の中でインターナショナル・ハウス建設案が浮上して、治郎八は一二月七日、東京倶楽部での会合に出席し、さらに二八日にはその小委員会が開催されるに際して、治郎八も樺山愛輔、団伊能などと共に六人の小委員会委員に加わっている。国際交流と日仏友好の事業からは、いささかも撤退することはなかったのである。

S氏コレクション売立て

それでも資産の一部売却は行われた。その一端が、一九三六年五月二八日から麴町の室内社画堂で行われた売立てである。「S氏コレクション第一回売立」がそれで、写真も添えた目録の内容から見て、治郎八の収集品に間違いない。

内容は驚くほどささやかである。油彩は六点、ラプラードが二点（八号と五号）、ラツールとあるが、カンタン・ド・ラ・トゥールとは思えない肖像（一二号）、無名の三点（すべて一二号）。あとは素描、水彩、鉛筆、石版、エッチング、すべてで三六点。ブーシエー、ワットー、モローとあるのは、英国時代に買ったのであろう、画家の原画によるグラヴュールである。藤田はエッチングと石版、ルドンも石版と鉛筆デッサン、マチスの石版の一枚「鏡の前」は、気紛れ荘の壁にかかっていた。漆原とあるのは、『銀絲集』に木版を提供した漆原由次郎だろう。これも英国で買ったはずの浮世絵が一二枚と八枚組み袋物が一点。北斎、広重、英泉、清長、重政、歌麿。他には家具があって、中にルイ一五世様式の椅子六脚と長椅子揃とあるのは、ラフォンテーヌ通りのアパルトマンに写っているものに違いない。あとは小箱の類、美術書数点、額縁だけで、いかにも淋しい。ジャンヌの絵が売られることもなかった。

しかし治郎八は、元来コレクターではない。気に入った、身の周りにおいて楽しみたい小さなものを好んだ。繰り返し書いている「美しい生活」とは、豪華、壮大、大分限者らしいそれではなく、ささやかな楽しみのための、美だったのである。

一九三一年にパリへ持ち帰った作品の中からでさえ、司馬江漢も岡鹿之助も、おそらく新たに購入した何点かと共にプラハに贈ってしまっていた。治郎八の蒐集とは、こういうものだった。目録には、今後も小規模に繰り返すとしてあるが、第二回以降の目録は残されていない。

一九三七年の旅

薩摩商店閉鎖が生活を大きく変えたわけではなかった証拠に、治郎八はもう一度フランスに赴く。その往復に、二度、仏領インドシナとシャムに立ち寄る。一年と二ヶ月を超えるこの旅で、フランス滞在は七ヶ月、残る七ヶ月は東南アジアへの滞在である。

出発は一九三七年二月二七日であった。この時の旅の予定として治郎八は両親宛に詳細な行程表を書き残している。予定表ではあるが、旅券の記載と、要所で合致しているから、おおむねその通りに進行したものと考えていい。旧識であったヴィエンチャン駐在のフランス弁理公使ユートロップが、サイゴンの日本領事館気付で治郎八に残した手紙があって、途中で合流して案内をする旅程の提案が示されている。この手紙が残るのは、治郎八の手に渡ったということで、ユートロップとも再会して案内を受けたのだろう。それだから行程に変更もあったのだろうが、治郎八が何を訪ねようとしたかを見るために、当人の作った予定表を要約しておく。

ユートロップは、君がヴィエンチャンにいる間は、同行する君の親戚もともども、弁理公使官邸に歓迎すると書いている。この親類は、おそらく、千代の弟で、東京帝大を出て国策会社南洋興発に勤務していた山田顕貞である。東南アジアの風景の中にともに立つ写真が残されている。

仏領インドシナでの治郎八と義弟山田顕貞（右端）

二月二七日、三井汽船明石山丸で神戸出帆。

三月九日バンコック到着、二四日までシャム外相案内で国内旅行。

二五日朝、フランス航空でバンコック発、夕刻仏領インドシナ、ラオス首都ヴィエンチャンに到着、三〇日まで滞在。二六日より三〇日まで、金鉱、錫鉱地域視察。

三一日、モーターボートでリュアンプラバンに向け出発、メコン河航行。仏国警察、料理人、ボーイ、通弁随行。

四月五日、リュアンプラバン到着、八日まで滞在。

九日朝、リュアンプラバンをモーターボートで出発、メコン河航行、一一日ヴィエンチャン帰着、一五日まで滞在。

一六日、フランス航空でヴィエンチャン出発、午後仏領インドシナ、トンキン首府ハノイ到着、一七日、ハノイ滞在。

一八日、ハノイ出発（午後三時、サイゴン急行）、寝台車（土木局長官用車両）。

一九日朝、五時五二分アンナン南部フエ到着、二〇日フエ滞在。

二一日、フエ出発（午後六時二分サイゴン行き急行、寝台車）。

二二日、サイゴン到着、ただちに自動車でカントーに向け出発、カントーに泊。

二三日、カントー発、自動車でカンボヂャ首都プノンペンに向け出立、正午プノンペン到着、宿泊。

二四日、プノンペン出発、サイゴン帰着、泊。

二五日、仏国郵船アトス二世号に乗船、出帆。

五月二日コロンボ、八日ヂブチ、一二日スエズ、一三日ポートサイドにそれぞれ寄港して、五月一七日マルセイユ到着。


各地では仏領総督、弁理公使、土地の王侯などとの間での会見、謁見、午餐、晩餐に招かれまた招くなどが細かく計画されているが、すべて省いた。

三月一九日には両親に宛ててバンコックから絵葉書を出していて、予定と重なる。バンコックの日本公使にもこの頃面会している。


旅券に残された検印では、コロンボが日程表と一致する。

マルセイユ到着の日取りは、スタンプが読み取り難いが、一九日のようである。確かなのは、五月一九日にマルセイユで、鉄道の切符を購入したことである。フランス国鉄切符割引購入資格証ともなるパリ万国博覧会入場券を、サイゴンで四月二四日に購入していて、これにマルセイユ駅の検印が押されている。いかにもこの年には五月一日から一一月二五日までパリ万博が開かれていた。アトス二世号から下船したばかりの治郎八は、五月一九日には、マルセイユに居たのである。

このことを確認しておくのは、一九五六年版『せ・し・ぼん』所収の「半生の夢」に、「千九百三十七年の夏、英国皇帝陛下戴冠式の盛典に列席のため、盤谷からラクシャミ・ラヴァン女王殿下がトントウル殿下同伴、令妹バンチャード殿下と義女イン嬢を引き連れて来欧、私もお伴をした」というくだりがあるからである。どこへ「お伴をした」のか定かでないために、治郎八自身も「英国皇帝陛下戴冠式の盛典に列席」したと誤読されかねない。「半生の夢」の初出（「新潮」誌、一九五一年）には、「千九百三十七年の夏、英国皇帝陛下戴冠式の盛典に列席のため、盤谷からラクシャミ・ラヴァン女王殿下がトントウル殿下同伴、令妹バンチャード殿下と義女イン嬢を引き連れて来欧、巴里を訪ねられたので大学都市に招待した」とある。旅のどこかで、シャム王室の一家と同行したのであろう。一行が戴冠式の後でパリを訪れたので、大学都市と日本館へ案内したというのである。戴冠式はどうなったのか。エドワード七世退位により一九三六年一二月一二日に即位したジョージ六世の戴冠式は、一九三七年五月一二日であった。この日治郎八はまだマルセイユに到着していなかった。

この年のフランス滞在で治郎八が何をしたかは、記録が見当たらない。万博には足を運んだのだろう。あとは、「一と夏をノルマンデーの海岸で久しぶりの静養をした」（「半生の夢」）。

2　ニルヴァナの寂光土

金鉱採掘権

帰国の旅のマルセイユ出発がいつであったかは、旅券に記載がない。コロンボ寄港は一月八日であるから、マルセイユを発ったのはクリスマスの頃であろう。この船には、作家クロード・ファレールが乗っていた。中国と日本を「見に行く」のだという。ユートロップは一二月三日付の手紙で治郎八の来訪を楽しみに待つと書いているから、今度もヴィエンチャンで再会したのかもしれない。

一月一〇日にはサイゴンに到着。ここから、およそ三ヶ月の陸上の旅が始まる。カンボヂャを経て、ポイペットで国境を越えシャムに入国したのが二〇日、国境のシャム側がアランヤプラテートである。同じポイペットで二月一〇日にシャムを出て一旦サイゴンに行き、もう一度取って返し、二月一八日にはアンコールワットを見学（入場料は一ピアストルだった）、二〇日にポイペットで再度シャム入国、四月九日まで一月半以上を過ごして再び出国。この後はサイゴンに出て帰国の途についた模様で、四月二九日に上海で神戸行きの客船フェリックス・ルーセル号一等船室にトランジットしている。

すでに前年の三月にバンコックで日本公使に面会して、金鉱採掘権の話をしていた。今回の滞在は、専らそのことに費やされたのである。外務省記録から経緯を辿ってみる。

この件での治郎八の外務省接触は一九三七年一月にはじまる。

外務省通商局長に書信を寄せて、シャム駐在公使への紹介を依頼する。一九三二年以来、フランス人の資本家と共同で、フランスの植民地開発会社を通じて、シャム南部、マレーシア国境近くのトモー鉱区の有望な金鉱に投資している。すでに百万フランが投じられて、試掘が行われている。申請書を提出し、手数料を払って受理された場合には、これまでのシャムの法律では、所有権が認められていたものが、隣接する他の鉱区をすでに開発している会社にはそれを認めながら、自分たちの組織には、手続きが済んでいるにもかかわらず、なかなか所有を認めない。シャム王族で政府要人を知っているので、その方面から交渉を続けている。今回そのために現地入りする。フランス人も加わっているが、日本側の利益にもなるので助力を願いたい。そういう文面である。外務省は東亜局が受取って面会を決め、これまでの経緯を聞いた上で、二月九日付で公使に援助を指示する。

現地で治郎八に会った石射《いしい》猪太郎公使が、本省に報告するのが四月一五日。日仏合弁の形になるので問題が無いわけではないが、成立の支援をした上で、日本側の利益を確保することが適切と判断している。シャム側がロイヤリティーを高くすることおよび、シャム政府も加わる形を考えている可能性があることにも留意して見守るとした。治郎八の知る要人筋もある程度信頼できると見ている。さらに治郎八がこの権利をあくまでも自身が保有するとだけ考えてはいないとしたことに鑑みて、自己保有しない場合には、譲渡先は日本人にしてほしいと要望している。

進展にはシャム議会の会期も関係して、早急な結論が望めないので、代理人トントウル殿下に委任し、秋以降に再来することとして一旦国外に出た。そのままパリに向かったのだが、そのパリで治郎八は、杉村陽太郎駐仏大使を通じて、シャムを経由して帰国するための補助金措置を外務省に申請する。大使の協力があって、九月末までに一万円が支払われた。これには旅費滞在費のほか、現地要人の接待費も含むと、杉村大使は説明している。

治郎八は一九三八年一月にふたたびバンコックに入り、四月まで折衝を続けたが所期の結果は得られるにいたらなかった。治郎八は自身が風土病に冒されたこともあってそのまま帰国したので、石射公使後任の村井公使はその経過を本省に報告し、望みなしと決まったわけではないが、かなりの困難が予想されると観測している。

村井公使はその後、古川鉱業もこの地区の鉱山に関心があるので、薩摩の計画とこれを結びつけて、日本側に利益をもたらすことを工夫すべきと本省に進言する。この計画は古川側が関心を示さず沙汰止みとなるが、シャムを発つまえに治郎八が自分の代理人などを現地代表に引き合わせていた三菱鉱業が関心を示し、外務省東亜局の仲介で、三菱側と治郎八は会談する。しかしシャム国内では治郎八の関わる鉱山の採掘権は一向に認められる手筈がつかないままで推移している状態が一九三八年秋まで続き、三菱鉱業はトモー鉱区以外に可能性を求めようとし始める。

一一月二九日の東亜局事務官宛の手紙で治郎八は、「今夏以来仏印土産風土病にて絶対静養を命ぜられ未だに外出不能」と書く。この段階までは外務省記録を確かめることができて、その後はわからない。一九三九年夏から秋にかけて、もう一度フランスに赴こうとして外務省と交渉することになった時期に、「東亜局にお願いしてあるシャムの鉱区問題のアプリケーション（試掘権獲得）を愈々具体的に協議するとの報もあり」（九月一六日）と書いているから、交渉は継続していたものであろう。しかしその後は記録も言及もない。

すでにヨーロッパではオーストリア併合《アンシュルッス》、ミュンヘン条約と、ヒトラーの侵略に迎合するだけで各国は有効な対抗手段をとることができないまま、戦争に向かっている。一方シャムも、国名をタイと改めて、国家主義的政策が実施されていく時期であったから、この問題は解決を見ることなく終ってしまったものではあるまいか。日本も、二、二六事件以後軍部の暴圧はさらに強まって、日独伊防共協定をへて、盧溝橋事件から全面戦争へと向かっていた。

治郎八のこの金鉱採掘計画をどのように捉えるべきであろうか。

熱帯の平和

外務省に示した文書の中に、ベランジェとジェラールという二人のフランス人投資家の名前がある。「半生の夢」に富豪G君とあるのがジェラールであろうか。すでに一九三二年に投資を勧められて加わったというのなら、薩摩商店が閉鎖したゆえに金鉱を探そうとしたとは解釈できない。この時にはまだシャムを訪れてもいなかった。翌一九三三年、オノラとともにこの地に赴いたのも、自分の眼で当のシャムを見ることに目的の一端はあったのだろう。一九三六年以降には、すでに投資していたものを、何としても救い出さなくてはならないと考えたのであっただろう。その一方で、現地要人との交渉、外務省への働きかけ、またおそらく駆け引きが働いているらしい三井鉱業との交渉などを見ると、治郎八もさすがに初代治兵衛の孫であって、事業を動かすことの面白さを味わってもいるかと考えられる。生来の冒険心も働いているであろう。しかしそれ以上に、東南アジアのこの土地の魅力に取り付かれたと思われるふしもある。

「半生の夢」の記述には時間的推移に混乱があって、事実の経緯については捉えようがないが、カンボヂャとシャムの自然と歴史に熱中しているさまはうかがえる。もっとも、問題の金鉱脈ははるか南方のマレーシア国境であるのに、それが往昔のアンコールワットの燦然《さんぜん》たる幻に重ねられるような錯誤はあるのだが。カンボヂャ王に捧ぐとされた詩篇草稿が、「寂光の大空から無数の香花が音もなく降りそそぎ／地上の草木は芳香にむせび／鳥獣迄も栄光に輝き／天地は静寂の大平和に包まれる」と始まり、「ニルバナの寂光よ／ありとあらゆる生物から憎悪の念を消せよ／そして一草一木の乾きたる葉の上に甘露を降りかけよ」と続けられるのも、熱帯の平和に思うところがあったかと感じさせる。それだからこそ、「その後〔……〕大東亜何々の連中がこの地上の極楽で血祭り騒ぎを演じてしまったのは残念至極の至りと云うほかない」（「半生の夢」）という感慨も後に生まれることになった。先にプラハで行った講演のなかでも治郎八は、「ニルヴァナ」の語を使って、これを「憎しみの消滅であり、永遠の平和への愛である」と説明していた。

採掘権確保を果たせないまま、治郎八は病を得て帰国した。風土病とはなんであったのか。「マラリア其他の難病をしよい込み」と、外務省文化事業部の鈴木九万には後に書いている。「かかりの医者の忠告にしたがつて、日本で数ヶ月待機することに意を決し、看護を申し出た旧知の仏蘭西婦人に附添《〔ママ〕》われて一九三八年五月五日フェリックス・ルッセル号で神戸に到着した」（「半生の夢」）。「かかりの医者」とは、オノラとともに会った、インドシナ・パストゥール研究所の医師であったか。翌年八月にはプラダル博士という医師がサイゴンから薬をもってやってきている。また付き添った婦人とは誰であろうか。治郎八には一九三三年秋にはすでに関係のあったフランス人の愛人があって、多数の手紙が残されている。このファビィ・フランスという女性が付き添ったという見方もあるのだが（久保田二郎『甘き香りの時代』）、確認ができない。ファビィ書簡は、おおむね治郎八が日本に帰国している期間に書かれていて、なるほど、この一九三七年一月から二年半ほどは手紙が残らないが、それが直ちに同行を意味するものでもない。また、ファビィは一九三三年秋には、服飾サロンに帽子を出して評判がよかったと伝えていて、婦人帽子職人《モディスト》であったと思われる。少なくとも看護の専門家ではなかったろう。誰が付き添ったものか、詳細は不明であるといっておくよりない。

3 夢の記憶

『白銀の騎士』

一九三九年とのみ刊記のある私家版の詩集がある。初版三〇部とフランス語で書かれている。およそ小型四六版ほどの版型で、本文紙と同じ扉も含めて、すべてで五六ページ。ピンクの紙に藍色のインクで印刷され、濃藍色の表紙には中央に、治郎八の書簡箋に印刷されると同じ飾り文字がピンク色で刻されている。扉には一行、「詩集　白銀の騎士」とある。薩摩治郎八が刊行した詩集である。印刷所は記されていない。

収めるところ三四篇、これを五部に分かつ。扉の裏には、「1920-1935」と記されている。初のヨーロッパ滞在から、病を得た妻と共に帰国するまでを含む一五年間、ヨーロッパ滞在の決算とする意図があるかと思われる。原稿と校正刷の状態から考えて、一九三五年の帰国の後に準備されて、一九三八年のシャムからの帰国の後の、病床の時期を通じてまとめられたのではないかと考えられる。

五つの部ごとに、扉が置かれ、その裏には引用の題辞が置かれる。順に上げておこう。章題の後には章ごとの献辞と、含まれる詩篇の数を示しておく。第一部にだけ献呈がない。

When I was a boy in this/Dreamy England　八篇
La Mer Rose（二十才の夢を育てた地中海の波に）　六篇
春の森（巴里の水精達に）　四篇
希臘の幻影（パルナソスの橄欖樹に）　一二篇
憂鬱の花園（あせてしまつた花束に）　四篇

「夢の英国に少年であった日に」は、ハンプシャーの語も見られて、短い滞在であったホイットチャーチの印象が中心に思われる。それでも、「自分達の二輪馬車《カート》は／貴嬢の古城の細径を／朝の太陽の中を踊りながら走て行た」（「幻の朝」）などという行もあって、これは事実に基づくものではないが、後に草稿のままに残された虚構の回想では、お城の姫君との出会いがまことしやかに語られているから、自己フィクション化はすでにこのときから始まっていた。なるほど「幻の朝」と、種を明かしてはあるのだが。「薔薇色の海《ラ・メール・ローズ》」も、地中海のほとりでの若い思いと読めるが、なかに「美しい姫君には銀の車／カンヌの桃色の春を散歩なさるなら／榕樹の葉が孔雀の尾の様に覆てゐる／エメロードの亭でお待ちしませう」（「銀の車」）とあるのは、千代のクライスラーを当然思わせる。ということは、幼い日の夢あるいは幻を、千代によって現《うつつ》にしようとしたのであったろうかという、解釈を可能にもするだろう。「春の森」は、若い日のパリ生活の記憶をとどめるかと思われる。題辞として引用されてるレニエの詩「私が今宵この薔薇の香りをききながら言ったなら」は、ヴェルサイユを詠った詩集『水の都』中の「スタンス」の第一行。「半生の夢」でヴェルサイユの逢引のくだりでも引用される。印象深い一行であったのだろう。治郎八は、確かに英仏の詩をよく読んでいるようである。パリに一人でいた時期の語学修練によって身についたものだろうか。詩句を引用して書きとめた手帖を作ったこともあった。最も篇数の多い「希臘の幻影」はいうまでもなくギリシャへの憧憬を詠う。

ここまでをいわば序章として、「憂鬱の花園」は、もはや「あせてしまつた花束」を思う暗い懐古の詩群となる。題辞はコクトーの詩集『用語集』（一九二五）に収められた詩「優しい目」からの引用で、「鳴く声のあんなにも優しい、死にゆく白鳥は／黒い血を流し、その血でこの詩が書かれた」がすでに死の影を見せている。この詩はコクトーを多く翻訳した堀口大學も訳していない。

これら詩篇の手書き原稿も一部残されているが、おそらくは、共に詩集に加えられるべく用意されたとおぼしい、同じ用紙、同じインクの作品も少なからずある。しかしそれらの、たとえば東南アジアの熱帯の楽園を詠った詩篇、あるいは病に伏せるドーリーの枕頭に祈りを籠めて見守る英語の詩などは、この小詩集に含められなかった。ヨーロッパでの一五年を凝縮して作品は配列されている。

「白銀の青春が過ぎていった」そのほとんど最後に置かれた、「窓」と題する一篇は、その甘さも含めて、集中でももっとも成功した、過ぎた自分の青春への愛惜の抒情と思える。

あの窓からは
白水仙の花園が眠てゐた
そして　立木の蔭から美しい聲が

朝日を散らしてゐた

あの窓からは
リラの花が薫てゐた
そしてピアノの甘い響きが
接吻を染めてゐた

あの窓からは
月光の牧場が輝いてゐた
そして夜鶯の楽しい囁きが
五月の夢を語てゐた

あの窓からは
涼しい瞳がうるんでゐた
そして彼女の紅い唇が
優しい名を呼んだ

ミネルヴァ
日本評伝選
通信
神無月
NO.79 2010

やはり、彼は近代日本最初の「哲学者」

——清水多吉氏『西周』を語る

◆三つの異なる世界を生きて

幕府目付として鳥羽伏見の戦いを督戦。明治啓蒙思想家集団の「明六社」員。更には山縣有朋の配下として参謀本部第三課長。とこのように並べると、西周《にしあまね》とは幾つもの時代、幾つもの異なる社会を生きた器用な人物のように聞えてくる。実のところ、幕末から明治を生きた多くの知識人は、そのような器用な生き方をした人物が多かった。しかし、丹念に西周の足跡をたどってみると、彼は三つの世界の門口《かどぐち》で、そのつど迷い、そのつどためらい、あるいは己れの批判者に同調している姿さえ見えてくる。

その最大の問題は、明治啓蒙思想家の立場と、参謀局（すぐに参謀本部になる）第三課長として「軍人訓誡草稿」を書きあげる立場との違いであろう。啓蒙思想家としての立場は、あくまでも知性によって、あるいは西欧の知識によって自立的人間を目指すことであろう。これに対し、西南戦争、竹橋騒動を受けて、当時の軍当局は、いかに軍人は上官の命令に従わねばならないかを全軍に徹底させる必要を感じていた。明治十一年秋、山縣は「軍人訓誡」を全軍に頒布する。その「草稿」を書いたのが西周であった。自立的人間と命令に素直に従うだけの人間とは違うはず。

◆抗命権？

そこで西周はどういう立場をとったか。西周は、上官の命令に従えないと感じた場合、兵卒、下士官の上官「告訴」の規則まで設けたのである。実際は、上官との卑近なトラブルが多発していたからであろう。だが、彼は「萬国公法」の訳者でもある。彼の念頭には、上官の命令がもし「萬国公法」に違反している場合の兵卒、下士官の取るべき態度の問題があっただろう。具体的には民間人殺傷、捕虜虐待などである。あの西南戦争では多発していて、闇に葬られてしまっていたはずである。完成され頒布された「軍事訓誡」にも、そのような上官告訴の痕跡が消去されずに残されている。明治十一年段階での西周のこのような問題提起は、「オミゴト」というほかない。これはまさに二〇世紀の諸戦争でのテーマ、日本でなら第二次大戦後のあのＢＣ級戦犯の問題であったはず。

◆「哲学」の由来

誰しも西周と聞けば「哲学《フィロソフィー》」という訳語を最初に使った人物として思い浮べるはず。あの訳語が出てくる『百一新論』は、鳥羽伏見の戦いの前の京都での講義であった。あれから数年の才月が流れたある日、盲目の山本覚馬と名乗る人物が西周の前に現われ、かつての講義の筆記録を差出した。明治七年、このようにして『百一新論』は世に出ることになった。山本は旧会津藩の砲兵隊隊長であった。幕末戦を激しく戦い、遂に失明に追い込まれてしまった男。西周の驚きと感激はいかばかりであったろう。

あの鳥羽伏見の敗戦の後、西周は、大阪から和歌山を経て江戸に逃げ帰る途中も、江戸に到着してからも会津藩の庇護の下にあった。この過程で西周は多くの会津藩士との交友関係を持った。明治政府の高官になっても、西周は彼らとの関係を大切にしていた。その友人の一人に広沢安《やす》任《とう》という人物がいた。西周はこの広沢との手紙のやりとりに特に心を配っていた（『西周伝』で森鷗外もそのことを特筆している）。広沢もかつては激しく戦い、戦後は世に出ようとしなかった男である。その広沢の急死に西周は慟哭《どうこく》する。明治の高官のうち誰が一匹の負け犬の死に涙を流してくれただろうか。あの山本覚馬は京都に戻り、その後、新島襄と出会い、新島を助け、かつ敬虔《けいけん》なクリスチャンとして、その生涯をまっとうする。

福沢諭吉に毒づかれてたじろぎ、かつての目付仲間が顧みようとしなくなった旧主徳川慶喜に心を配る姿勢。どこをとっても、西周はあの傲慢な明治高官らしくない。常に、たじろぐ彼の姿勢は、自己同一性を求めてやまない人間にこそふさわしい。やはり彼は近代日本最初の「哲学者」であったのだ。

清水多吉氏（しみず・たきち）
立正大学名誉教授。
著書に『ベンヤミンの憂鬱』（筑摩書房）、訳書にクラウゼヴィッツ『戦争論』上下巻（中公文庫）ほか多数。

『西　周』
清水多吉 著
2940円 2010.5刊

ちょっと立ち読み

Tachi yoimi

「はじめに」または「あとがき」から、ミネルヴァ日本評伝選の既刊本をご紹介します。

『月　性』海原　徹著
2940円
2005年9月刊

「男児志を立てて郷関を出づ」で始まる詩は、今まさに他郷に旅立とうとしている、若者の立志への熱い思いを綴った、文字通り青春の譜として、古くから親しまれている。「学若し成るなくんば」「人間到る処青山有り」などという断片的なフレーズは、誰もが一度、どこかで耳にしたことがあるだろう。つまりそれだけ人口に膾炙した詩といってよいが、その作者である僧月性については、ほとんど誰も知らない。何一つ知られていないというのが実情である。その意味では、僧月性は、世間的にまったく無名の人物といっても過言ではない。この落差は一体どこから来たのか。何が原因でそうなったのか。この素朴な疑問が、実は私が本書を手懸けることになった一つの大きなきっかけである。

　とはいえ、幕末維新史の世界では、僧月性は無名でも何でもない。吉田松陰の事実上の師であり、村塾で学んだ人びと、たとえば久坂玄瑞や高杉晋作らに大きな影響を及ぼした人物である。よく知られているように、彼は一時期、幕末の政治青年たちのいわばバイブルであった「新論」を、長州藩に初めて持ち込んだ人物である。西南雄藩の中で、水戸学的尊攘論が長州藩の藩論を制するのに大して時間を要しなかったのは、萩城下で周布政之助らが主宰する嚶鳴社の活躍を無視できないが、その事実上のメンバーである月性が、社中の人びとに「新論」を提示したことが、おそらく決定的ではなかっただろうか。

　僧月性はまた、長州藩でもっとも早く討幕論を唱えた人物でもある。尊王攘夷から討幕への政治的決断を必ずしもなし得ない、公武合体的路線が大勢を占める長州藩の藩論をやがて大きく転回させる指針、一つの確かなきっかけになったのは、ペリーの再来を目前にした時期、早くも月性が藩主に呈した「封事草稿」であったように思われる。

　草莽崛起の政治的スローガンを掲げ、安政大獄で刑死する松陰ですら、毛利家の臣であることを深刻に悩み、天朝への忠節と幕府への信義の間で揺れ動いていた頃、すでに月性は討幕論を前面に掲げながら、そうした不徹底かつ優柔不断の姿勢を断乎として不可とした。たしかに、討幕論者松陰の登場には、芸州からやって来た、もう一人の勤王僧黙霖の関与がなければならず、また松陰自身、死生を目前にしたぎりぎりの限界状況で自得する過程があったが、そうした彼の周辺にあって、絶えず励まし、教え導いたのは月性その人である。誤解を恐れずにいえば、僧月性の存在がなければ、松陰の野山再獄は考えられず、したがってまた刑死すらなかったかもしれない。《中略》誰も知らなくなった僧月性やその門下生たちを遠い昔の歴史的風景、今は朧げになってしまった記憶の世界から一つ一つ確実に蘇らせ、もう一度スポットライトを当ててみる。そのような作業を通して、幕末維新の激動の時代に彼らが一体何を思い、どのように行動したのかを改めて検証してみたい。《後略》

「はじめに」より

ミネルヴァ日本評伝選 周辺記

月性

人間《じんかん》到る処青山《せいざん》有り

27歳の月性が上方をめざし遊学の途に発つさいに作った詩「将東游題壁」の一節。「男児志を立てて郷関を出づ」で始まるこの詩は、戦前の中等学校漢文教科書にも掲載され、人口に膾炙（かいしゃ）している。未来への限りない夢を抱き、今まさに旅立とうとしている若者の元気溌剌な姿を描いている。文字通り裸一貫、立志の若者を励まし奮い立たせる詩として、これ以上のものはないだろう。

ゆかりの地：妙円寺

△ 妙円寺（山口県柳井市遠崎）
◁月性剣舞の図（僧月性顕彰会蔵）

月性と生家

周防国の真宗本願寺派の小寺に生まれた月性。その生家のすぐ前辺りまで海が迫っていたという。やがて長州藩でもっとも早く討幕論を唱え、幕末の志士たちに大きな影響を与えた彼の生きかたは、その海の見える風景のなかで、育まれたものではないだろうか。

妙円寺の境内には、月性遺品展示館、僧月性顕彰碑など、月性を偲ぶ史跡がいまも残る。

Access

妙円寺
【所在地】山口県柳井市遠崎729
【最寄り駅】JR西日本「柳井港駅」下車、
「遠崎バス停」より徒歩3分

今月の「推薦図書」

好奇心が刺激される一冊をミネルヴァの蔵書からピックアップ!

思想家たちが攻撃したアメリカ
その真の価値とは――

『反米の系譜学――近代思想の中のアメリカ』
ジェームズ・W・シーザー著
村田晃嗣／伊藤　豊／長谷川一年／竹島博之訳
5775円　ISBN 978-4-623-05246-2
2010年7月刊

現在、アメリカを肯定的に評価する知識人や政治家は少ないように思われる。中東イスラム地域で反米感情が強いのはもちろんのこと、フランスやドイツといった伝統的なアメリカの同盟国においてさえも、アメリカに対する反発は強い。アメリカは政治的にも思想的にも根本的に間違っており、世界の脅威であると考えられている。アメリカを悪と見なす一定のイメージやイデオロギー、一言でいえば「反アメリカニズム」が世界で広く共有されている。こうした否定的なアメリカ観は、単に近年のアメリカ国家やアメリカ人の振る舞いから形づくられているのではなく、もっと古くからの根深いアメリカ認識によって規定され、条件づけられている。

本書は、アメリカがとりわけヨーロッパからどのように見られているのか、その反アメリカニズムの起源とその系譜の追跡に向かう。

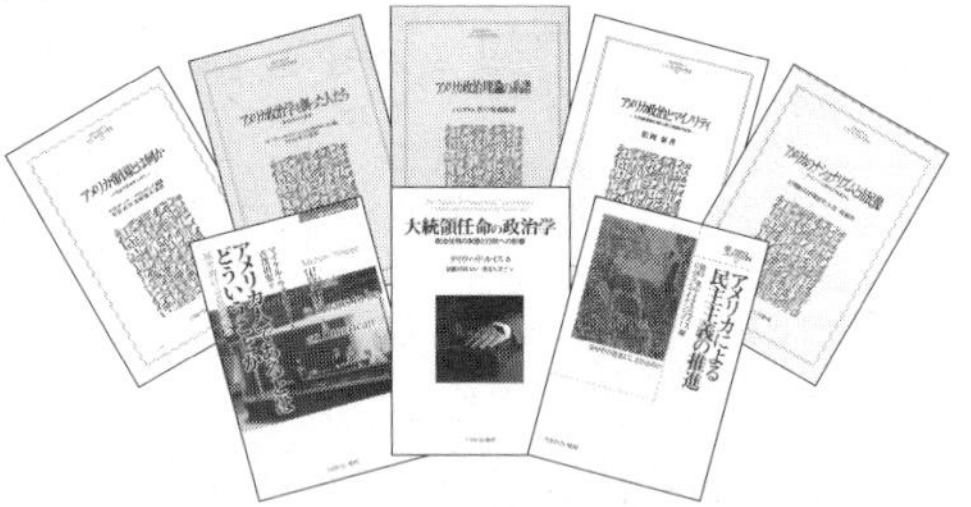

アメリカを読み解く

アメリカのナショナリズムと市民像
大津留（北川）智恵子／大芝　亮編著

●グローバル時代の視点から　ナショナリズムと市民像のあり方を、アメリカの状況を基軸として再考する。

４７２５円

アメリカ政治理論の系譜
J・G・ガネル著　中谷義和訳

政治学史研究の第一人者による、草創期から現代にいたるアメリカ政治理論の言説の展開史。

５７７５円

アメリカ帝国とは何か
L・ガードナーほか編著　松田　武ほか訳

●21世紀世界秩序の行方　歴史的事例や対外関係の問題点を探りながら、「帝国」の特質を浮かび上がらせる。

５２５０円

大統領任命の政治学
D・ルイス著　稲継裕昭監訳　浅尾久美子訳

●政治任用の実態と行政への影響　米国の政治任用の精緻な証分析から、その実態に警鐘を鳴らす。

４７２５円

アメリカ政治とマイノリティ
松岡　泰著

●公民権運動以降の黒人問題の変容　黒人や移民といったマイノリティ問題の軌跡を丹念に辿る。

５２５０円

アメリカ政治学を創った人たち
M・ベアーほか編　内山秀夫監訳

●政治学の口述史　15人の背景を異にした政治学者とのインタビューに学ぶことで、政治学のルーツを確認する。

５８８０円

アメリカによる民主主義の推進
猪口　孝ほか編

●なぜその理念にこだわるのか　今日改めて関心がもたれているアメリカの民主主義推進を多角的に検証する。

７８７５円

アメリカ人であるとはどういうことか
M・ウォルツァー著　古茂田宏訳

●歴史的自己省察の試み　「差異の政治」の視点から、カラフルに描ききった著者渾身のアメリカ論。

３３６０円

読・者・の・声・から

愛読者カードから読者の声を紹介します

気鋭の万葉学者による実にスリリングな**斎藤茂吉**の評伝である。
今までの茂吉像が、塗り変えられた傑作だ。
同時に万葉集の理解も深まる歌学書ともいえるだろう。
（高知市男性・79歳）

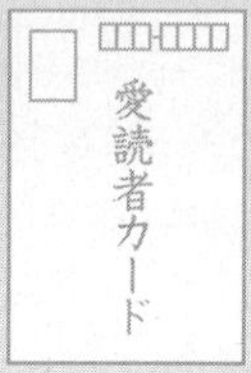

北　一輝の「思想構造」を、ここまで詳細に分析した本はない。（広島市男性・49歳）

北畠親房は、地理的叙述も行き届き、新見に満ちている。
この本は、親房研究の道標となる一冊だ。
（糟屋郡男性・83歳）

大正天皇を読んで、私たちの抱く大正という時代のイメージが新たな光輝を放ち、生き生きとしたものとして伝わってきた。
（京都市男性・53歳）

広報担当者より

日本が世界に誇る自動車メーカー、本田技研工業の創立者『**本田宗一郎**』（伊丹敬之著　２３１０円）。その生涯は、大きな夢を抱き、実現するため前進するエネルギーに溢れていました。人々を奮い立たせ集結させ、ホンダという世界屈指の組織を作り上げた宗一郎は、今もなお求められる経営者像を体現しているのではないでしょうか。宗一郎の口癖の一つでもあり、本書の副題にもなっている「やってみもせんで、何がわかる」という言葉は、既成概念や常識にとらわれず、自由に考え、大きな夢を描いてまずやってみる。宗一郎がつねに語り実践した、ホンダＤＮＡの根底に流れる言葉です。

本書では、大きな夢を天衣無縫に追い続け、ホンダを世界的な自動車メーカーにまで育てた伝説の経営者宗一郎の魅力と、彼を取り巻く人々の活躍を、共に余すところなく描き出します。

発行 ミネルヴァ書房　NO.79　2010年10月1日
〒607-8494 京都市山科区日ノ岡堤谷町1
Tel 075-581-5191　Fax 075-581-8379
表示価格は税込 http://www.minervashobo.co.jp/

郵便はがき

料金受取人払郵便

山科支店
承　　認

80

差出有効期間
平成23年5月
20日まで

607-8790

（受　取　人）
京都市山科区
日ノ岡堤谷町1番地

㈱ミネルヴァ書房
ミネルヴァ日本評伝選編集部 行

◆以下のアンケートにお答え下さい。

＊　お求めの書店名

＿＿＿＿＿＿市区町村＿＿＿＿＿＿＿＿＿＿書店

＊　この本をどのようにしてお知りになりましたか？　以下の中から選び、3つまで○をお付け下さい。

A.広告(　　　　)を見て　B.店頭で見て　C.知人·友人の薦め
D.図書館で借りて　E.ミネルヴァ書房図書目録　F.ミネルヴァ通信
G.書評(　　　　)を見て　H.講演会など　I.テレビ・ラジオ
J.出版ダイジェスト　K.これから出る本　L.他の本を読んで
M.DM　N.ホームページ(　　　　　　　　)を見て
O.書店の案内で　P.その他(　　　　　　　　)

＊新刊案内（DM）不要の方は×をつけて下さい。 □

ミネルヴァ日本評伝選愛読者カード

書 名 お買上の本のタイトルをご記入下さい。

◆上記の本に関するご感想、またはご意見・ご希望などをお書き下さい。
「ミネルヴァ通信」での採用分には図書券を贈呈いたします。

◆あなたがこの本を購入された理由に◯をお付け下さい。(いくつでも可)
A.人物に興味・関心がある　B.著者のファン　C.時代に興味・関心がある
D.分野(ex. 芸術、政治)に興味・関心がある　E.評伝に興味・関心がある
F.その他 (　　　　　　　　　　　　　　　　　　　　　　　　　　　)

◆今後、とりあげてほしい人物・執筆してほしい著者(できればその理由も)

〒 ご住所　　Tel　(　　　　)	
お名前《ふりがな》	年齢　歳　性別　男・女
ご職業・学校名 (所属・専門)	
Eメール	

あの窓からは
白銀の青春が過ぎていつた
そして幻の騎士の吐息が
夕闇に消えていつた

治郎八が、自ら先頭に立って何かをなすというよりは、前進する人に連れ立って行く、いわば消極的能動性の人であったことも、この詩にはよく表れていて、窓のこちら側から、自分の青春の過ぎていくのさえ、ただ傍観していることが、理解される。

金や紅でなく、銀と藤色を好んだ治郎八らしい、最後の節には、まさしく自らの青春を見送りつくした思いが籠められているはずだ。「幻の騎士」とは、ありえたかもしれない自分自身だろう。

詩集はこの詩で終わることになっていたのであろう。それは残されている校正刷がここまでだからである。しかしその校正紙の最後にペン書きの紙片を貼り付けて、おそらくは最終校正の段階で、もう一篇の短い詩が追加され、それが巻を閉じることになる。「棺」と題するこの詩篇では、騎士はもはや棺に入って葬られてしまっている。

「棺」

白銀の騎士が棺
灰色の月沈み果てし荒野の涯

黒装の聖母が像の下に密葬す
曉空に最後が流星落つ
そが水邊より黒水仙匂ひ
桃色が朝生れ出づ

所有・属性の助詞「が」の多用が妙に苛立たしい、詰屈した音の詩篇で、美しい言葉とイメージを並べることにもっとも腐心するかと思われる治郎八にしては、異質である。そのことがまた、この最後に加えられた詩の、特別な位置あるいは意味を物語っている。

「白銀の騎士」とは、いうまでもなく治郎八自身の表徴である。すべては終わったのだという意識がここには籠められているだろう。そして自らも密葬されてしまっている。治郎八はカトリックでもキリスト教徒でもなかったが、黒装の聖母は、フランス各地に伝承される黒い聖母であるとともに、治郎八が最後に慕い寄っていこうとする、女性的なるもので、しかも晴れやかな幸せを示すのではない、憂鬱の母と見るべきだろうか。すべては終わった。

しかしなお墓のほとりから、たとえ黒い水仙であろうと花は咲き出でて匂い、桃色の朝が生まれてくる。くるはずだとしか、埋葬された騎士には言えなかろうが、かすかな希望は、それでも残されてはいる。治郎八は絶望で終わることのできない人である。

このささやかな詩集に、何を読み取ることができるだろう。

すでに言った自己フィクション化がそこにはある。そのようにありえたかもしれないと夢想する自分が、そこに現れる。古城の姫君との馬車での遠乗りのように。その源はしばしばブッキッシュな記憶である。オフェリア、中世期の夢の花園、ロンサール、シテール島。それは夢を見させてくれる。神話や物語の名前に満ちた夢を。「自分はアポロンの様に夢を見る」（「古代風景の中で」）。それはまたある種の自己規定を生む。ほとんど常に、孤独な青年の姿にそれは集約される。「自分は漕ぎ出す〔……〕貴女の幻をのせて」（「シテール島への船出」）。銀色という豪奢にも淋しい幻を求める孤独な夢想者が、治郎八の自らに与えた姿のようである。

ヨーロッパ経験をそのように捉えて、孤独を抱いた騎士として自分が葬られることを幻視して、これまでの生涯を決算したつもりだったのだろう。これで終わったと考えていたはずだった。

しかし、そうして作った虚構の絶望の中に居続けることができないのもまた、治郎八だった。もう一度、パリへ行こうという想いが、生まれる。

もう一度パリへ行かねばならぬ

シャムから病気を背負って帰国した治郎八は、当面は大磯の別荘で病を養った。駿河台の小邸宅《ヴィラ》はもはや手放していたのであろう。この時期以降その住所は書簡にも文書にも表れることがない。駿河台の家は、治郎八の所有とされていた可能性がある。一九二七年、日本館建設に立ち会っていた時期に父に宛てた手紙の中で、「ご都合で駿河台は御売り下さっても自分としては更に苦しからず」と書いていて、資金のために売却してくれて構わないというのである。一九三七年前後に手放したものかもしれない。

一九三九年五月になって箱根の小涌谷別荘に移った。付き添ったというフランス婦人も、この機に日本を離れていたのであろう。

病を養いながら、半生の決算と思った詩集もできた。病もようやく最悪の時期を過ぎた。治郎八は改めて、大学都市日本館のことが案じられだしたのであった。

館の設計施行をしたサルドゥーは、建築から一〇年が過ぎて、館には多くの補修の必要があると伝えてきていた。ほかにも考えたいことはいくらもある。しばらく無沙汰に過ぎた鈴木九万に手紙を書く。七月一三日である。これを一五日に受け取った鈴木は早速見舞いがてら小涌谷を訪ねる。この訪問が一六日、日曜日であった。訪問への礼状で、「何分病人一人暮らし何等の風情なく」と詫びているから、家族は誰もいなかったのである。鈴木は大臣官房に入って、二年前に新設された儀典課長となっていた。この時に、手紙に書かれていた以外のことも鈴木は聞き取って、要約している。

一、日本館修繕を行いたいが、時局および家政上の理由から、まずは三万円程度の修繕に取り掛かること、二、そのために、杉村大使に算定してもらって、二年間分三万円の滞在費も持って行きたいこと、ただしこれには、フランス政府給費留学生への援助も含むこと、三、それには不足ができそうだが、残してある絵画などを売却すれば可能であること、四、私財の一部を処分して、二〇万円ほどを日本館維持のために、外務省文化事業部に委託する決心をしたこと、五、将来さらに三〇万円程度の出資を父治兵衛に頼んであること、である。杉村陽太郎は一九三七年から駐仏大使。このとき巴里日本人美術家展を提唱し実現させている。しかし病を得て帰国、一九三九年三月に病没していた。

この後、幾たびも手紙は書かれ、再渡仏への理解と支援を鈴木に依頼していく。直接の担当は文化事業部第二課であったから、やりとりは三谷文化事業部長、市河二課長に伝えられ、治郎八も直接に書信を寄せて依頼を重ねる。一九三七年七月に対中国戦争（日支事変と称した）が始まると共に、外貨の持ち出しには大幅な制限が加えられていたから、多額な送金には、大蔵省の特別許可が必要で、外務省を通じてその認可を受ける必要があった。外務省は、治郎八に協力する。

送金申請に添えて、渡仏および送金の理由書と、治郎八の海外で関係する事業一覧も提出された。前者では、大学都市総裁オノラおよび日本館理事会よりの懇請によって帰任すること、そのための必要資金であることを前段で示し、日本館が外務省の依頼によって設立されたこと、日本学生援護会と日本学研究所を付設することを後段で述べている。一覧には、事業というよりは、関係する機関組織などが、二三項にわたって列挙される。フランス日本美術家協会のようなすでに存在しないものも含まれ、仏領インドシナ関係の確認できないものもあるが、何らかの形でその組織あるいは事業に関わったことが知られるものだけ数えても、一五を超える。渡仏の必要性を説得するために、海外文化事業への関与実績を強調したということであろう。

外貨購入は認められて、一〇月一〇日買入れの前提で、大蔵省には九月五日付で三万円相当の外貨購入の申請書を提出することが認められた。ところが、大蔵省側は会って話を聞きたいといってくる。治郎八は病中で出頭できないと断って、そのままこの申請は立ち消えになってしまう。

そもそも、この直前から事態は急転していた。九月一日にはドイツがポーランドに侵攻して、ヨーロッパで戦争が始まっていた。フランスも直ちに総動員令を発していた。

日本館の状況もこの間に変わっていた。

日本館閉鎖

一九三八年六月着任した佐藤醇造館長の下で、内装などの一部補修がただちに企てられ、八月閉館して三〇室が改装された。一九三九年も八月に閉館補修して、九月一五日に再開する予定であった。しかし戦争勃発を受けて、館の再開は断念された。大学都市に入寮する学生の数は減少することが予想された。フランス側が管轄するいくつかの館を除いて、多くの館が閉鎖されることになった。総動員令下で建物の接収の可能性もあったのである。

日本館管理理事会の準備のために作られ、オノラに送られた九月一八日付の文書には、藤田の絵がすでに撤去されて、大学都市本部に移されたことが付記されている。万一の接収に対応して、保全のために取られた措置である。

館を閉鎖すれば、佐藤館長は辞職して帰国せざるをえないという判断がなされて、九月二四日には代理大使から本省に報告される。管理理事会は一〇月四日に開催されて、閉鎖が決定する。オノラは佐藤館長をねぎらい、再開の日の遠くないことを期待すると延べる。

これに先立つ九月一四日、省内で検討の結果として、鈴木は治郎八に電話して、渡仏断念を求めている。欧州はすでに戦時下にあり、フランス在留日本人も引揚げを始めている折から、病身の治郎八が危険を冒して渡仏することも心配だが、殊に、対戦国のみならず欧州一般への渡航が禁止決定されたのだから、渡航と滞在の費用として外貨の購入を大蔵省に斡旋することは、外務省としても困難であるというのが理由である。日本館が閉鎖となれば、管理運営の必要もなくなったわけで、治郎八の管掌するべきことがらは存在しないはずであった。

この過程での治郎八の反応は、独特である。

七月段階では、主眼は日本館の修理保全と留学生援護であった。

それが戦端の開かれた後では、「大学都市は国際都市として中立、各国の避難学徒収容と日頃我々の考えていた様万国赤十字に提供するか、兎に角あく迄人類文明のため、たほれる迄我々の責任義務を遂行の決意にて、私としては年来の友情より、オノラ氏の片腕としてあく迄ふみとどまり、日本人として責務を果し、死してやむ決心です」（鈴木宛九月四日付）と、危機にある現場にあって責任を果たしたいとなっていく。

さらに、「私の全存在理由はあの事業（＝大学都市と日本館）の前途」（九月一四日）であると言明し、「どうか私の全生命線を支持してください」（九月一六日）と懇願し、「御友情におすがりします」、「何卒お助け下さい」（同上）と哀訴する。

その一方で、蔣介石と袂を分かって対日和親の道に進んでいた汪兆銘をオノラに会わせて、滞パリ中国人学生の親日派を多数にする工作をしていると、いきなり持ち出して、渡仏が叶わなければ、この工作にも支障が出ると言いだす。汪はパリに留学したから、パリに根拠を持つことは不思議ではないが、こうした事実があったかどうかは確認が出来ない。この話が、蒸し返されることはない。

治郎八を支えているのは、「〔まだ〕幼稚だった文化事業にピオニア（＝パイオニア）としての微力苦心をもつて政府のプランを実現した事」、そのために「自分の半生を全くかくれたえんの下の力持ちとして過してきた事」、それが「誇りであ」るという想いであり、自分が「《よき世界市民》〔原文フランス語〕であったと共に《よき愛国者》〔原文フランス語〕だという満足」であるという〔七月二七日〕。だからこそこの事業を放り出すようなことになれば、自分は「全く生存の意義を精神的に失て了たキャダーブル〔＝屍〕です」〔九月一六日〕。何としても行かなくてはならない。

それだけではなかったかもしれない。すでにオノラとともに、陸軍大臣であった荒木貞夫との面会の不快を経験していた〔『半生の夢』〕治郎八である。その荒木が文部大臣になった〔一九三八年〕、そして軍部の暴圧が横行するようになった日本には、居たくなくなってもいたであろう。

財源交換の秘策

それにしても、滞在費その他が持ち出せなくては、なすすべもない。外務省を通じての外貨購入が困難と見て、九月半ばになって松平恒雄に相談する。親欧米のリベラル派が外務省から遠ざけられていく中で、外務省を去って宮内大臣になっていた松平である。松平は、ここはフランス側と交渉して方法を講じた方が良い、そのうえで旅券だけ外務省に発券してもらうのがよいだろうと助言する。この助言を得て治郎八は、在日フランス大使に相談を持ちかける。すでに鈴木から示唆を得ていたらしい財源交換である。

内容は二項目から成る。すなわち、戦争の期間にわたって、フランス外務省はパリにおいて治郎八に、各年三万フランを支払い、これに対して、治郎八は対価相当を円で日仏会館館長に支払うこと。また、その期間にわたって、治郎八はパリ国際大学都市日本館およびその付設機関の管理運営に無償で携わること。

一〇月三日付でフランス大使からの基本的同意を取り付ける。五日付の鈴木への報告には六万フランとあるが、大使からの返信コピーには戦争期間中年に三万フランとあって、治郎八がとりあえずは二年程度滞在と考えていたであろうことがうかがえる。外務省には「旅券のお世話だけ」頼むことになる。

フランス大使からはただちにフランス外務省に報告がなされ、これは対外工作局のマルクスによって一〇月五日にはオノラに伝えられる。マルクスは、悪い話ではないという。

オノラはこれに対して、長文の返事を書いて、少し違う考えを示す。

思いには応えなくてはなるまい

> 治郎八の日仏会館への払い込みは寄付扱いにして、また対価金額は現在の日本館に用いるのではなく、再開時のために留保しておくように。館の管理維持が

必要なくなったことは、説明すればわかる。代わりに何か別の目的を提案してくれるといい。その一方で、どんな形でもいいから日本館と治郎八自身のために、フランス外務省から総額で同じ額の補助金を出せるようにしてやってほしい。協力を断ることも、フランスに戻るのを差し止めるのも適切ではない。もう一度フランスに来て、協力したいというその強い思いには応えなくてはなるまい。

翌年の七月、すでに治郎八がフランスに到着した後に、治郎八への補助金が支払われることを、マルクスはオノラに告げることになる。

オノラが、「フランスへ戻って来たい思いは強いのだから」と言い、「来るようにと言ってやってほ

しい」と言うとき、それは治郎八の書く、「オノラ老も私の考えを知り抜いているので、私のはせ参ずる事を予期いたしおるべく」(鈴木宛九月九日)と、ぴったりと重なる。反対したらへそを曲げるだろうとオノラにはわかっていることがマルクス宛の文中にあって、それでも可愛がっているという感じははっきりと見えるのである。

出発は用意された。病気はどうなっていたのだろう。

七月一三日付鈴木宛の手紙には「少しく快方に向たもの、回復おそく未だに静養中」とあった。その後八月九日に、サイゴンから「プラダル博士が適薬を持って来訪しくれ、漸く完全なトレットマン(=治療)にありつき著しく快方に向」かっていると書かれる(八月一三日)。この時は、九月中に出発の心算であったから、治療の続きはフランス郵船上で船医に頼み、サイゴンでは、オノラと共に会ったインドシナ・パストゥール研究所長モラン博士に委ね、場合によっては二週間留まって治療を受ける。フランスでも、用件を済ませた後一八ヶ月は、入院して過ごす計画で、保養地の専門医に連絡してくれている。パリではパストゥール研究所に任せるつもりである、という(同上)。

しかし出発できないでいるままに、「今一ヶ月で完全にトレットマン終了いたすので」(九月一一日)、「私のトレットマンは十月十日に一先終了いたし」(九月一三日)、「十日にはトレットマン完了」(一〇月五日)となる。どうやら恢復して出発できるということになった。

旅券は一〇月二四日に取得できた。英領諸港を通行すべき査証は東京の領事館で二七日に取得した。フランス入国査証は、横浜のフランス領事館で、三〇日に得た。旅行目的は、「パリ国際大学都市における日本の利益」。一〇月二六日外務大臣認可によると注記がある。あらかじめ領事ガロワの示唆によって、九月初めに申請しておいた結果であった。同じ日に横浜正金銀行で一一七円分の外貨を購入している。船上での当座用だろうか。

船は今回もフランス郵船を選んだ。アンドレ・ルボン号であった。神戸を出帆したのは一一月一七日である。日までは記されることの少なかった神戸水上警察の検印が、今回はくっきり捺されている。

4　千　代

「我々は変つた夫婦」

治郎八が、なんとしてでもフランスへ行こうと努力を重ねていた時期に千代の書いた手紙が幾通かある。その一通には、こう書かれている。

「手紙見た。ＰＡＮがそれほどまで決心してるなら、そうして死んでも本望なら決して私からはとやこう云ふ事はありません。国際市民たる貴方に、一家や夫婦の小さな感情は問題ではないからあくまで心ゆくまで自分の仕事をするやうに。いつ万一ムクの将来にどんな事が来ても、ＰＡＮに万一の事があつても覚悟してゐます。貴方がそれで本望ならムクも本望です。思ひ切りやりがひのある仕事をなさい。〔……〕丈夫な体なら又どこに骨を埋めても良いが今の処私としてはＰＡＮ君の手足まといとなつたり仕事のじやまになつたりしないやうにする事が一番賢明な方法と思ひます」。

そしてさらに、必要なら「ＰＡＮ君の為にいさぎよく別れてもよろしい。別れたとして、もともと我々夫婦は変つた夫婦、今までのやうにBON AMI（=良い友人）でゐられるでせう」（一〇月四日）と続ける。

PAN（パン）は治郎八の呼び名であり、「ムク」は千代自身のことである。ぬいぐるみにつけた名を自分のあだ名にもする、薩摩の一家の習慣を千代も身につけていたのである。

「国際市民」云々は、治郎八が吹き込んできたものだろうが、いかにも夫婦というものが妙なのは、どこかで同じ波長に立っているらしいところである。千代は、治郎八の望むことを良しとするのである。健康状態さえ良ければ、一緒に出かけかねないのである。

千代を深窓の令嬢で、ドリーと呼ばれる、美貌だが大人しいだけのお人形と考えてはならない。この、むしろぶっきらぼうなくらいの、積極的な性格が、千代にはある。いよいよ出発できそうだとの連絡を受けると、次のように書く。

「手紙落手。すべて解決したとの事、お目出度う、ブラボーブラボー。それにゆく頃は戦争もなくなるとの事、大安心。よかったよかった、ムクも何しろわからずやばかりの揃てる今の政府、どうなる事かと、あれもこれもと案じてゐた。何とかなるだらうとは思つてゐたもの丶、無事にこう早くかたづいて何よりだつた。それでもうパスポートも問題なく下るのか？　とにかくかん盃しますよ。ムクが悪鬼を払いのけたなら心配し甲斐があつた。しつかりやつて帰りはシヤムの金をしこたまお土産に願ひますよ。うんとお金が入つたらムクはムクなりの仕事がしたいんだがナー。之もま人助けの事業だが、アンチームなファミリアルなサナトリウムをここへ建てて見たい」（一〇月七日）。

変わった夫婦ではあったとしても、二人には結局通じるものがあった。少なくともこの間の経緯を治郎八は逐一千代に書き送っていたに違いないのである。

戦争が終息し、シャムから金鉱の利益がもたらされて、千代が念願通り気のおけない家族的なサナトリウムを経営して、自らの病も克服することができていたならばと想像するのは、センチメンタルに過ぎるだろうか。

もっと以前のことだが、一九三七年に一人フランスへ赴いた治郎八に、千代の書いた手紙がある。「パリはいいだらうな、マロニエやリラの花咲く頃で。エキスポジシヨン〔＝万国博覧会〕はどんな。ムクは元気です。ここでは遠慮えしやくもなくどしどし治療をやられるのでいや応なしだ。ムクは至急送つていただきたいものがあるの。いつも夏はく木綿やうすいうすい毛糸のシヨーセット〔＝ソックス〕、コツトンであんだのは丈夫でいいからメジエーヴで買つたあの白や赤や黄や等あのカリテのとうすい毛糸の少々合せて十足位シベリヤ経由の小包でエシヤンチオンサンヴアルール〔＝商品価値のない見本〕の書留でここあて送つて下さい」（五月二八日）。

なんともざっくばらんで自然な、夫婦の手紙ではないか。「ここ」といっているのは、当時入院していた赤坂区伝馬町前田外科病院である。

自動車を好んで運転し、フランスの酒が好きで、「叔父にあたる酒豪松平恒雄が舌を巻くほどの不死身女酒豪で、リキュールを水と心得ていた」、そして「謹厳そのもののポアンカレー大統領を（自分の愛犬にそっくりとばかり）小犬扱いした」（「おとぼけ回想記」）天衣無縫の振舞いにもどこかでつながる、活発でとらわれない、その気質も、これらの手紙の書きぶりにうかがうことができるだろう。

富士見高原

千代は長野県諏訪郡富士見高原療養所に一九三七年（昭和一二）二月一一日に入院、翌年七月六日に退院したが、その後、富士見村に家を借り、さらに同じ諏訪郡落合村富里に家を建ててもらって病を養い、戦争も終わった一九四九年三月一四日、そこで亡くなった。一九三九年初めには「霜深し富士見ゆる丘に家を組む」とあって、落合村の家の出来ていくことがわかる。家は五月に出来上がって、二八日に引っ越したから、治郎八の出発の時期には独立した暮らしをしていた。本を送ってもらっては読み、散策し、時に汽車に乗って出かけることもあった。この秋には、東京へも出ている。

三年ぶり生家を訪れて、
門古りて昼静かなり石蕗の花

富士見と大磯との間で交わされた千代からの手紙を治郎八は保存していた。治郎八の手紙も残っているとよいのだが、これは千代の死後に、弟顕貞によって処分されたという。千代の死に際しては、薩摩の家の家扶が、富里の千代の家と、笄町の家を空襲で焼かれて那須の別荘に暮らしていた山田家、そして小涌谷の治兵衛のもとを往来しては連絡にあたり、またフランスにあった治郎八にも連絡は取ったのであったが、治郎八はそれでも帰国せず、そのことに顕貞が憤慨してのことであったという。

千代の葬儀は山田家が本願寺で執り行い、遺骨は護国寺の山田家墓地に葬られた。その十年忌に、弟顕貞は、姉の書き残した俳句を集めて一本に編んで刊行した。『からまつ』と題する遺句集は、昭和一二年から死の前年昭和一三年までの句作を集める。

なかに昭和一三年（一九三八）作として次の二句がある。『馬酔木』に入選してよろこんだ作品である。もとは「希臘風景」としてまとめられていた。

罌粟《けし》咲いて薫風窓を吹き通す
鳶色《とびいろ》の髪の少女が野薔薇売る

二度のギリシャ旅行から生まれたものである。明るい光の中にあった頃の記憶が、まだ千代を照らして、しばしでも心に力を与えたのであろう。

この年には落合村にいたはずだが、帰国に際して伴ってきたアントワーヌとその妻が身近くに居た。この年の春、シャムから手紙を送ってきた治郎八への返事の中で、アントワーヌもする事がなくて退屈しているし、この秋には日本に来て三年になるから、契約が切れるところで一度国に返した方が、お互いに良くないだろうかと、千代は書いている。二人は、日本が戦争に突入する以前には帰国していたのであろう。

『漂旅』

千代は句作以前には短歌も作った。治郎八もそうであったように、時々の想いをそのまま載せる上で、和歌は便利な形式ではあっただろう。

山田家に残された千代の数多くない遺品の中に、手製の歌集がある。スケッチブックを使って、扉絵も挿絵も自ら飾りつつ、手書きの歌で埋めた、ささやかな一冊である。

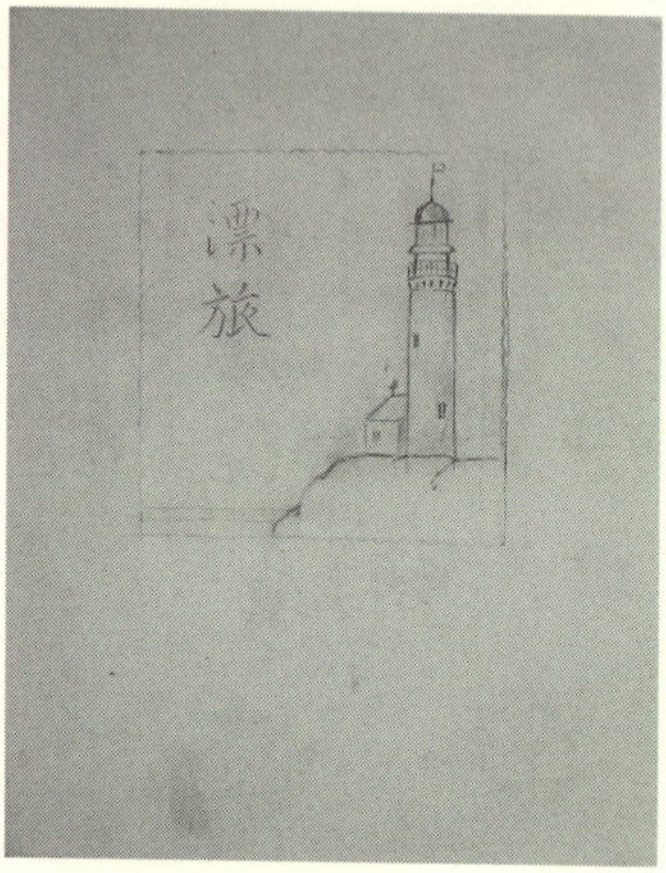

『漂旅』扉

灯台の絵を鉛筆で表した枠のある扉に「漂旅」とある。その裏には、装幀薩摩千代、挿絵薩摩千代とあって、それに向かい合うもう一枚の扉には、「漂旅／薩摩千代歌集／第一／巴里／千九百三十二年」と五行に書かれている。

中は、「希臘行」、「港」、「海旅」、「イスパニヤ」、「南仏の冬」、「パリー」、「薔薇の園」、「秋」、「アルプス山麓」と、九つの章に分かたれ、さらにその中が区分されることもある。

幾たびか繰り返された航海の途次折々の印象、フランス各地での生活、そして巻頭がギリシャであり、巻末は療養に過ごしたアルプスであることが、これもまた、千代にとってのフランス暮らしのまとめとしての歌集であるかと思われる。その姿、どこか治郎八の『銀絲集』に似る。歌を書いたページのみに通しのノンブルが配されることも、「トロカデロトウレッフェルに灰色の夕靄おりて秋は老ひゆく」と、同じ歌枕を繰り返すところまでも。完成したら、これも印刷しようと、夫と話していはしなかっただろうか。

すべてで一一〇首、その中から目に付いたものを少しだけ挙げておく。若い治郎八の歌が、多く風景の中の自分を描き出している傾きがあったのに対し、ここでは景色の中に人が描出されることが多い。そして、景色には強い色彩が点綴される。また人と対比してわが孤愁を見つめる歌が、特に病中に表れているようである。巧拙は問題にしない。この「変つた夫婦」はまたしかし、どこか似たもの夫婦でもありはしなかったろうか。人は薩摩治郎八の人生のみを好んで取り上げるが、共にあった千代の人生にも、思いをめぐらせておきたいと思うゆえに、あえてページを費やしておく。

愛らしき山家の少女我が胸にかざりて行きぬ赤き野薔薇を
驢馬のひくオレンヂの色眼に痛きナポリの町の夏の日盛り
白き帆の我が前を行くジヤズの音の籠るカジノに君と踏れば
ハンモツク揺りて遊べば紅の野薔薇の散りて我れを包《ツツ》みぬ
故郷の父と語りし夢を見き外面《トノモ》に野分森を渡りき
あどけなき文書きおこす妹の面影忍《シノ》びふと頰笑みぬ
君はゐず友は来たらず外国《トツクニ》に病む身はいたくもの憂きものぞ
船の汽笛ことさらめきぬ河沿《ソヒ》の我が家の窓に時雨煙《ケブ》る日

淡緑《タンリョク》の薄き衣を身につけてパリーに春は訪づれにけり
山颪《オロ》しアルプの峯を鳴らし来て麓の村は吹雪となりぬ
窓を打つ吹雪聞きつつ我が思ひ遠く隔《ヘダタ》る君をはなれず
吹雪晴れて雲の切れまに三日月のほそぼそと照る山の午後四時
山の端を沈む夕日を見てあればそぞろ悲しき年の最後《オワリ》に
アルプスの麓の我が家粉雪に埋もれつゝも春は来にけり

第十章　破れた着物——戦中戦後のフランスで

1　戦中

留学生を援護して

一一月一七日に神戸を出帆したアンドレ・ルボン号は、香港二八日、サイゴン一二月二日、コロンボ一一日、ポートサイド二四日と進んだ。平時とまったく変わらない旅程進行である。サイゴンで下りて治療を受けることもなく、そのまま旅は続けられて、一二月二九日マルセイユに到着した。四二日間は、ほぼ通常の旅程であった。すぐにパリに向かったのであろう。しかしパリで成すべきことはなかったはずである。

戦時下のフランスへ赴いたのは、日本館と大学都市の危機に、責任を持って立ち会っていなくてはならないと思ったからである。大学都市の理想、プラハで勇気をもって表明した、文明の共有と平和維持の理想を守らなくてはならなかった。その意識が治郎八を捉えていた。治郎八はオノラの理想主義の使徒であった。使徒は主導者以上に理想主義となる。その熱誠をもって、困難な時代の現場でオノラの傍らにいなくてはならない。

オノラは理解していた。それだから、閉鎖された日本館のために成すことはなくとも、しかるべき目的を見つけてやって呼んだらいいと、マルクスに示唆したのだ。何が提案されたのか。おそらくは、日本人在留学生の援護である。ほどなく戦場となるフランスに滞在している、これからも到着する、日本人のフランス政府給費留学生を支援することに治郎八は確かに力を注いだ。

それ以前から、渡仏の決まった給費留学生《ブルシエ》には、心遣いを見せていた。

一九三九年にフランスに発つことになったブルシエは五人であった。芸術部門以外で初めて女性の受験も認められたこの年、二人の女子学生が選ばれていた。物理学の湯浅年子、フランス文学の片岡美智。三人の男子学生は、数学の井上正雄、フランス文学の加藤美雄《とみ》、笹森猛正である。女性が選考されることで、悪質な中傷があったようで、治郎八は憤慨していた。学問一筋に打ち込んで、フランス国家博士号を取るために留学する若い人たちを、いわれない誹謗から守らなくてはならない。合格者たちには手紙を出して激励し、小涌谷の別荘へ招待してフランス生活での心がけなどを語っている。二人の女子学生は連れ立って赴いたようだし、加藤は一人で出かけていった。

今回の渡仏の準備をするために鈴木九万に相談を始めた当初から、資金計画の中には、給費留学生の援助も含まれていた。当時の給費は一五〇〇フラン、日本館なら朝食がついて一ヶ月の宿泊は四〇〇フランであった。すでに外貨持ち出しに厳しい制限があって、特に五〇〇ドル（六〇〇〇フラン）の持ち出しが許可されたが、その後の送金は認められなかった。ミシェル・ルヴォンの始めた学生援護の組織が有効な働きをしていないと批判していた治郎八が、個人的に援助を考えたということである。

実際に、この年の留学生たちがマルセイユに到着すると、治郎八の依頼を受けた日本郵船の日本人職員が船まで訪れて世話をしている。また自らマルセイユに来て、自分のホテルに招いたこともある（加藤美雄『私のフランス物語』、湯浅年子『続・パリ随想』）。加藤は後に、戦火にさらされる危険のあるパリを逃れ、仲間を語らってボルドーに赴くが、日仏銀行の支店に対して治郎八が、留学生の世話を頼む旨の手紙を送っていたことを知って感激する。あるいはまた、ニースにいた治郎八がオノラに寄せた手紙の中に、「運の悪い河合から様子は聞きました。河合に対するお心遣いに感謝します」（一九四二年五月）とあるのだが、これは一九三八年の給費留学生河合亭のことだろう。閉館まで日本館にいた後、一九四一年春に、大部分の在留日本人が帰国した後も、結核の療養のためにオノラの世話でサナトリウムに入って、フランスに残ったのだ。治郎八は、留学生を尊重していたのである。

補助金を手配してまで、治郎八のフランス滞在を認めようとしたオノラは、そのことを理解していたのに違いない。

存在の困難
——時代の問題

それにしても治郎八の滞在には困難が内包されていた。自身の問題としては、病気と、財政状態があった。

一九三八年のシャムで始まった病気からは、出発前に一応は恢復したはずであったが、不如意な暮らしの中で、繰り返し再発して治郎八を襲う。

財政の困難も繰り返す。補助金はあっても、日本からの送金がままならなかったからである。しかし何よりもまず、時代の問題がある。

フランスの政治状況の中で、治郎八の立場は不安定であった。到着からしばらくは、宣戦は布告されても実際の戦場は遠く離れていた。それが一九四〇年の春からドイツの侵攻は現実のものとなり、五月一〇日、パリの爆撃が始まる。六月一〇日にはイタリアが参戦。政府はボルドーに退く。町の破壊を避けるために、パリが無防備都市を宣言するのが一三日。一四日にはドイツ軍がパリ入城する。一七日にペタン元帥の戦闘停止を求める演説がラジオに流れ、二二日には仏独の休戦が調印される。ペタンに全権を与える対独協力内閣が成立するのが、七月一〇日である。

それより先、五月の末には在留日本人会は、帰国勧告を出している。前年一九三九年五月に再びパリの人となっていた藤田嗣治は、この五月には早くも帰国を選ぶ。このことを治郎八は後に、自分を育ててくれたフランスを見捨てた藤田と、非難することになる。

休戦によってフランスは、ドイツ軍が占領する北部と、南部の自由地域とに分かたれた。日本人には帰国が勧められたが、在留は可能であった。ブルシエであった加藤たちが日本の軍艦でスペインのビルバオから帰国の途についたのは一九四一年三月のことである。湯浅と片岡は残留を選んでいた。戦中をフランスで過ごした二人の若い女性に、治郎八はオノラと共に、時にこまやかな心遣いを見せたことが二人の回想に現れるのは、むろんはるか後年のことである。この年の暮れに日本が米英に対して宣戦する。ドイツに協力するヴィシー政権のもとでは、日本人はドイツの友好国民であり、しかしドイツ支配に抵抗するフランス人には敵であっただろう。一九四四年八月にパリが連合軍によって解放され、臨時政府が成立すると、日本は敵国となった。日本が降伏して戦争が終結しても、日本人の居留には制約があった。

治郎八はいつまでもパリに留まることはなかった。一九四〇年六月にはすでに南フランスにいた。パリ到着後、「日本会館残留財産一切を本部国立財団の保護管理下に置き、病気静養のため南仏カンヌに転地した」（「半生の夢」）。藤田の絵画はすでに前年のうちに本部に格納されていた。日本学研究所財産を含む書籍類も本部に移された。カンヌではホテルに投じた。その後にニースに移った。

『巴里・女・戦争』は、一九四〇年六月一〇日参戦したイタリア軍のニース進攻を避けて、カンヌに避難するところから始まる。一九四〇年六月一一日のことである。

この時の住所は、ニース、聖《サン》ローラン並木道《アヴニュ》、聖ローラン城。アヴニュ・サン＝ローランは現在のエミール・アンリオ並木道、一九世紀のニース市街の西の外れに近い、レ・ボーメットの丘の西裏を登る道である。「城」とは一九世紀後半に立てられて今日に残る別荘の建物の一つであった。

カンヌではオテル・モンフルーリと、そこが閉鎖されてからはオテル・ボーセジュールに泊まった。

このカンヌから、政府が移ったボルドーのオノラ宛に、電報を打っている。

「英雄的なる栄光のフランスに深甚の敬意を。自由の十字軍に加われることを誇りとす。友情の義務を最後まで果たすべし。愛情をこめて。フランス万歳」（六月一八日）。治郎八大いに昂揚している。前日にはドゴールがロンドンからの放送で、フランス国民に抵抗を呼びかけていた。二二日には、

「爆撃のがれた。急ぎ三万フラン必要。困窮せる学生援助のため。外務省に小生住所宛電信為替による送金依頼されたし。胸痛む。不滅のフランスに敬意を表す。死に至るまで忠誠を。愛情をこめて」（二二日）。昂揚しつつ、現実も忘れない。さらに翌日も、「ニース、聖ローラン並木道《アヴニュ》聖ローラン城に帰着予定。銀行両替所近づけず。外務大臣に為替送金依頼乞う。六千にてもよし。なんとかやりくりす。感謝。愛」。あたかもこの日、停戦の調印がなされた。

オノラは、ペタンへの信認を棄権して上院議員を辞職している。

戦下のニースで

『巴里・女・戦争』は戦中の事情をかなり詳細に書くようでいて、例によって時間的前後は厳密でない。「休戦条約締結と同時に、自分はニースの海岸通に、仮宿をみつけて引揚げた」とあるが、聖ローラン並木道から丘を下って程近い、海に面したイギリス人遊歩道《プロムナード・デ・ザングレ》一一七番地のジョルジュ荘に移ったのは、実際は一九四〇年一一月一六日である。このアパルトマンには二年ほどいて、一九四二年秋に、同じプロムナードのより東側にある五三番地のマリ宮《パレ》に移っている。暖房もなかった前の住まいに比べて、設備完備の近代的アパルトマンであった。

ニースでの楽しみの一つに、喜波（治郎八は木和と書いている）貞子との出会いがあった。幼い日に、原玄了の歯科医院で知り合ったソプラノの貞子クリンゲンは、ヨーロッパ各地で成功を収めていたが、戦争と共にその活動は閉ざされ、一九三五年以来ニースに住み着いていた母のもとに同居していた。一九四三年三月にはニースのカジノで『蝶々夫人』をフランス語で歌った。イタリア語原曲でも、当時のフランスではフランス語歌詞が多く用いられたのだったが、それ以上に、イタリア占領下であえてフランス語を用いることは、明瞭な態度選択であった。この舞台は聴いている。二年後にも貞子は同じカジノの舞台に立ったが、それは聴いただろうか。時に、その交際を利用して治郎八に便宜を与えてくれることもあったし、治郎八とは違うルートでの情報も聞かせてくれる貞子であった。

一九四三年五月に家族に宛てた手紙には住所は示されないが、目の前の海岸周辺での爆撃などの模様が描写されるから、まだプロムナード・デ・ザングレに居たのである。「眼前の海岸で汽船がドンブリ沈んで了たり、空襲の夜は全く花火より奇麗で、敵機が屋根スラスラ《ママ》に飛ぶやら」（蔦子宛五月七日）と描写しているが、同時に、「当地に小アパートを借り落着きましたが、戦雲再襲空弾飛来人心動揺甚だしく、今月内に避暑かたがた先年千代子のおりしメジェーヴに一時避難形勢をみる事にしました」（父母宛五月七日）ともあり、この後メジェーヴへ行ったようである。

『巴里・女・戦争』では二度メジェーヴへ行ったと読めて、二度目の時は、ドイツ軍支配下にあるこの山地に、友人を救出のために戻ったので、事前に、喜波貞子からイタリア軍司令部の大佐を紹介されて、ニースから退却直前のイタリア軍司令部に話をしに行ったという。それならば一九四三年九月のイタリア降伏直前のはずである。

ということは、一九四三年の夏の前にメジェーヴへ行き、ほどなくニースに戻り、しかし友人のSOSの電話を受取って、秋口にもう一回出かけていったということになるのだろう。

この出来事は『巴里・女・戦争』の一つの山だが、友情に篤い治郎八が、イギリス人の友人、パリはロワヤル通りの服飾品店主ジミー・クリードのドイツ官憲による逮捕を阻止しようとする冒険であって、幸いに成功したのだとだけ言っておけば済むだろう。山から戻ると、ニースもいよいよ戦火激しくなるので海岸沿い住居の閉鎖が行なわれて、東側の隣町ヴィルフランシュ＝シュル＝メールに滞在することになる。「友人の厚意で、ヴィルフランシュの丘上にあるラ・トレイ（＝蔓蔦の棚）と号する美麗な別荘に避難した」（『巴里・女・戦争』）。これはヴィルフランシュの東の高台の、ベルギーのレオポルド二世の建てた広大な庭園と別業ラ・レオポルダの筋向かいにあった。

ドイツ軍占領下でも、対独協力者狩りの戦後の時期でも、治郎八はフランス人の友人や日本人を救出したという。そうなのであろう。しかしここでも証拠となる文献はほとんどない。またしても、世話になったはずの当人たちは口をつぐんでいるとしか言いようがない。困っている人を見ると見捨てて置けないという、あるいは江戸っ子的かもしれない人の善さが治郎八にはある。善人は当座はありがたがられるが、あとでは忘れられるのが世の常である。恵まれた生活と思われればなおさらで、人助けは当然とされてしまう。

しかし実はその前に、治郎八自身が、身の証明をしてもらう必要があった。

連合軍が上陸してフランス各地がドイツ軍の手から解放されていく時期に、治郎八はパリに戻っていた模様である。一九四二年一一月一一日にドイツ軍は南部の自由地域をも直接支配においてフランス全土に進駐したから、ニースからパリへ出るのに許可を得る必要はなくなっていた。

解放のパリで

一九四四年八月三〇日、パリ解放の五日後に、オノラはパリ警視総監やパリ地区司令官に宛てて手紙を書く。薩摩治郎八に対する特別の配慮を求めるというものである。財を投げうって日本館を建設したゆえである以上に、この組織に全力を尽くし、また日本におけるフランス思想のもっとも熱烈な賛同者であるゆえに、薩摩治郎八氏に対して我々は敬意を持つのであり、氏は日本国領事の退去勧告を拒否して留まったのである、と説明する。

パリ司令官のクーニッグからは九月三日付で、オノラの説明によってこの日本市民がフランスの友であり又そのことを証明してきたことは疑いを入れない、貴下の保証があれば充分であって、必要ある場合には、保護が与えられるであろうと返事をしている。九月一一日には同様の文書が外務大臣に送られる。その中で治郎八の住所はパリ一六区のヴィクトル・ユゴー並木道《アヴニュ》六六番地とされている。ドイツ軍からの徴発を避けるために借りてくれと頼まれたというのであるから、パリ解放の八月二五日以前からここに居たのである。

ほどなくアパルトマンは返して、同じ一六区のヴィクトリアン・サルドゥー通り九番地に移る。これはドラージュ夫妻が一九二五年以来住んでいる、閉鎖された私有地ヴィラ・ド・ラ・レユニヨン並木道《アヴニュ》のすぐ東側である。「一日の大半を」治郎八はドラージュの家で過ごした。ドラージュには、治郎八の詩篇、『白銀の騎士』末尾の「棺」を歌曲にしようとする試みがあったということだが（ロドリゲス『モーリス・ドラージュ』）、そんな相談はこの時期に行われたのである。

翌年、日本もすでに降伏した一九四五年九月一七日、いまや自由に移動できない立場の治郎八は、病気療養のためとして、一〇月一〇日以降、ニースに移住する許可を内務省から得ている。医師の診断書が添付される。さらに自ら求めたのだろう。旧知であった外務省アジア＝オリエント局長の、保証書を得ている。九月二五日付のこの文書は、貴下の移動を外務省は承知しており、また関係機関にも伝えられてあることをご希望通り保証する、と記されている。

この時にニースの住所として指定されるのは、シミエ大通り《ブルヴァール》二番地二号、ヴィラ・マジェスティックである。この後治郎八は帰国までニースではこの住所に居る。それでもパリに出ることもあって、往復には長距離バスを使ったらしい。バスはパリではマドレーヌ広場から発着したから、その近くのラルカド通りに今もあるベッドフォード・ホテルを定宿にした。

存在の困難
——病気と財政

一九四〇年一〇月一二日、両親宛の手紙に、「八月九月は一寸具合が悪かったが再び回復、昨年出発の頃に比べれば全く天地の差、まあ一命はとりとめた」とある。それでも、完全な健康体になったというわけではなく、時に再発があった。

経済状態はさらに困難であったもののようで、続く一〇月二四日の手紙には、南フランス到着の時にはマルセイユの高輪領事に救われたことが書かれていて、ずっと後の一九四三年五月の手紙で、その分なのであろうか、立て替えてもらってある二万四千円を当人の自宅に支払ってほしいと書いている。また、これは何であるのか、三万を支払って欲しいという依頼があったり、あいかわらず、父親にさまざまな支出を頼んでいる。

上の一〇月の手紙には、外務省から支払われるべき金額が、まとまって入金したから、来年再来年と生活は安定するだろうといっているのだが、二ケ月と経たない一二月なかば（初台着が一三日）、「三万一千五百七十九円」を払ってほしいという電報を発している。

一九四一年春にも、どうやら健康上で問題があって、重篤な状態に陥ったもののように思われる。この年の三月から四月にかけて、奇妙な手紙が何通も父親に宛てられているのである。英語で書かれたものまである。その中から四月八日に書かれた、特徴的な一通を引用しておく。

　亦三日やられて了て注射で納まり今朝ハイ出しました。

　あなた方は六十で悠々自適、私は四十で公生活をして外界に対し己の名誉と地位を守らねばならぬ。それを考えていただきたい。

　私が気に入らぬならその旨ハッキリ云はれる事。ウインザー公式にすべて自決すべし。

　隠居料として富士見の家と五十万円（キャッシユと株）でお別れいたすべし。

　現在の殺人方法は男の取る手段でなし。敢てブチツケに申す。

　すでに三月二十七日付の手紙御落手、解られた事と思ふが、相変

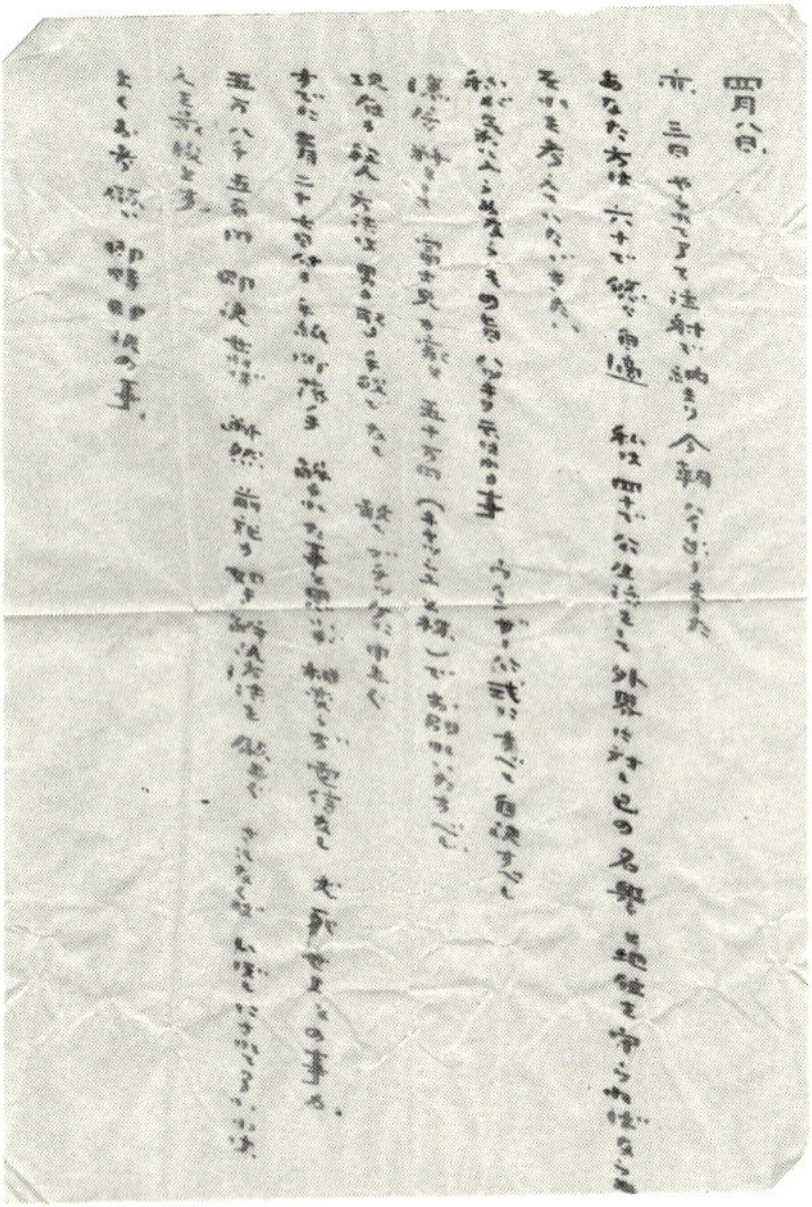

父への手紙，1941年

らず電信なし。犬死せよとの事か。

五万八千五百円即決せねば、断然前記の如き解決方法を願上ぐ。さもなくば、ひぼしにされて了ふわけ。之を最後とす。

よくお考願い即時即決の事。


支払ってほしいといっているのが何の対価であるのか、わからない。例によって、気になることができると、繰り返しあるいは立て続けに同じ内容の手紙を送りつける癖が治郎八にはあるから、この場合も、ほぼ同じ内容が繰り返されるのだが、別の一通には、「第三国当局に対して結びたる約束に反した事」になるといっている。それが自分の信用名誉を傷つけるから、その場合には「一切の公職を辞し名誉返納のほか道」がないという。外国の機関に支払う必要のある五万八千五百円を支払えていない。面子を失うから支払って欲しいということのようであるが、それは治兵衛に責任のあることではあるまい。治兵衛との間にどのような了解があったか分らないが、この文章の調子は、異様である。鍵となるのは、「また〔病気に〕やられてしまった」ということだろう。病床に呻吟して、異常な精神状態にあったということではないのか。自分はあくまでも薩摩の家の代表として外国で名誉のために働いているという昂進した意識が、病の中に生まれて、それが父親に見捨てられたという被害妄想を生んでいはしなかったか。

この結末がどうなったか、それはわからないのだが、先に引いた一九四三年五月七日の手紙では、何ごともなかったかのように、文は綴られている。「皆々様／御元気の事と拝察します。私の健康も漸く九分通り回復、肝臓はあとは気をつけて食養生をつづけ、熱帯の気候をさえさければ生命にさはる様なことはなしと確信します故、くれぐれも御休神願上ます」という按配である。病中にある種の神経症的発作を起こすところがあったと見える。

さらに先まで、経済状態で知られることを見ておく。

戦争も終わり、オノラも世を去った後の一九五〇年八月、日本館を通じて、大学都市本部に治郎八は借金を申し込む。日本館創設者の困難を見捨てては置けないとして、月一万フランの貸付金が提供される。当初は年内一〇月に帰国の予定であったが、出発が次第に延びるままに、一〇月末までに、総計で九万五〇〇〇フランが貸し付けられていた。さらに援助を求めた治郎八に対して、大学都市本部は、月に一万フランの貸付をさらに一月まで行うと返事する。それ以上は大学都市本部としては無理であるから、一月に出発帰国できるような補助を考えていただけないかと、パリ大学総長が外務省に出した文書の写しがある。その結果がどうなったかはわからない。

文書から確かめられるだけで、すでに一二万五〇〇〇フランを治郎八は借金している。ついに父親からの送金は絶えたということであるのかもしれない。

それでもなお治郎八はフランスにとどまりつづけていた。千代の死の知らせも、帰国をうながすことはなかった。オノラのもとにとどまって、いまや自らの存在理由《レゾン・デートル》となった日本館を見守ることが、固定観念となったようであった。

2 戦後

日本館の実情

戦争の始まりとともに閉鎖された日本館は、当初は空家であった。それでも維持のためには一定の出費があって、治郎八を戸惑わせもした。その後ドイツ軍占領下で兵員宿舎として徴用された。一九四四年二月一五日、閉館までの館長であった佐藤醇造の残した家財と治郎八の家具調度は、ドイツ将校と大学都市側の立会いのもとに、それぞれ梱包されて館内の倉庫に収納確認された。

ドイツ軍の滞在中には、将校達は教養もあり規律も良く、何の問題も起こらなかった。その後、米軍の進駐と共に、今度は大学都市全域が接収されて、米兵の宿舎となった。一九四四年九月のオノラからパリ大学総長への報告によれば、配管設備が故障していて宿泊不可能であるスペイン館以外は、すべての学寮が宿舎とされている。

一九四五年九月には、日本館館長として、ボルドー大学の英文学教授であったファーマーが館長に任命される。米軍による接収の前に、館の管理者を任命しておく必要があった。館長任命のことは治郎八も承知していて、ただその人選については相談するとオノラも約束しておいたもののようであるが、それを果たさないまま、急いで大学都市財団が任命してしまったことを、繰り返した旅行とそれによる疲労を理由にして、一二月になって謝っている。それにしても、アメリカ軍の滞在の間監視をするだけがほとんどその役目だと説明して、会ってくれれば、人物もわかってもらえるだろうと書いている。このことを治郎八は、「日本会館に元英国籍のファマー教授が何等理事会の決議もなく、大学都市国立財団の独断で会館長として任命された原因の一つも、実際的には米軍の乱行を防止するためであった」(『巴里・女・戦争』)、として了解している。

それでも結局、残されていた私物のほとんどはアメリカ兵によって略奪あるいは破壊された。一九四六年三月にアメリカ軍が撤退した後、ファーマーが報告しているところによると、治郎八と佐藤館長の名前のついた荷箱は破壊され、奪われ、食器類は壊され、金庫に納められた銀器のみが残っていた。さらに詳細な調査を治郎八は要求して、残したものを記述する。曰く、英国製銀茶器揃、英国製銀珈琲器揃、タナグラ人形二〇体、薩摩焼陶器、云々。むろん何も残らなかった。残ったのは、大学都市本部に移されていたものだけであった。

オノラは、治郎八を慰めるように、ファーマーのおかげで、館内の若干の部屋の内装と階段の敷物を、アメリカ軍にさせることができたという。責任の問題としては、ファーマーではなく、大学都市の現場の責任者として接収に立ち会った人物を追及することになるが、この人物には他にも問題があって、大学都市を退去したようである。治郎八はそれ以上何も言わなかった。「総べてが解放されて了った」(『巴里・女・戦争』)というわけである。

最低限の補修をして、大学都市の各館は再開された。日本館が戦後最初の学生を受け入れたのは、一九四六年四月一日である。むろんまだ日本人学生は居ない。翌年一月段階で入館者は七五名、フランス人学生が四〇名、ほか一〇の国籍にまたがる学生たちである。

一九四七年五月、喜波貞子の家でファーマーの昔の女子学生に会い、近況を聞き、さらに日本館に日本人館長が任命されてくることになると、自分は退去しなくてはなるまいと心配していることを聞くと、早速治郎八はファーマーに書信を送って、現在は貴君が最良と思う、そのことはオノラ長老も同意見であろう、総長も同意であれば、その方向で自分も東京の委員会をまとめる用意があるといって、まだこの時期には面識がなかった相手を安心させている。それほどに、「〔治郎八は〕オノラ氏に対しては無制限の賞賛と信頼を抱くもの」（ファーマー宛五月三日）であった。

ユネスコ　一九四五年一一月四四ヶ国が参加して定められたユネスコ憲章が一年後に発効してユネスコが生れた。本部はパリにおかれた。この報道を知り、またその総会で日本にもオブザーヴァーとしての参加を求めると決定したとする記事を読んで、治郎八はこの世界平和のための組織こそが、自分の働くにふさわしい場所だと感じる。「戦争は人の心の中で生まれる。人の心の中に平和の砦を築かなければならない」と始まる憲章は、治郎八の心を動かしたであろう。

一二月の末に、新年の挨拶を送りながら、その気持ちをオノラに伝える。同時にポール・クローデルにもそのことを書き送って、自分を支持して欲しいと頼む。さらにユネスコの事務総長に宛てて立候補の手紙を書く。これらは一二月二六日と二七日に集中している。こうと決めると、ひたすらつき進むいつもの癖である。クローデルへの手紙コピーはオノラに送られている。立候補の手紙は、一旦オノラに送って、そこから発送を依頼している。一九四七年二月九日にその結果がオノラに報告される。渉外担当の理事から手紙を受取って、それによれば、クローデルは推薦を伝えてくれたもののようであるが、新聞報道とはこと変わって、まだ日本に関して何か具体的なことが決定されたのではなく、まだ先のことだという。それでも事務総長が会ってもいいと言っているというのであった。そこまでが報告されているが、そのあとはどうなったものか。

言うまでもなく、日本がユネスコに迎えられるのはまだ先のことである。しかし一九四九年には日本国内でユネスコ精神に共感する運動が起こってきた。折から一九五〇年五月にユネスコの第五回総会がフィレンツェで開催されて、日本は連合軍総司令部のオブザーヴァーという資格でこれに列席する。連合軍側も日本の国際的復帰への足がかりにしようとしていたのである。これが戦後まだ占領軍支配下にあった日本が国際連合の専門機関に出席した最初の機会であった。この時の代表に、学者二人のほかに、外務省の鈴木九万が加わっていた。

フィレンツェの会議の後鈴木はパリに赴き、ニースからパリまで出かけた治郎八と再会し、またオノラをも訪ねている。六月末のことで、オノラの死のひと月前のことであった。

さらにその年の一一月には、ニースである学術会議が開かれ、日本からも大学人が来るからと、鈴木は頼んでいった。一一月三〇日に治郎八が日本館館長ファーマーに書いた手紙には、「日本人学者四人が明日ニースに来る予定、日本館からも二人この人たちに会いに来る」とある。鈴木が依頼していった、大学人の来訪であったのだろう。ようやく日本が国際舞台に少しずつ復帰を始めていた。

ユネスコにも、オブザーヴァー参加はしたものの、正式加盟はいつのことかと危ぶまれたのだったが、東西陣営の対立が激しくなる中で、翌一九五一年七月のパリ総会で日本の加盟が認められた。ユネスコ国内委員会が翌年には発足し、その事務局長には鈴木が就任することになった。

オノラの死

一九四〇年、ペタン元帥に全権を委ねる投票に反対して上院議員を辞任し、故郷バルスロネットに半ば隠棲したオノラであったが、実際には大学都市のため、また特にこれも自ら創設に関わった対結核防衛国民組織会長として、占領地域の結核患者を自由地域に送る特別機関を準備して活動するなどの力を尽していた。一九四四年の解放に際しては、ドゴールによって臨時諮問議会に指名された。その後も、バス＝ザルプ県県会議員の資格は維持して、特に県内の水力発電事業に関心を持ったといわれる。

一九四五年に、パリ大学理事に選出され、また一九四七年には、学士院《アンスティチュ》の五つのアカデミーの一つ人文・社会科学アカデミー会員に選出された。すでに活動の時は過ぎて、名誉の時であった。一九四九年にはすべての公職を離れ、県議会において告別の演説をした。バルスロネットまで来たその最後の機会に、ニースに出て、夫人フロランスと共に治郎八を訪ねた。

一九五〇年六月末にすでに病床にあったオノラを治郎八は鈴木九万と見舞ったが、ほどない七月二四日にオノラは世を去った。治郎八は「精神的父親」（『巴里・女・戦争』）を失った。

一九二六年一一月に初めて会った時から、オノラは治郎八の導き手であった。日本館を含む大学都市の経営においてすべてを統率した導き手であっただけでなく、日本文化研究所その他、日本館に付設あるいは連携して活動すべき、日本文化とフランス文化の出会いを目指すさまざまな組織の構想においても、オノラは治郎八を導いた。それだけでなく、その生活のあり方においても、治郎八はオノラから多くを学んでいた。

大学都市理事長オノラは、理事長としての仕事も、若年から住み続けたパリ九区ルペルティエ通り二九番地五階の旧く狭い自宅で行っていた。初めてその部屋を宮腰書記官とともに訪れて以来治郎八は繰り返し訪れて、ひたすらな仕事ぶり、質素な暮らしぶり、仕事で人を招くにもこのアパルトマンを使う、飾らないその人柄に、深く印象づけられていた。多額の資金を必要とするいくつもの事業に関わりながら、自らは清貧という言葉にふさわしい生き方をしたオノラであった。

謹厳そのものでありながら、夜の街で出会った街の娘にも、やさしい言葉をかけるオノラの姿を、治郎八は何度か繰り返して語っている。いかにも人間的なその人柄が、心に残ったのである。

治郎八はオノラを自分の導き手と思い、この聖者の使徒であろうとした。一方でオノラもまた、治郎八を慈しんだものであった。思い通りにならないと癇癪を起こす治郎八の性癖まで見抜いて、また自らが示す信頼に応えることを何よりも喜ぶことを承知して、巧みに導きまた国際大学都市の事業に加担させた。

治郎八は、自分のなすべきことを教えてくれる人を、失った。

3　夢の終わり

一九五〇年夏から年末にかけて、治郎八は小説書きに没頭したようである。おそらくそれ以前から始まっていたのだろうが、小説を書き、それを出版させようとする活動が、この時期に盛んに行われている。新潮社原稿用紙に書かれて残された「半生の夢」初稿と思われる「我が半生記」と題する文章では、「〔パリの解放に立ち会った後〕南仏ニースに戻り専ら創作生活に入り、ラオスを題材にした『マリ、ラオスの花』、暹羅《シャム》と密偵エブリンを主題にした『血染めのがらん《パゴードサングラント》』、故国日本の戦後を主題にした『裂けた着物《キモノ・デシレ》』はクロード・ファレールの讃賞を得て序文をよせられ、ラヂオ、ドラムに化せられた。『印度支那の仏人』、『火王の森』『ローヤルシクラメン』其他の仏文で執筆した愚作がいずれ日本譯となって読者諸君にお目見えする」云々と書いている。

『破れた着物』

『せ・し・ぼん』に跋「ムッシュウ・サツマとぼく」を寄せた柳澤健は、『シクラメン・ロワイヤル』を読んで、フランスの文学新聞『文芸週報《ヌーヴェル・リテレール》』に載ったのもさもありなんと思ったと書くが、同紙上には見出せない。遺品の中にもこの作品の原稿は見られない。『マリ、ラオスの花』と『血染めの伽藍』のタイプ原稿は残されていて、前者には途中まで日本語にされた原稿もある。

この経緯に関わって、献身的に協力をした婦人がある。イヴォンヌ・フュゼルという。出版あるいは著作権事務に関わる仕事の経験があるらしい。ラジオドラマおよびシナリオにはこの人の名前が示され、薩摩治郎八作の小説にもとづくとしてある。小説にまとめあげる段階でも、手を貸したかも知れない。この間、ニースにあった治郎八とパリのフュゼルとの間では往復の書信が交わされていた。フュゼルはプレス用資料まで用意して、治郎八の作品を出版させようと努力した模様である。資料で簡単に説明されている作品群は、色彩豊かなエキゾティズムであったり、南洋的官能であったりするらしいから、『せ・し・ぼん——わが半生の夢』の第二部「せ・し・ぼん」に含まれる小説に近いものと考えていいだろう。

なかで一番力を注いでいたと思われるのが『破れた着物』である。フランス語による、一応完成稿とみられるタイプ稿の小説、これをもとにラジオドラマ化したもの、シナリオにしたものと三種類が残っている。日本語題名は「裂けた着物」、「破れた着物」、「引き裂かれた着物」など、異同がある。映画化、ラジオドラマ化を目論みはしたが、小説の物語進行が、シナリオでもドラマでもそのまま踏襲されていて、実に素人細工である。いささかならず荒っぽいその筋書きを、素描しておく。

北国の港町出身の軍人の息子で特攻隊から戻った須磨が、はじめ東京で相撲取りになろうとして、頭角を現し「神風」の名を与えられるが、芸者清香と惹かれあって辞める。清香に導かれて観世の弟子となり、謡から舞に進んで、観世によってビルマで戦死した息子に代わる養子に迎えられて観世神風と名乗るにいたる。須磨の許婚であった、港町の実業家の孤児佐伯花子は小学教師となって、かつての同級生貞雄などと焼跡となった田舎町の復興を目指している。町の八幡宮の神官本田の娘豊子は東京に出て働き、米軍中尉ホプキンスと親しみ結婚しようとする。本田は神道を日本人の魂と思う豊子にホプキンスが「日本人の魂を守る権利」さえ認めてくれるならと、二人の結婚を許すが、その夜地震がおそって神社は倒れ、本田は圧死する。清香は芸者をやめ、シャンソン歌手となり人気を集める。やがて理解ある実業家に導かれて和洋を交えた音楽と舞踊の表現を求めて、観世に相談する。田舎町では、父を継いだ豊子の兄と左翼になった貞雄が協力して神社を復興し、軍を辞めて銀行員となったホプキンスと豊子もそこに来る。花子は観世によって神風との結婚を認められる。清香の興行に観世は直接は参加できないとして神風を参加させる。興行は成功を収める。

東京と田舎町で並行して進行する物語は、日本と西洋の文化の融合が、民衆的生活感を基礎に、日本の魂を尊重した融和によって成し遂げられるという主張が主題であろうが、元特攻隊員＝関取＝能楽師と芸者＝シャンソン歌手＝舞台芸術家という主人公二人が、あまりに観念的かつ造形不足で、見るべきほどの作品とはいえない。

この作品をなぜ執筆したかは、『巴里・戦争・女』の「郷愁」の章末に書かれている。日仏混血で、ストック社のジャック・シャルドンヌに育てられ、ポール・ヴァレリーの庇護のもとデビュした、日本を描くフランス語小説作家として知られていた、キク・ヤマタ（山田菊）に対する反感が契機であった。菊はスイス人の画家である夫と共に、国際文化振興会に招かれて一九三九年に日本に来て、結局戦争の開始によって帰国できないまま戦中を日本で過ごし、神奈川県警に留置されるという経験をしていた。一九四九年になってフランスに帰国して、菊は「フランス・ソワール」紙に七回にわたって日本の現状をルポルタージュ記事にした。治郎八はこの記事に憤激したのである。当時在外の日本人が、世界に広がった日本批判のなかで自らも日本の問題を承知しながらも、日本の文化伝統にあくまでも誇りを持ち続けようとしていた時に、菊は日本人としての誇りを捨て、戦勝国に媚を売って日本を貶める文章を発表したというのである。

『破れた着物』が誇るべき本来の日本の姿を示しえたかどうか。それはともかく、作中で豊子とホプキンスに会った日本人紳士が英語で語る言葉、「日本人の多くが本当の意見をもっていない。ただふりをしているだけで流されていくから、軍国主義にも陥った。新しいデモクラシーが、過去の過ちを繰り返さないようにと願う。各国民が、その固有の性格と伝統に従って、個人主義的デモクラシーを作り上げるべきである」。こんなところに例えば本旨はあるのだろう。

フランスは戦勝国ではあったが、産業基盤は破壊され、実のところ日本と変わらない経済的困難の中にあった。日本から届く情報に接して、取巻く現実の中にそれを置き換えて解釈しようとしながら、治郎八はこれまでになく、遠い日本の政治的あるいは社会的問題を自分の問題としようとしていたのではなかろうか。「破れた着物」とは日本の現状を示す言葉なのである。

フランスでまず小説として出版を目論んだようだが、フュゼルの努力にもかかわらず、引き受ける出版社はなかった。他の作品も併せて送付した出版社からの返事は、一九五〇年九月から一二月の間に集中し、フィガロ・リテレール、フラマリオン、アルテーム・ファイヤールなどからだが、いずれも出版はできないと断っている。

この作品には、さらに帰国後に作られた、小説の日本語訳タイプ稿と、シナリオを翻訳して謄写版の冊子にしたものが残されている。

帰国の後も、フュゼルとの手紙のやり取りは続けられた。一九五二年三月の治郎八宛書簡ではフュゼルは、パリに来た監督の木下恵介に通訳として会って、治郎八作品の映画化を持ち出したりしている。治郎八は特に映画化を熱心に希望したようで、越路吹雪を主演に映画を撮るという企画が一時生まれてもいた。越路の役は清香ということだろう。

しかし映画化が実現することはなかった。薩摩治郎八が映画に乗り出すといえば、出資すると考えて人は群がりもしただろうが、もはやそれは治郎八にはできかねた。であるならば、『破れた着物』に出資するプロデューサーはなかったということである。

帰国に向けて

一九五〇年一一月二二日、治郎八は大学都市代表に書信を送って、鈴木九万から電報があって、日本のパリ総領事萩原の日本出発を知らせてきたことを伝える。自分が行って案内し、大学都市にも赴くのでよろしく頼むというのである。日本の戦後も、新しい段階に入ろうとしていた。

この書信中では、自らの帰国出発を一月三日の予定と書いているが、実際はさらに遅れて、四月となった。四月三日付でフランス郵船マルセイユ総局からの手紙には、四月一三日正午マルセイユ出帆の「ラ・マルセイエーズ号」一等Dクラス寝台六五Aを横浜までご用意するとある。帰国費用はどのように捻出されたのか。フランス外務省が引き受けたのか、これを最後に薩摩家が支払ったのか。一等とはいえ、今回はさすがに最上等のスイートルームではなかった。

治郎八はパリに留まりたかったのである。しかし、そのすべはなかった。大学都市に地位を得ることはできなかっただろう。職員以外は原則として大学人が役職を務める組織であった。日本館館長を希望したかもしれないが、日本政府が館長謝金を支出する態勢にならない限り、日本人を嘱任することはありえなかった。ファーマーの給与は大学都市からでなければ、フランス文部省から出ていたはずである。戦争の前に治郎八が考えたような、自分の生活は自己負担して、館の管理を無償で引き受けるということも、もはやできないことであった。

ユネスコに地位を得ることもできなかった。小説を売ることもできなかった。出直すよりなかった。何をなすべきなのか。その道を示してくれる人はもう居なかった。

「巴里日本会館も再開され、白耳義《ベルギー》の財団も再開され、巴里帝国事務局長萩原徹一《ママ》君の来巴を迎え」（草稿「我が半生記」）た、これで安心なのだ、そう自分に言い聞かせた〔萩原の名は健〕。

初めてヨーロッパへ来てから、三〇年が過ぎていた。日本館の建設のため二度目の渡仏をしてからでも二五年である。その間、何をしたか。ひたすら日本館と大学都市のために、師オノラにしたがって歩んできた。それ以外のことは何もしなかった。

人は治郎八がパリ社交界にその名を轟《とどろ》かしたという。そうだろうか。

パリの孤独

治郎八はついにパリで家を持たなかった。邸宅をもって、招き招かれるのでなければ、大貴族と対等の付合いができるわけのものではない。一人でパリにいた時代に、プレヴェという家に出入りをして、ジャンヌとも知り合って芸術家仲間ができた。なるほどそうではあったが、それは若く独身の外国人の特権であった。

千代が主催するサロンがつくられることはなかった。

薩摩治郎八の社交は、遊興の場の社交であった。レストランやナイトクラブ、あるいはカジノの社交であった。むろんそれにしたところで、ふさわしい装い、ふさわしい振舞いは必要でそれが身についてはいた。それは当たり前のことであった。

それにしても膨大なお金を消費したと、快男児好きも費消を非難する者も、口を揃える。はたしてそうなのだろうか。いかにも、費やした額はなまなかのものではなかっただろう。しかしそのなかで、自らの楽しみのために費やしたのはどれほどであったのだろうか。邸宅を構えて、一族郎党から、召使の一群を養ったというのではない。住まいは常に、賃貸であった。しかもしばしば家具付であった。オペラ座に桟敷を通年で借り切ったというほどのことさえなかった。前田侯や北白川宮の贅と比べるべくもない。あえて言うならば、ささやかな贅沢に、治郎八は常に生きていた。安楽に快適に、そして当人の言い方を借りるなら、芸術的な暮らしをしたかっただけであった。

投じた資金は、その大部分が日本館のために使われた。館の建築と財団設立のためだけで、実際には六〇〇万フランは下らないと、オノラは紹介の文章で述べている。それ以後も、支払われない政府の補助金に代わって資金を投じ続け、館長給与も補い、図書館の書籍にも支出した。その他の関連の組織、パリの日仏協会、日本人学生援護会などにも資金援助を行った。そのために必要な人間関係の社交上の出費もむろん少なくはなかったはずだ。

結局のところ、オノラと共に描いた、大学都市の夢のために投じた資金が最も多かったことは、間違いない。その目的のためにはパリで生活する必要もあったのであってみれば、その費用を無駄遣いというのは見当外れである。

それにしても、治郎八は望んだ通りの生活を送ることはできたのだろうか。

そうであったとは、言いがたい。

芸術的な感受性には恵まれていた。それを拠りどころとして、美しい生活を組み立てたかった。美術音楽を楽しみ、時に詩を書きたかった。そのための生活基盤はあった。

日仏交流、国際協調、世界平和のために役割を果したいという、強い思いはあった。そのための資力もあった。人間関係もないのではなかった。

その二筋道を一つに繋《つな》いで、愛するパリに暮らすこと。治郎八が願ったのは、そのことにほかならなかった。しかしそれを実現して、自らがそれを動かしていく確実な存在になることはできなかった。

治郎八と共に、そのことに関わろうとする者は、いなかった。そのために、治郎八の心の支えになり、あるいは同伴者ともなりうる友は、いなかった。

そもそも自分よりもはるかに年長の知友しかもたない治郎八であった。その人々は、岩崎も林も、すでに帰国していた。あるいは、藤田のように、そのような役を果たすにはすでに余りに大きな存在になってしまっていた。

治郎八に何よりも欠けていたのは、知的訓練を受けつつ共に青春の時を過ごした、というような友であった。

父親代わりのオノラは居たが、連れ立って人生を歩む、兄弟とも言うべき友は、誰一人として居なかった。治郎八の芸術への愛も、国際事業も、共感してわかち持つ仲間を得ることはできなかった。

とりわけパリで、日本人集団からは、治郎八は疎外されていた。

しばしば出会っていた石黒敬七でさえもが、パリのある中華料理屋を描写して、そこには日本人は誰でもやって来る、「仏国政府に三十万円寄付して寄宿舎を建て、勲章を貰ったりした薩摩治郎八氏も来る」(『蚤の市』)とわざわざ書くときの、かすかな侮り、これがいつも治郎八には付いてまわった。しかし治郎八も誰もと同じ中華料理を食べに行ったのではなかったのか。それは許されなかったようである。

日本人たちからは、普通には遇してもらえなかったのだ。

そう考えた時、写真に見る治郎八の表情の異様さがわかる。

パリの日本人集団の中で笑みを浮かべた治郎八の写真は、存在しないようである。

いつも仏頂面をしている。その場に居ることがいかに自分にふさわしくないかを理解している者の、あれは表情である。そこに自分の居場所はないのである。無理もない。心から許せる友人はいなかっ

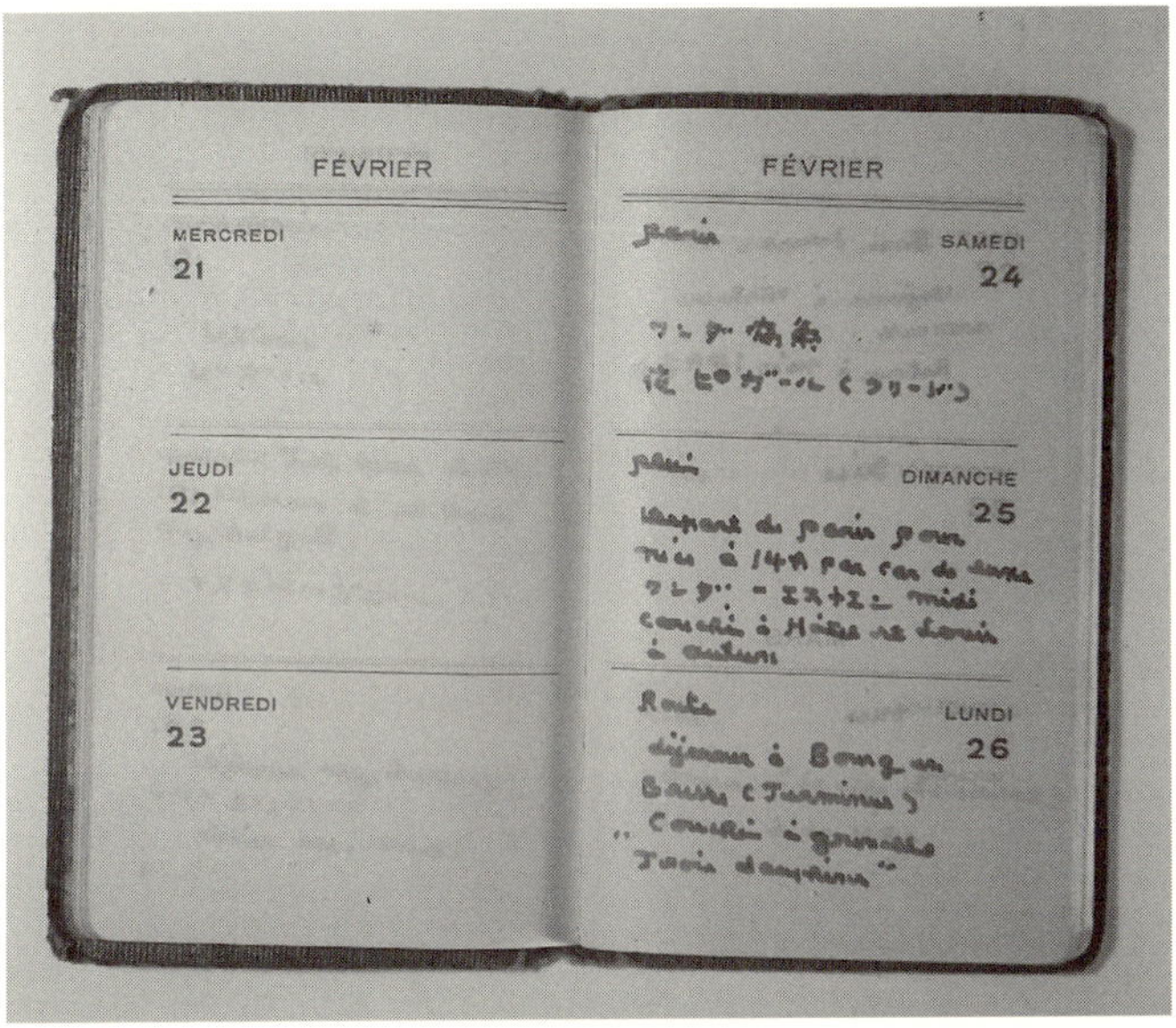

《出発》1951年の手帳

２月25日には，まず pluie（雨），そして Départ de Paris pour Nice（パリを発ってニースへ）。

た。資産がある者は金蔓と思われる。愛想よくばらまかなければ、批難される。夢の形など、人は考えもしない。

　夢に理想を思いながら、居場所はなかった。それだから、パリのアパルトマンで写した、例えば千代と並んで写した写真、そこにさえ定住の気分は微塵もない。家具でさえもしっかりそこに根付いている表情は見せていない。それは旅の途中でしかないように見える。

　社交はあったとしても、生活する心の豊かさはまだ得られてはいなかった。それよりも、夢想が治郎八を捉えていたのであった。オノラと共に、世界文化交流と平和をつくり上げる夢想が、すべてを呑み込んでいた。治郎八は結局のところ、孤独に夢想を追っていた。さすがに千代だけは、そのことを少しでも理解していたのではなかったか。先に見た、戦中のフランスへ発つ治郎八に宛てた千代の手紙には、そのことがうかがえる。

オノラを師として抱いた夢想、その夢は基礎の出来たところで戦争によって中断された。今もう一度それが再出発しようとしている。しかしそこに自分が加わることは、もうないだろう。ユネスコで働く道も閉ざされた。理想を文筆に生かすことも叶わなかった。

夢はすべて逃げ去ってしまったようであった。

二月はパリで過ごした。二五日には手帳に「出発《デパール》」と書く。二八日にはニースに戻っていた。三月六日「ニース、曇り」、一三日乗船。

「出発《デパール》」

しかし今、帰国の船の上で、どうやらまた新しい夢が生まれかけていた。ラ・マルセイエーズ号で、サイゴンに赴く活発なフランス人女性に出会ったからで、それはあっただろうか。女性がサイゴンから送ってきた絵葉書の中に、「近況を教えてください。日本は各地で大使館を準備しているようです。あなたの任命はいつになるのでしょうか」という一行があった。外交官になって会いに行きましょうとでも、言いはしなかっただろうか。

タイやカンボジャやヴィエトナムに詳しい自分こそ、戦争中の日本軍の蛮行と関わりのない自分こそ、インドシナ地域における、日本の外交に携わるにふさわしい、そう考えて、任命を得ようと考えるようになっていたのであった。その思いを伝えていたのである。

一度日本に帰って、それからまた、新しい仕事のために外国に出て行こう。そう考えていた。帰国直後に書かれた草稿「我が半生記」には、「(フランス語で書いた作品が) 日本訳となって読者諸君にお目見得する頃には自分は再び『永久の旅人』の心を抱いて遠海の涯に漂ておる事であろう」とある。

ふたたびの出発を夢想しながら、治郎八は一二年ぶりの日本に向かっていた。

終章　空の蒼い国

今様浦島

五月一二日横浜でラ・マルセイエーズ号を降りた。

すでに駿河台のヴィラも、初台の邸宅も、手放されていた。治兵衛夫婦は箱根に残された別荘に暮していた。治郎八もそこに向かったのであろう。

『せ・し・ぼん――わが半生の夢』の冒頭に置かれることになる「半生の夢」が最初に掲載されるのが、雑誌『新潮』九月号である。しかし、印刷された原稿に先立つ文章が書かれていた。すでに引用した「我が半生記」で、新潮社の原稿用紙に書かれて一九九枚ある。雑誌掲載のものは一三〇枚足らずだから、短くなっている。編集の指示で書き直されたものだろう。雑誌では最後の部分が尻切れとんぼの感があるが、草稿ではこうなっている。

自分の「人間的なあまりに人間的」な半生記今様浦島物語を之亦「歌を忘れたカナリヤ」の日本

語でツダツダしく書き綴たのである。自分の半生は永久の美の探求をめぐつてあまりにも多い思い出の幻彩の中に、フエビアン、シモンヌ、ソニア、ワンダ、コレット、ジヤニン、エブリン、と数知れぬ美しい名前の花束が華やいだ巴里の空上に、土耳古《トルコ》玉色の紺碧に澄んだ地中海の海上に拡がつて涯しない美女達の微笑となつて消えていつた如く、自分は眼をとざせば、自分の波らん重畳たる半生の棺がほのぼのと明けかかった暁空の下をたどつて行く。

この後に、詩集『白銀の騎士』末尾の詩「棺」が引用されて終わる。他にも文中随所に一九三九年の私家版詩集からの引用があって、詩集が半生の要約であるという如くである。「我が半生記」には装飾過多で止めどなくなる治郎八の文章の癖がはっきり表れていて、だから編集者は、詩の削除とともに文を切りつめることを要求したのであろう。

それにしても、この改稿を挟んで、九月号掲載ということは、帰国から時間を措かずに注文があったものだろう。新潮社は、これに先立って『芸術新潮』誌八月号に治郎八の「帰朝放談」を掲載している。このフランス美術界事情は、今読めば、必ずしも一九五〇年当時の美術状況を反映していないようだが、新帰朝の放談とあれば、やむをえまい。同じ『芸術新潮』の一一月号には、徳川夢声との対談「薩摩治郎八素描」が掲載される。治郎八の、一方ではその破格の人生、他方では、フランス情報に、関心が向けられたのである。新潮社にはそのあたりの嗅覚があった。遅れてならじと「演劇界」誌が一二月号で前に引いた「薩摩五郎《ママ》八氏に歌舞伎の話を訊く」という談話記事を掲載している。この記事にも「薩摩治郎八素描」と同様、越路吹雪の名前が出て、「『貞奴』や『モルガンお雪』を向うへ持って行こうと思」い、さらに「越路という人は非常にすぐれた素質をもっていますから、あの人を、思いきりあばれさせたら、きっとポピュラーになります」という。その前に、『破れた着物』の撮影が言及されている。帰国からまだ一年経たない時期に、映画化計画を打ち出していたのである。しかし実際にはそれは頓挫したのであった。

晩年の二代目治兵衛

この記事の取材時には、新富町の宿屋躍金《てっきん》を仮の宿としていたとあるから、まだ箱根を住まいとしていたのだろう。その箱根で暮らしていた母まさは、翌一九五二年一二月一三日に亡くなった。父治兵衛は、さらに生きて一九五八年四月一一日に世を去った。治郎八は、ともかくも、両親の死には間に合ったのであった。

再出発

帰国の途次で思い描いた新たな夢想、東南アジアで文化外交に関わろうという計画はどうなったか。この希望を治郎八は、外務省で最も親しい鈴木九万に漏らしていた。鈴木の返事一通が発見されている。一九五二年四月二日付で、「井口次官に会った際大兄の件話しました処仏印の公使は未だ何もきまって居ないからとてフェボラブル〔＝有望〕なる反応を示しました。仏国方面のことに詳しい西村条約局長とも相談して見るとの事でした。〔……〕リレキ書式のものを作成して小生迄御送り置きを願へれば適当の時に渡して見てもよろしいかと思ひます。決して楽観してはいかぬと思ひますが御内報迄。尚暫らく秘密にされた方が万事よいかとおもひます」、とある。

結局はこの人事も成立しなかった。理由が何であったかはわからないにしても、そもそも役人がポストを外部の者に譲ることはまずない。

戦後に治郎八が思い描いた夢は、すべて実現せずに終わった。

代わりにというわけではないが、治郎八には文筆の仕事が次々ともたらされることになった。一九五三年頃から、新聞雑誌への寄稿が多く見られるようになる。『内外タイムス』、『新日本美術』、『時事新報』、『東京タイムス』、さらに遅れては『東京毎夕新聞』といった新聞の連載囲み記事あるいは単発の寄稿である。ほかにも、『婦人画報』、『世潮』、『随筆』、『宝石』、『暮しの手帖』などの雑誌、PR雑誌『洋酒天国』への連載その他。

題材は、懐旧譚もあるが、主にフランスでの経験に基づく美食と酒、社交回顧、レヴューやシャンソン事情、ヌードショウ礼賛、虚実取り混ぜてあるのだろう恋愛冒険物語。署名は、薩摩治郎八のほかに、薩摩貴子、またJ・G・シャノワール名義もある。Jはジロハチだが、Gはフランスでしばしば名乗ったジョルジュである。

治郎八は書くのが速い。推敲は少なく、書き飛ばすといってよいほどの速さで書いているようである。それだから、同じ出来事を回想しても、細部や時間関係が異なって描かれたりすることは珍しくない。三十代で書かれた、モダニズム的技巧を目指した、ぎくしゃくしながらも文学の意識のあった文章ではもはやなく、むしろ粗い。書くことを楽しんではいても、洗練された文章を練り上げることはなかった。

多くの情報を含みつつ、気軽に読み捨てられる文章が求められていた。要求される内容を提供するサービス精神には富んでいたから、そのあまり、時には自分の経験を潤色することもあっただろう。一九五九年の手帳に、支払われた原稿料の手控えがある。一件三〇〇〇円ないし五〇〇〇円。当時としては高めの部類ではなかったか。

いまや治郎八はその文章を通じて、有名人となっていた。西洋人中に名を成した日本人として、一世の快男児と呼ばれはじめていた。復興の戦後の中で、そのような豪傑が求められていた。カストリ雑誌の時代は過ぎて、週刊誌の時代が来ていた。週刊誌への寄稿はなかったが、週刊誌記事の対象になった。伝説は週刊誌の喜ぶものであった。

バロン薩摩の伝説

一九六〇年代からは、繰り返して伝説がなぞられる。曰く、「《薩摩男爵》の優雅な遊興生活」（『週刊読売』）、曰く「噂の男薩摩治郎八」（『週刊文春』）、曰く「稀代の蕩児」（『週刊現代』）。その死に際しても多くの記事が書かれることになるだろう。例えば曰く、「男のロマンを生きたバロン・サツマ」（『ヤングレディ』）。薩摩は男爵家ではなかった。男爵《バロン》は、豪勢な暮らしぶりに対してつけられた綽名《あだな》である。フランスの資料にこの呼び名は見られない。綽名だから、新聞記事も含めて、文書に残るはずのないものである。しかしなぜか日本の記事はこの語を好んで、爵位を持つかのように書いたものさえある。

この時期の、虚実とりまぜたと言っていい文章から、人々は快男児像を空想し、大衆雑誌がこれを増幅した。治郎八自身も、ある意味で無責任になれる談話などで、放言をすることもあった。人々が誤解しても、それが人々のよろこぶことであれば、あえて訂正もしなかった。そうして遊蕩的快男児伝説が生まれた。

自分がどのように見られているか、どのような読み物の提供を求められているかを、治郎八は理解していたから、伝説は育っていった。孤独な熱情家は忘れられ、金満の冒険家が残った。

こうして書かれた多数の読み物はまとめられて書籍になった。ただし最初の書籍は書き下ろしの『巴里・女・戦争』(同光社、一九五四年)であった。一九四〇年以降のフランスの実情の一面を伝え、後の思いも含むにせよ、軍国化した日本への反発もあって、時代の証言足りえているが、年代的不確実さとあらずもがなの艶話が瑕《きず》ではなかろうか。『せ・し・ぼん――わが半生の夢』(山文社、一九五五年)には、治郎八伝の基幹となる「半生の夢」が収められた。注意しておかなくてはならないのは、雑誌掲載版と『せ・し・ぼん』所収版では細部に相違があって、雑誌版が原稿の質は高いこと、そしてまた、同じ出版社による後の改訂版と称するものには数多くの誤植脱落があって使用に耐えないことである。さらに『なんじゃもんじゃ』(美和書院、一九五六年)、『ぶどう酒物語――洋酒と香水の話』

（一九五八年、村山書店）。最後の二点のような読み物にも、時に自身の生活に関わる記述が紛れ込んでいて、信憑性についての充分な吟味をすれば、拾い上げることができる。

利　子

有名になるにつれて、人が集まってくるのは常である。昔のパリでの関係がどうであれ、パリに暮らした人々のつくる「パリ会」の中では、知名人としての地位がつくられていた。高野三三男のように、仲違いもなく交友の持続していた者もあったから、なおさらである。しかも、資産のなくなった治郎八は、金蔓を求める輩に追いまわされずに済んだ。不如意は初めて、自由をもたらしていた。

パリ会から、フランスでは進んでいた自転車競技の選手を日本へ招聘する企画が生まれた。一九五六年のことである。治郎八自身が主導した案かもしれない。招待選手との親善試合の計画は自転車振興会を通じて自転車選手会に提案された。経緯は選手会の当時の事業担当常務理事で、計画を実現させ、さらに治郎八と親しんで後にフランスへ渡って画家となった加藤一（一九二五―二〇〇〇）が書き残している（『風に描く――自転車と絵画』）。

絵を描きたいと思いつつ、ロードレース自転車の学生選手から競輪選手となり、選手の利益を守るためのユニオン結成を成功させて、日本競輪選手会を運営していた加藤は、一九五六年に初めて治郎八と会い、計画を聞いたのだが、トゥール・ド・フランスのチャンピオンを含むロードレースの選手招聘の提案を聞いて、日本ではまだ根付いていないロードではなく、ピストの競技の親善試合を提案する。結局はその方向で実現が図られて、一九五七年秋に日本各地で親善試合が行われた。これが機縁となって加藤はフランスに移り住み、画家になっていくのだが、ここには自転車競技の準備をしながら二人が信頼しあって交友を結び、また治郎八から聞き知ったパリの芸術家世界の話が次第に加藤に影響して、一足踏み出させたというところがある。かつて年長の友人を得て自分の道を治郎八が探っていったように、今度は息子のような加藤を友人として、行く道を示唆したというわけである。治郎八は影響を与える側になっていた。

自転車選手招聘事業の始められる少し前に、治郎八は東京の下町に住みつくようになっていた。浅草松葉町（現在の松が谷）にアパートの一室を借りたというのは、いつのことであろう。このことが書かれた文章（「男女サムライ武勇伝」『なんじゃもんじゃ』）の初出がわからないのだが、一九五四年前後であろう。母が亡くなった後である。浅草は、祖母ヒサの影響のもとにあった幼い日に親しんだ土地であった。幼時へと回帰するようにこの土地を選んでいた。そして、次々と軽い読物の注文をこなしながら、六区の浅草座やカジノ座の楽屋に、ごく自然に入り込むようになっていた。昔の下町の艶姿の記憶と、パリのレヴュー劇場の常連の気分とが、一つに重なっていたのであろうか。

この浅草座で眞鍋利子と出会う。

利子は一九三一年生まれ、徳島高等女学校を一九四八年に卒業して後、舞踊に憧れて地元の女性歌劇団に入って、秋月ひとみと芸名も自分で考えた。団がほどなく解散して、紹介されて大阪のショウ劇団に入り、旅回りをした後に、一九五四年には東京に出て、日劇ミュージックホールに出演、そこから浅草座に出演するようになった。その楽屋に治郎八は姿を見せていたのである。

「ごきげんよう」と言いながら、グレイのソフトをとって入って来る、茶のツイードの服を着た治郎八は、ゆったりと楽屋に腰を下ろすのである。気前が良くて、踊り子たちを連れて国際通りのアルプスに連れて行って一緒にステーキを食べたりする。利子はみんなの後ろに居る方だったが、フランス映画の話をして、ザザ・ガボールの名を口にしたのが、治郎八が利子に関心を持ったはじめであったと、憶えている。それからしばしば同僚のもう一人と二人だけを誘うようになり、鰻や蕎麦が差し入れられ、付文《つけぶみ》がついてきたりするようになった。「バラの花束に添えて」「〝大学イモ〟や豆大福をこまめに差し入れていた」のだと、加藤一は言う（『風に描く』）。こうと思い定めると、あくまでも突き進むのが、変わらぬ治郎八流であった。

老粋人の結婚

一九五六年四月四日、すでに治郎八の文章を折に触れて掲載もしていた『東京毎夕新聞』二面に大きな見出しが躍る。「ロマンス・グレイ浅草版、老粋人が踊り子にプロポーズ、薩摩治郎八と秋月ひとみ」。薩摩氏も秋月さんも真剣に考えていると、三十歳違いのカップルに、好意的な記事である。プロポーズされて返事をするにも当惑している利子が戸越銀座まで帰るのを、五反田まで送っては一人とぼとぼ戻っていく治郎八の「後ろ姿が寂しく見えて」、利子は「わたしが幸福にして上げられるなら」と決心する。

利子は元来文学少女だった。読んだ本から気に入った文章を抜書きしたノートを作るような、そんなところがあった。治郎八にも、同じことをした経験があった。

舞台を見ては、治郎八は女性の胸の品評をする。『なんじゃもんじゃ』ではパリ人による乳房の形の分類として、リンゴ型、梨型、苺型と並べ、「日本で知られた乳房で示してみると、〔……〕苺型秋月ひとみ」と挙げておいて、「苺型（の乳房を愛する男は）詩的で夢想的」と断定する。要するに自分のことにほかならない。

治郎八は元来孤独な夢想者である。仏頂面の、あるいは憂い顔の白銀の騎士である。女は普通は男の孤独を見ない。利子は治郎八の孤独を認めて受け入れたのである。

二人は結婚して自由が丘にアパート暮らしを始め、利子は舞台をやめて洋裁学校に通うようになった。後に利子は服飾を仕事とすることになる。

治郎八が何者であるか、必ずしも知らなかった利子は、『せ・し・ぼん』以下の書籍によって夫のことを知り、フランス大使館との緊密な関係や、知人の多さに驚いたりした。

一九五九年三月一一日小松耕輔を囲む会が東京会館で催された。それに出た後、四月に入って、春の徳島祭を見るために、治郎八は初めて利子の故郷へ赴いた。阿波踊りも見て、気に入ったのであった。「踊りおどらばしなよく踊れしなのよいのを嫁にする」、「主をもつなら鳴門のうづにもまれもまれた主がよい」などと、唄の文句を手帳に書きとめたりした。

もう一度夏の盛りの阿波踊りをと、七月の末に再訪して、祭りも見た後の八月二二日、脳溢血で倒れた。療養は利子の実家、徳島市佐古二番町の二階で続けられて、恢復してからも徳島に留まった。

利子は一人で東京に戻って、自由が丘の部屋を畳み、すべてを徳島に移した。すでに小涌谷の父も世を去っていた。小涌谷に残してあった治郎八のパリ暮らしの記念の品々も、後には徳島に運ばれた。

倒れてから半年たった一九六〇年二月一五日付の『新日本美術』紙に、常連の寄稿家だった治郎八の文章が掲載される。「私は不思議と碧空の下で病む運命を持ち合わせているらしい。去年の八月二十二日の夕暮時この寓居の二階の廊下で倒れて以来言葉通り碧空を仰いて寝て暮している。私が戦時中病んだのも南仏天使湾の美都ニースのことだった。／現在四国の徳島の眉山の麓の旧街道の佐古の問屋街のしもた屋の二階で眉山と向い合い寝ている。私がニースのシミエの丘麓でブーガンビリエの真紅な花を眺めながら気の長い病を養った空も真碧な光にめぐまれた自然の一片だった」。倒れた直後には、日本語が口から消えてしまった。「私の若い妻が女のカンで通訳するフランス語と英語で辛うじて医者と交渉するという事態が起きたのだ」。日本語がまたしても消えうせてしまうといけないから、「愛情だけでカンで理解した妻の居る内にできるだけ自分の母の舌〔＝ラング、言葉〕で書き続けておこうと思う」。ようやく麻痺から恢復した右腕で書いているのである。

治郎八はフランスへ行きたがった。船に乗って行くのである。何月何日の郵船に乗る、そうすれば何日にはマルセイユに着ける。すでに飛行機があって、南回りだから時間はかかったが、それでも丸一日でパリまで行けた。しかし治郎八にとって、欧州への道は海上にしかない。まだもつれる舌で、繰り返し船旅の楽しみを利子に語って倦むことがなかった。自分が行きたいだけではなかった。利子を連れて行くこと、それが夢であった。「あなたの生き甲斐ですもの。はやく、体を良くしましょうね」と励ます利子の言葉は、徳島まで二人に会いに行った、もと『東京毎夕新聞』記者広岡敬一が書

フランス郵船甲板の治郎八と利子

きとめている（『浅草行進曲』）。

　夢は、現実になった。

　一九六五年の二月、治郎八にはフランス政府によって芸術文芸勲章が贈られた。一九五七年に創設された文化省の勲章である。すでに国家勲章であるレジオン・ドヌール佩用者《はいよう》である治郎八には下位の勲章だが、改めて敬意を表したということであろう。勲章をもって徳島を訪れた直後に書かれた神戸総領事の手紙には、計画しているフランス招待旅行に関して、主治医の意見を聞いたとも記されている。また離任する自分に代わって後任が大使館文化部と検討して、どのように一九六六年に旅行を実現するか、検討するようにさせるとも書いている。

　計画は進んで、翌年九月一三日、神戸発のフランス郵船のカンボージュ号で治郎八は利子と共に旅立った。しかし今回は一等船室ではなかった。招待は治郎八一人だったのである。何としても、利子をフランスに、パリに連れて行く。治郎八の交渉術が展開された。フランス郵船は、一等の代わりに二等とすることで二人部屋の提供を受け入れたのである。

一〇月二〇日マルセイユ到着。三ヶ月を過ごして翌年一月二四日同じカンボージュ号でマルセイユ出航、神戸に帰着したのは二月二六日であった。まだ元気であったオノラ夫人にも、数多い知人にも会った。パリに落ち着いて画家となっていた加藤一にも会った。大学都市と日本館は創設者を歓迎した。利子は夫がどのような世界で生きてきた人であったか、このとき初めて納得がいった。

パリへはもう一度戻る機会があった。

一九六九年、フランス外務省の招待であった。八月一日にふたたびフランス郵船のラオス号で神戸を発ち、九月二〇日にマルセイユ到着。この時は、一〇日間のフランス滞在であった。パリへ行って、取って返して九月三〇日には、マルセイユを出航、一一月一三日に神戸に帰着した。船で旅する喜びのために、船に乗ったのである。

豪華客船の時代があった。治郎八は繰返し船の旅を楽しんでヨーロッパと日本を往復した。かしこには、豪奢と美と官能があった。それを味わう生活も出来た。それだけではなくて、それらの逸楽をまもるための平和を目指す理想もあった。理想を夢見させてくれる師父もいた。すべては過ぎていった、豪華客船の時代と共に。

パリ時代のどの写真を見ても、治郎八の住まいのたたずまいは、旅の途中のようであった。定住した人の住む空間では、それはなかった。それも無理ではないので、たとえアパルトマンにもせよ、家族の集う家としてそこに暮らすことはなかった。同じ家に長く暮らすこともなかった。ラフォンテーヌ街に二年居たのが一番長かった。それでなくとも、治郎八はいつも追われるように、自分の求めていくべきものを探し続けていたかのようである。音楽も、舞踊も、学生会館も、大学都市も、金鉱も、戦時下の困難な外国暮らしも、浅草の劇場も、ひたすら身を投じていくような仕方で、治郎八は関わってきた。住み着くべき場所を探しているかのように。

今はもう、求めていくべきものはないようであった。旅の途中では、もうなかった。

パリ時代のどの写真にも見せている、あの仏頂面も今はもう見られない。温容というべき表情がそこには漂っている。ゆったりとすべてを委ねることができるようになったからであろうか。

治郎八はもう動かなかった。

利子の実家の佐古町から出て、吉野川の流れに程近い東吉野町に利子は家を構えた。かつて駿河台に瀟洒なヴィラを作ったように、パリに居たころ、小さなヴィラを造ることを思って、見取り図を作ったことがあった。戦争のはじまる頃である。あの頃以来、どのような意味でも自分の家と呼べる場所に暮らしたことがなかった。ようやく終《つい》の棲家《すみか》に居た。

治郎八はかつてしばしば、芸術的な美しい生活をしたかったのだと、言った。安楽な生活、美しいものに取り囲まれた生活、自ら美しいものを生み出すのに関わり合える生活、それが夢であった。それだから、他人からは贅沢三昧と思われる豊かな生活を求めた、芸術家とその作り出すものを身近に求めた、自らも文筆によって芸術につながることを求めた。それは必ずしも充分に果たされなかった。

しかしその想いを生きてきたことに今は満足していた。孤独な夢想者は、もう孤独ではなかった。昔からの知人、新しい友人も、時に徳島まで訪れて来た。

そしてさらに七年、空の蒼い国の、港の汽笛の聞こえる町に静かに暮らした。

一九七六年二月二二日、七五歳を前に、治郎八は世を去った。忌日は黒猫忌と名付けられた。治郎八が猫を愛したからであったが、むろん黒猫はJ・G・シャノワール自身でもあった。

墓は、街道沿いの佐古町からも遠くない、眉山の麓の敬台寺に、利子の手で建てられた。

主要参考文献

この文献目録は網羅的であることを目的としない。執筆に際して直接に参照した文献に限られる。また、新聞各紙の縮刷版、マイクロフィルム版、ウェブ版は記載しなかった。総記に属する資料も、特に重要なもの以外は記載しなかった。

Ⅰ　薩摩治郎八著作物

書籍

『銀絲集』（歌集）私家版、一九二三年一一月
Henri Gil-Marchex, le pianiste français, par Jirohachi Satsuma [programme], 1925
『白銀の騎士』（詩集）私家版、一九三九年
『巴里・女・戦争』同光社、一九五四年四月
『せ・し・ぼん――わが半生の夢』山文社、一九五五年九月
『なんじゃもんじゃ』美和書院、一九五六年四月
『ぶどう酒物語――洋酒と香水の話』村山書店、一九五八年
『藤田嗣治とエコール・ド・パリ』（『猫と女とモンパルナス　藤田嗣治』［一九六八年刊］増補改丁版）ノーベル

書房、一九八四年〔薩摩治郎八「華やかなるモンパルナスの彼」（一六四―一六七ページ）を含む〕
『洋酒天国1　酒と女と青春の巻』（開高健監修）新潮社、一九八七年〔薩摩治郎八「おとぼけ回想記」「世界の酒盛り、酔いどれ天国、東西女性酒豪伝」（一二五―五一ページ）を含む〕
『洋酒天国2　傑作エッセイ・コントの巻』（開高健監修）新潮社、一九八七年〔薩摩治郎八「スリング・ロマンス」（一二〇―一二五ページ）を含む〕

未刊草稿（本文中に引用ないし言及したもののみを示す）

「彼」〔手書き原稿〕
「巴里原始林《ジアングル・パリヂエンヌ》」〔手書き原稿〕
「ニルバナの夕　à sa Majesté le Roi du Cambodge」〔手書き原稿〕
Kimono déchiré（フランス語、小説）〔タイプ版〕
Kimono déchiré（フランス語、シナリオ）〔タイプ版〕
Kimono déchiré（フランス語、ラジオドラマ）〔タイプ版〕
「引裂かれた着物」（シナリオ）〔原作J・G・サツマ、脚色イヴォンヌ・フュゼル、編集イヴォンヌ・フュゼル〕
〔ガリ版刷簡易製本〕
「我が半生紀」〔手書き原稿、新潮社原稿用紙、文末に「千九百五十一年七月十八日暁終稿」とあり〕
「實話《ノンフクション》　百億円を喰いつぶした話」〔手書き原稿〕
「我が世界放浪記（ロマンチックな！あまりにロマンチックな！）」〔手書き原稿および手書き別稿〕
「世界市民の東京人気質」〔手書き原稿〕

定期刊行物

「巴里より（詩）」『若き文化』第二巻第一号（大正一一年一月号）（一二―一三ページ）
「旅情」『若き文化』第二巻第二号（大正一一年二月号）（二四―二五ページ）
「新しい佛蘭西の文藝作家紹介（一）―フランシス・カルコ」『婦人畫報』（大正一四年七月号）（七四―七七ページ）
「フランスにて歌へる――一とせのはかなかる思ひ出」『婦人畫報』（大正一四年八月号）（一四六ページ）
「新しい佛蘭西の文藝作家紹介（二）―明るいリラと空色の筆で巴里人の感覺を描き出す―天才コレット」『婦人畫報』（大正一四年九月号）（一八四―一八五ページ）
「歸朝放談」『藝術新潮』（一九五一年八月号）（九六―九八ページ）
「半生の夢」『新潮』（一九五一年九月号）（一二五―一五七ページ）
「薩摩治郎八素描」（徳川夢聲、藝林對談一〇）『藝術新潮』（一九五一年一一月号）（一四九―一五六ページ）
「薩摩五郎八氏に歌舞伎の話を訊く」（新富町人による聞書き）『演劇界』（一九五一年一二月号）（四六―四七ページ）
「巴里のつぼみ――藤田エコールにならず」『新日本美術』（一九五三年八月三一日）（以後、一九六〇年二月一五日までに、同紙へ寄稿は、確認できるだけで四六回におよぶ）
「龍宮物語」『内外タイムス』［コラム《粋人酔筆》欄］（一九五三年九月一八日）（以後、一九六二年三月二九日までに、同欄へ寄稿は、確認できるだけで四七回におよぶ）
「モンパルナスの夜――宜き哉！古き巴里の日本画壇」『改造』（一九五三年一一月）（一七〇―一七七ページ）
「ロマンチストの花束――MARSラヴェル」婦人画報（一九五四年三月号）（一七〇―一七三ページ）
「巴里の夜のものがたり　連載第1回　女の園［謝肉祭の女、転落の沈黙］」『世潮』（一九五四年三月号）（一七八

―一八四ページ〕
「巴里の夜のものがたり　第2回　スフィンクス女〔裸体の恋人、スフィンクスの女、初恋〕」『世潮』（一九五四年四月号）〔一六四―一七三ページ〕
「巴里の夜のものがたり　第3回　夜霧の娼婦〔銀の小箱、夜霧の娼婦、ロマンティック、転落の沈黙〕」『世潮』（一九五四年六月号）〔一五〇―一五九ページ〕
「巴里の夜のものがたり　第4回　モロッコの女〔バリ島の巴里女、シャンソンの誕生、国際バスの学生車掌〕」『世潮』（一九五四年七月号）〔九〇―九八ページ〕
「ミスをミスしたミス――子女よ！だまされるな！」『朝日新聞』（一九五四年八月六日）
「三人の長老の愛に」『東京新聞』（一九五四年八月二四日）
「目立たぬ花」『東京タイムス』（一九五四年九月四日）〔「寂れ行く文化基地―国際交流のかげに」（『熊本日日新聞』一九五四年九月九日）と同じ〕
「パリにしぼんだ花――回想の日本画家」『時事新報』（一九五四年九月一六日）
「ガード裏」『讀賣新聞』（一九五五年八月一日）
「パレー・ロワイヤルの幻」『學鐙』（一九五五年一二月号）〔一四―一七ページ〕
「対談　その道」（薩摩治郎八・早川雪洲）『週刊サンケイ』（一九五五年一二月一八日号）〔五九―六三ページ〕
「治郎八よもやま話」（対談、聞く人太田黒元雄）『藝術新潮』（一九五七年五月号）〔一二四―一三二ページ〕
「浮き世瓦版――裸女《ストリッパー》と私」『東京毎夕新聞』（一九五七年六月一九日）〔以後、一九五八年九月五日までに、同紙へ寄稿は、《浮き世瓦版》題のコラム以外も併わせて確認できるだけで二八回におよぶ〕
「この人に聞く――外人部隊とカスバの女　薩摩治郎八氏入隊の思い出」（談話）『東京毎夕新聞』（一九五七年八月一八日）

「講演　波瀾万丈の足跡　国際的レヂスタンスの弁」『話の広場』（一九五八年一〇月一日）
「巴里大学都市と私」『国際文化』（一九六一年一〇一号）〔一〇―一一ページ〕
La Cité Universitaire (Conférence faite le 7 juin à l (Institut Oriental de Prague en présence du Ministre de France et du Chargé d'affaires du Japon), France-Japon, no 11, 15 septembre 1935

Ⅱ　主要参考文献

書籍・定期刊行物

芦屋市立美術博物館編『パリを描いた画家たち――佐伯祐三・横手貞美・大橋了介・荻須高徳・山口長男』「パリを描いた画家たち」展実行委員会、一九九一年
網戸武夫『情念の幾何学　彩象の作家中村順平の生涯』建築知識、一九八五年
イヴリー、ベンジャミン、石原俊訳『モーリス・ラヴェル　ある生涯』アルファベータ、二〇〇二年
池村俊郎『戦争とパリ　ある二人の日本人の青春　1935-45』彩流社、二〇〇三年
石川康子『原智恵子　伝説のピアニスト』（ベスト新書）KKベストセラーズ、二〇〇一年
石黒敬七『蚤の市』岡倉書房、一九三五年
井上泰岳（編）『我半生の奮闘』〔「人一倍に働き人一倍に倹約し来りし予が半生の奮闘　薩摩治兵衛」を含む〕博文社、一九〇九年
岩井忠熊『西園寺公望　最後の元老』（岩波新書）岩波書店、二〇〇三年
大岡昇平『中原中也』（講談社文芸文庫）講談社、一九八九年
『近江人物志』滋賀県教育會、一九一七年

大森啓助「巴里日本美術協會紛争回顧録」(一、二、三)『美術新論』、一九三八年八月号、九月号、一〇月号
小田光男『書店の近代　本が輝いていた時代』(平凡社新書)平凡社、二〇〇三年
小田部雄次『華族』(中公新書)中央公論社、二〇〇六年
「男のロマンを生きたバロン・サツマ　薩摩治郎八氏の寂しい死」『ヤングレディ』講談社、一九七六年三月一五日
『海外各地在留本邦人職業別表』外務省通商局、一九二二年
『海外各地在留本邦人人口表』外務省通商局、一九三〇年
外務省(編纂)『日本外交文書』(昭和期I第二部第四巻)[「パリ薩摩会館建設関係」を含む]外務省、一九九一年
笠羽映子「日本とラヴェル——西洋音楽の受容をめぐる一考察」『比較文学年誌』(二四号)早稲田大学比較文学研究室、一九八八年
梶井基次郎『梶井基次郎全集』(一、二、三、別巻)筑摩書房、一九九九—二〇〇〇年
鹿島茂『パリの日本人』(新潮選書)新潮社、二〇〇九年
鹿島平和研究所(編)『石井菊次郎遺稿　外交随想』鹿島研究所出版会、一九六七年
霞会館諸家資料調査委員会(編纂)『昭和新修華族家系大成』(上下巻)、霞会館、一九八二年
霞会館華族家系大成編輯委員会(編纂)『平成新修旧華族家系大成』、霞会館、一九九六年、
『華族大觀』華族大觀刊行會、一九三九年
加藤美雄『わたしのフランス物語　第二次大戦中の留学生活』編集工房ノア、一九九二年
加藤美雄『続わたしのフランス物語　第二次大戦中の留学生活』編集工房ノア、一九九四年
加藤一『風に描く　自転車と絵画』文芸春秋新社、一九八七年
——+永六輔『自転車一辺倒——風と彩《いろ》と人生と』講談社、一九九五年
木島隆康・林洋子編『藤田嗣治の絵画技法に迫る——修復現場からの報告』[篠田勝英「藤田嗣治と日本館」を含

む」東京藝術大学出版会、二〇一〇年
「《稀有の蕩児》薩摩治郎八氏の死　三十年間で百五十億使った絢爛の一生」『週刊現代』講談社、一九七六年三月一一日
杵屋佐久吉『四世杵屋佐吉研究』糸遊書院、一九八二年
木村毅『西園寺公望』（三代宰相列伝）時事通信社、一九五八年
清岡卓行『マロニエの花が言った』（上・下）新潮社、一九九九年
久保田二郎「甘き香りの時代に――楽土の貴公子薩摩治郎八」（第一話―第七話）『太陽』（通巻二三五号―二四六号）平凡社、一九八二年五月―一九八三年一月
熊岡美彦「百鬼夜行の巴里」（一）『美術新論』、一九二九年八月号
――「巴里展覧会便り」『美術新論』、一九二九年八月号
――「巴里の日本美術展覧會印象」『美術新論』、一九二九年八月号
――「百鬼夜行の巴里―藤田嗣治氏の反省を促す」（二・三）『美術新論』一九二九年一〇月号、一一月号
倉田保雄『エリセーエフの生涯』（中公新書）中央公論社、一九七七年
――『夏目漱石とジャポノロジー伝説』近代文芸社、二〇〇七年
クルーヴァー、ビリー、マーティン、ジュリー、北代美和子訳『キキ　裸の回想』白水社、二〇〇〇年
クローデル没後50年記念企画委員会『日本におけるクローデル』クローデル没後50年記念企画委員会、二〇〇五年
クローデル没後50年記念企画委員会『クローデルと日本』七月堂、二〇〇六年
熊田忠雄『そこに日本人がいた！　海を渡ったご先祖様たち』（新潮文庫）新潮社、二〇一〇年
小泉策太郎（筆記）、木村毅（編集）『西園寺公望自伝』大日本雄弁会講談社、一九四九年
神津啄自『洋画家神津港人の絵』ほおずき書籍、二〇〇四年

『高野三三男　アール・デコのパリ、モダン東京』（展覧会カタログ）目黒美術館、一九九七年
小玉武『「洋酒天国」とその時代』筑摩書房、二〇〇七年
小中陽太郎《人間ドキュメント》「花のパリは夢に似て老蕩児いま徳島に若い妻と――噂の男薩摩治郎八」『週刊文春』文芸春秋新社、一九七三年五月二八日
小林茂「一九二五年の器楽的幻覚―アンリ・ジル＝マルシェックスの演奏旅行と梶井基次郎」『比較文学年誌』（四一号）早稲田大学比較文学研究室、二〇〇五年
小堀杏奴『追憶から追憶へ』求龍堂、一九八〇年
小松耕輔『音楽の花ひらく頃』音楽之友社、一九五二年
――『わが思い出の楽壇』音楽之友社、一九六一年
「今秋來朝する仏國の洋琴家／アンリーヂルマルシエツクス」『婦人画報』、一九二五年五月号
近藤信行『谷崎潤一郎　東京地図』（江戸東京ライブラリー）教育出版、一九九八年
近藤史人『藤田嗣治「異邦人」の生涯』講談社、二〇〇二年
榊原悠紀田郎『歯記列伝』クインテッセンス出版、一九九五年
『薩摩治郎八と巴里の日本人画家たち』（展覧会カタログ）共同通信社、一九九八年
「薩摩治郎八のせ・し・ぼん人生（特集・パトロン道を究めた男）『芸術新潮』一九九八年一二月号、新潮社、一九九八年
「《薩摩男爵》の優雅な遊興生活――花のパリで全財産使い果たす」『週刊読売』読売新聞社、一九六六年三月一一日
薩摩千代（著）、山田顕貞（編）『句集からまつ』私家版、一九五九年
獅子文六『但馬太郎治伝』（講談社文芸文庫）講談社、二〇〇〇年
幣原喜重郎『外交五十年』（中公文庫、再版）中央公論社、二〇〇七年

實業之日本社『奮闘立志傳』實業之日本社、一九一三年
篠田勝英「薩摩治郎八とパリ国際大学都市日本館(1) ポール・クローデルの果たした役割」『言語・文化研究論集』(第七号) 白百合女子大学言語・文化研究センター、二〇〇七年
渋谷豊「『日佛評論』について――アミラル・ムーシェ街二十二番地」『比較文学年誌』(四一号) 早稲田大学比較文学研究室、二〇〇五年
渋谷隆一編『明治期日本全国資産家・地主資料集成』(一～五) 柏書房、一九八四年
――『大正昭和日本全国資産家地主資料集成』(一～六) 柏書房、一九八五年
――『都道府県別資産家地主総覧』(東京編一～四) 日本図書センター、一九八八年
『職員録』(関係各年次) 内閣官報局
『人事興信録』(第三版、明治四四年) 東京人事興信所、一九一一年
『人事興信録』(大正一四年版) 東京人事興信所、一九二五年
『人事興信録』(昭和一二年版) 東京人事興信所、一九三七年
『新撰東京遊学案内』東京集文館、一九一六年
末永航『イタリア、旅する心 大正教養世代がみた都市と美術』青弓社、二〇〇五年
『生誕120年藤田嗣治展 パリを魅了した異邦人』(展覧会カタログ) NHK、NHKプロモーション、日本経済新聞社、二〇〇六年
瀬戸内寂聴『瀬戸内寂聴伝記小説集成第二巻』[「ゆきてかえらぬ」を含む] 文芸春秋社、一九八九年
「戦前のパリ社交界で活躍 バロン薩摩 フランスから帰国の51年 仏印公使就任を希望していた」『徳島新聞』一九九九年一二月二七日(朝刊)
「高松宮宣仁親王」伝記刊行委員会『高松宮宣仁親王』朝日新聞社、一九九一年

竹島昌威知『釜ヶ崎天国――石島秀松伝』三一書房、一九九四年
辰野隆『ふらんす人』（講談社文芸文庫）講談社、一九九一年
龍野元四『欧米文士の日本観』日東館、一九〇一年（ディオシー「變則日本語」Pidjin Japanese by A. Diósy を含む）
田中穣『評伝藤田嗣治』芸術新聞社、一九八八年
玉川信明『エコール・ド・パリの日本人野郎――松尾邦之助交遊録』社会評論社、二〇〇五年
谷崎潤一郎「ふるさと」『中央公論』（一九五八年三月号）、中央公論社、一九五八年
『中央区史』（上巻）中央区、一九五八年
中條忍「ポール・クローデルと日仏会館設立をめぐって」『日仏文化』（六六号）日仏会館、二〇〇一年三月
寺田勇吉『寺田勇吉經歴談』精華学校、一九一九年
『銅版画家長谷川潔　作品のひみつ』（展覧会カタログ）玲風書房、二〇〇六年
豊田穣『最後の元老西園寺公望』（上下）新潮社、一九八二年
内政史研究会『鈴木九萬氏談話速記録』（内政史研究資料第一七一、一七二、一七三、一七四、一七五集）内政史研究会、一九七四年
内藤濯（著）、内藤初穂（編）『星の王子　パリ日記』グラフ社、一九八四年
中島健蔵『証言・現代音楽の歩み　音楽とわたし』講談社、一九七四年
永谷健『富豪の時代　実業エリートと近代日本』新曜社、二〇〇七年
中山正子『ハイカラに、九十二歳――写真家中山岩太と生きて』河出書房新社、一九八七年
『日佛會館會員名簿』日佛會館、大正一五年［Liste des Membres de la Maison Franco-Japonaise, 1926］
『日本紳士録』（一五版）交詢社、一九一〇年

「日本の資産家」『大阪朝日新聞』一九一三年一月一九日号付録
野口孝一「区内散歩　バロン・サツマ　薩摩治郎八」(一―四)『区のお知らせ　中央』(二〇〇四年二月一五日、三月一五日、四月一五日、五月一五日号)
野村光一『音楽青春物語』湖山社、一九四九年
萩原延壽『萩原延壽集1(馬場辰猪)』朝日新聞社、二〇〇七年
波多野勝『裕仁皇太子ヨーロッパ外遊記』草思社、一九九八年
林洋子『藤田嗣治　作品をひらく　旅・手仕事・日本』名古屋大学出版会、二〇〇八年
広岡敬一『浅草行進曲』講談社、一九九〇年
――『戦後性風俗大系――わが女神たち』朝日出版社、二〇〇〇年
日向素郎(岩崎雅通)『私たちの音楽旅行記』音楽之友社、一九五八年
――『過ぎし日』吾八、一九六九年
藤川助三(編)、村岸峯吉(監修)『豊郷村史』滋賀県犬上郡豊郷村役場内村史編集委員会、一九六三年
藤田嗣治『腕一本・巴里の横顔　藤田嗣治エッセイ選』(講談社文芸文庫)講談社、二〇〇五年
藤野幸雄『春の祭典　ロシア・バレー団の人々』晶文社、一九八二年
藤原義江『流転七十五年』主婦の友社、一九七四年
――『私の履歴書　文化人10』(「藤原義江」の項を含む)日本経済新聞社、一九八四年
墨堤隠士『商人立志豪商の雇人時代』東京大學館、一九〇五年
堀辰雄「コクトオと僕」(上・下)『都新聞』、一九三一年五月二八日、二九日
堀内敬三『音楽五十年史』(新版)鱒書房、一九四八年
牧野伸顕(著)、伊藤隆・広瀬順晧(編)『牧野伸顕日記』、中央公論社、一九九〇年

正岡子規「四百年後の東京」(『飯待つ間――正岡子規随筆選』[阿部昭編])(岩波文庫)岩波書店、一九八五年
増沢健美「ヂル・マルシェックスを聴く」(上・下)『東京朝日新聞』一九二五年一〇月一四日・一五日
――「先進的ピアニスト　ヂル・マルシェックス氏」(上・下)『東京朝日新聞』一九二五年一一月三日・四日
松尾邦之助「フランス批評家の持つた大きな迷蒙――ジュー・ド・ポームの日本畫展評を讀んで」『美術新論』一九二九年一一月号
――『フランス放浪記』鱒書房、一九四七年
――『巴里横丁』鱒書房、一九五三年
――『巴里物語』社会評論社、二〇一〇年
松崎碩子「日本学高等研究所六十六年の歩み――パリ大学からコレージュ・ドゥ・フランスへ」『日仏図書館情報研究』(三一号)、日仏図書館情報学会、一九九五年
松永伍一『蝶は還らず　プリマ・ドンナ喜波貞子を追って』(ウェッジ文庫)ウェッジ、二〇〇八年
丸山熊雄『一九三〇年代のパリと私』私家版、一九八六年
マン・レイ、千葉成夫訳『マン・レイ自伝　セルフ・ポートレイト』文遊社、二〇〇七年
三浦信孝(編)『近代日本と仏蘭西――10人のフランス体験』、大修館書店、二〇〇四年
村上紀史郎『「バロン・サツマ」と呼ばれた男　薩摩治郎八とその時代』藤原書店、二〇〇九年
百瀬孝、伊藤隆(監修)『事典昭和戦前期の日本　制度と実態』吉川弘文館、一九九〇年(十刷二〇〇六年)
森村悦子「国際協力の現場から――パリ国際大学都市日本館図書室」『日仏図書館情報研究』(二〇号)、日仏図書館情報学会、一九九四年
モルガール、ルー、北代美和子訳『キキ　モンパルナスの恋人』(新装版)河出書房新社、一九九九年
矢島翠『ラ・ジャポネーズ　キク・ヤマタの一生』潮出版社、一九八三年

柳亮「藤田氏の爲に辯ず―熊岡美彦氏の「百鬼夜行の巴里その他を駁す」」『アトリエ』一九二九年一二月号
――「巴里日本美術協会紛争の責任當事者として大森啓助君への公開状」『美術』、一九三三年八月号
――「わが美術修業の半世紀」（一―一二）『東京新聞（夕刊）』、一九七一年九月二一日―一〇月二三日
柳澤健『南歐遊記』新潮社、一九二三年
――『巴里を語る』中央公論社、一九二九年
――『三鞭酒の泡』日本評論社、一九三四年
――『世界圖繪』（藤田嗣治絵）岡倉書房、一九三六年
――『回想の巴里』酣燈社、一九四七年
――『世界の花束』コスモポリタン社、一九四八年
――『巴里の晝と夜』（顔FIGURES叢書第3集）世界の日本社、一九四九年
――『印度洋の黄昏』柳澤健遺稿集刊行委員会、一九六〇年
湯浅年子『フランスに思ふ　もん・かいえ・あんてぃーむ』月曜書房、一九四八年
――『パリ随想　ら・みぜーる・ど・りゅっくす』みすず書房、一九七三年
――『続パリ随想　る・れいよん・う゛ぇーる』みすず書房、一九七七年
――『パリ随想3　むすか・のわーる』みすず書房、一九八〇年
立命館大学西園寺公望伝編纂委員会（編）『西園寺公望伝』（全四巻および別巻二巻）岩波書店、一九九〇―一九九七年
ワイザー、ウィリアム、岩崎力訳『祝祭と狂乱の日々　1920年代パリ』河出書房新社、一九八六年
綿貫健治『日仏交流150年―ロッシュからサルコジまで』学友社、二〇一〇年
和田博文・真銅正宏・竹松良明・宮内淳子・和田桂子『言語都市・パリ　1862-1945』藤原書店、二〇〇二年

和田博文・真銅正宏・竹松良明・宮内淳子・和田桂子『パリ・日本人の心象地図』藤原書店、二〇〇四年
和田博文・真銅正宏・西村将洋・宮内淳子・和田桂子『言語都市・ロンドン』藤原書店、二〇〇九年
和田博文（監修）、石黒敬章、田中敦子、和田博文（編）『パリの日本語新聞「巴里週報」』（ライブラリー・日本人のフランス体験　第1巻）柏書房、二〇〇九年
Adlard, John, *A Biography of Arthur Diósy, Founder of the Japan Society, home to Japan* (Japanese Studies 2), The Edwin Mellen Press, 1990
Buisson, Sylvie et Dominique, *La vie et l'œuvre de Léonard-Tsuguharu Foujita*, vol 1, A. C. R. édition, 1987
Buisson, Sylvie, *Léonard-Tsuguharu Foujita*, vol 2, A. C. R. Édition, 2004
Bulletin de la Société Franco-Jaoponaise de Paris, no 68 (1927); no 72 (1930); no 73 (1931).
Bulletin (Le) international de l'Alliance internationale, No 146-Novembre 2004, Association des anciens de la Cite Internationale Universitaire de Paris [Japon, entre passé et présent (dossier), p. 11-24]
Centenaire (Le) de André Honnorat, 1970
Claudel, Paul, *Journal*, tome 1 1902-1932; tome 2 1933-1955, texte établi et annoté par François Varillon et Jacques Petit, collection de la Pléiade, Gallimard, 1968 et 1969
——, *Correspondance diplomatique, Tokyo 1921-1927* [textes choisis, présentés et annotés par Lucie Gabbagnati], (Les Cahiers de la NRF), Gallimard, 1995
Desnos, Youki, *Les confidences de Youki*, Librairie Arthème Fayard, 1957
Drot, Jean-Marie et Polad-Hardouin, Dominique, *Les heures heureuses de Montparnasse*, Hazan, 1995
Hillairet, Jacques, *Connaissances du Vieux Paris*, Édition Princesse, 1956
——, *Dictionnaire historique des rues de Paris*, tome 1 et 2, Édition du Minuit, 1985

Lemoine, Bertrand, *La Cité Internationale Universitaire de Paris*, Éditions Hervas, 1990
Morand, Paul, *Au seul souci de voyager* [Textes choisis et présentés par Michel Bulteau]（Collection VOYAGER avec …), La Quinzaine littéraire et Louis Vuitton, 2001
——, *Rien que la terre et autres fictions voyageuses*（Bibliothèque Grasset), Grasset, 2006
Propert, W. A. *The Russian Ballet 1921-1929*, John Lane, 1931
Rodriguez, Philippe, *Maurice Delage ou La solitude de l'artiste*（mélophiles 7), Éditions Papillon, 2001
Wasserman, Michel, *D'or et de neige, Paul Claudel et le Japon*（Les Cahiers de la NRF), Gallimard, 2008

ウェブ上公開資料

外務省外交史料館所蔵文書でアジア歴史センターのウェブ・サイト上で閲覧できる文書として、「文化交換関係雑件／日仏関係ノ部」、「在外日本学生会館関係雑件／巴里薩摩会館関係（日本会館）」、「南洋ニ於ケル帝国ノ利権問題関係雑件／鉱山関係」、「各国ニ於ケル協会及文化団体関係雑件／希国ノ部」ほか
『渋沢栄一伝記資料』〔渋沢栄一記念財団ウェブ・サイト上で閲覧〕
『黒田清輝日記』〔黒田清輝記念館ウェブ・サイト上で閲覧〕

未公刊資料

「初代薩摩治兵衛之傳」（毛筆原稿）〔徳島県立近代美術館保管〕
薩摩治郎八遺品文書類〔徳島県立近代美術館保管および個人蔵〕
薩摩千代遺品文書〔個人蔵〕
パリ国際大学都市本部所管日本館関係文書類〔フランス国立公文書館に移管〕

あとがき

一九七一年一〇月、学生として、初めてフランスにわたった。大学都市の日本館はむろん知っていたが、日本人集団の中で暮らすまでもあるまいと、下宿を探して街中に暮らした。

翌年の春、大学都市の最も古いドゥーチュ・ド・ラ・モルトに入れることになって、移った。大学都市は、町の中にありながら、どこか外の世界からは切り離された気分の漂う場所であった。

一九九三年夏に日本館館長の職をお引き受けすることになって、二年半、仕事をした。日本館を建設寄付した薩摩治郎八に関して、当の日本館に、史料が残されているわけではなかった。

任期の間に、パリを訪れられた薩摩治郎八夫人利子さんに初めてお目にかかった。

薩摩治郎八と日本館について、意識的に探るようになったのは、職を了えて帰国してからであった。日本人のフランス体験の系譜を、少し以前から検討していた、それに連なるものであった。

わかってきたのは、薩摩治郎八の実像を伝えようとする伝記は、かつて書かれていないということであった。実像ではなく、ことさらに面白おかしい《伝説》に、治郎八は仕立てられてきた趣がある。当人にも責任はあって、五十歳を過ぎて帰国の後には、実際に尾鰭をつけて、いささか面白尽くめに自己の半生を綴ったり語ったりしてみせた。しかしそれらのお噂も、読む眼を持って読めば、実相は見えてくるし、それを確かめる記録も残っていないわけではなかった。

それだから、この評伝選の一冊に薩摩治郎八の伝を書かせていただくことになって、各種の素性正しい文献資料に依拠することを、本旨とした。

確実な薩摩治郎八伝の試みは、一九九八年秋から翌年の四月までにかけて、全国三箇所の美術館で順次に開催された展覧会『薩摩治郎八と巴里の日本人画家たち』を嚆矢とする。中心となったのは徳島県立近代美術館であった。徳島市で歿した薩摩治郎八の多くの遺品が、徳島出身の利子夫人によって大切に保管されていて、美術館はこれの寄託を受けて、展覧会のためにこれを役立てた。薩摩治郎八遺品の最も重要な部分がここにあった。その展覧会の準備を始められた学芸員の方々にお声をかけていただいて、いわば員外の員として、作業の様子を傍らで拝見し、学ぶところがあった。展覧会のカタログは、これまでにない形で、治郎八の活動のいくつかを明らかにして見せている。

その後にも、員外の資格で、徳島県立近代美術館の収蔵庫に保管されている資料のうち、特にフランス語資料の分類のお手伝いをした。その作業を通じて、残されたもののおよその全貌を理解することができた。しかしながら、公共の図書館でも文書館でない美術館の研究資料であって、しかも分類整理も済まない資料を、恣に借覧し複写することは、慎むのが当然であった。せめてものことに筆記のお許しを得て、メモを取った。そのかわり、休暇の折に幾たびか足を運んだ。

治郎八の妹蔦子の後嗣の方が保管しておられる遺品類のあることは、利子夫人からご教示があり、幸いにこれも閲覧を許していただいた。千代夫人に関しては、山田家に遺品があった。

日本館建設にかかわる当時の記録は、パリ国際大学都市と日本の外務省に、それぞれ残っている。外務省分は、過去に若干の復刻がなされていたほかに、現在ではマイクロフィルム化されて、その図像資料は、インターネット上で閲読できるから、これを利用した。大学都市では、各館と大学都市本部との間の連絡の文書は、オリジナルとタイプ・コピーとで、相当の量が残されていた。薩摩治郎八とアンドレ・オノラの直接の往復書簡も数多い。今は国立公文書館に収められた、大学都市全体では膨大な量にのぼる記録文書は、オノラの意志で作られ残されたものであった。

このような資料を集め、読み進めることに、思わぬ時間がかかった。また、新しい資料を読み解くごとに、すでに得ていた理解とは異なる展開が生まれて、それまでの解釈を捨てなくてはならないこともしばしばであった。

そうした事情で、原稿は何度も書きかえられたから、ようやく一応の完成にこぎつけたのは、昨年の夏のことであった。さらに手を加えて、薩摩治郎八伝説の再生産ではない、実像に近づこうとする作業を進めてきた結果を、いま、ここにお届けする。

もとより、資料の内容を羅列すれば伝記がなるわけのものではないが、薩摩治郎八の実相に近づくために、そう心がけたのである。できているか否か、読者の判断にお任せするのみである。つまらない読み物になったかもしれない。なにしろ確かなことだけしか書き綴らなかったからである。

それにしても、薩摩治郎八にまつわる遺品資料を所蔵保管される個人または組織の、ご理解がなければ、本書は成立しなかった。ご理解とご配慮を賜った方々に、御礼を申しあげなくてはならない。

なによりまず、薩摩治郎八の縁につながって、それぞれの遺品を守ってこられ、また閲覧を許して下さった、薩摩利子さん、宮里正美さん、山田顕喜さんに、筆者は深甚の感謝を申しあげる。

次に、徳島県立近代美術館と、その学芸課長として遺品の管理保存のことに当たってこられて、閲覧の便を図って下さったほかに、多くの知見を伝えて下さった江川佳秀さんに、感謝。

パリ国際大学都市本部のかつての同僚を含む人々の協力にも、さらに、著者の疑問に答え、また支持して下さった、多くの知友にも、感謝は向かう。

そして最後に、原稿がようやく形を得るに至ったについては、はじめはゆっくりと待ち受け、終わりには厳しい作業によって筆者を支えて下さった、田引勝二、東寿浩のお二人の編集者に負うところの大きいことを明らかにして、ここに謝意を表明したく思う。

なお、ある細部についてお断りをしておく。薩摩姓の「サツ」字は「薩」が正字だが、一家はこの字を好まず、通行の「薩」字を用いていた。旅券上もそうなっている。それゆえ本書での表記も、特に正字によった資料の引用以外では、これに従ったものである。

派手好きで享楽的な面を確かに持つ薩摩治郎八だが、同時に、国際交流と平和の夢に突き動かされていく理想主義的側面も持っていた。あるいは大きすぎる夢想へと、それの実現にはふさわしくない時代に身を投じてしまったのであったのかもしれない治郎八の、その思いは真摯なものであった。無駄に金をばら撒いた「蕩児」だったのではない治郎八像を提示しえていたならば、そしてそれを読者に受け取っていただけたならば、これに勝る喜びはない。

二〇一〇年晩夏

小林　茂

薩摩治郎八関係年表

西暦	和暦	薩摩治郎八関係事項	フランス・世界	日本
1900	明治33	初代薩摩治兵衛長男治郎八（一八八一［明治一四］年生）二代治兵衛を継ぎ家督相続。初代治兵衛は治良平と改名。	パリ万国博覧会。	
1901	明治34	4・13東京市神田区駿河台鈴木町において薩摩治郎八誕生、父二代目薩摩治兵衛、母まさ（一八八三［明治一六］年生、杉村氏）。		
1902	明治35	妹つた（蔦）誕生。		喜波貞子誕生 日英同盟締結。
1904	明治37			日露戦争。
1905	明治38			ポーツマス条約（日露講和）。

1906	明治39	九段精華学校幼稚部に入学。		
1907	明治40			6・1伯爵山田英夫長女千代誕生。
1908	明治41	九段精華学校小学部に入学。		
1909	明治42	2・22祖父初代治兵衛歿（満七八歳）。		
1910	明治43	妹増子誕生。	アンドレ・オノラ国民議会議員に選出。	韓国併合。
1911	明治44			大逆事件。
1912	明治45・大正元	7・14祖母ヒサ歿（満六七歳）。		7・30明治天皇歿。

薩摩治郎八関係年表

1920	1919	1918	1917	1914	1913
大正9	大正8	大正7	大正6	大正3	大正2
11・2神戸出港の北野丸で、治郎八、蔦子、佐藤さだ、イギリスへ向う。船中で駐パリ大使館付海軍武官一條公爵の夫人の知遇を得る。 12・22ロンドン到着、24日ホイットチャーチに到着、ハーヴェイ牧師宅に入る。		高千穂中学第三学年終了。	開成中学第二学年終了。	九段精華学校小学部を卒業、開成中学に入学。	
1月ミルラン内閣でオノラ文部大臣。 3月パリ大学総長ポール・アペルと実業家ドゥーチュ・ド・ラ・ムルト、大学都市建設に向けての会談。 7月大学都市地所決定。 7月大阪朝日新聞社編輯員柳澤健ヨーロッパを視察 11・8小松耕輔パリに到着。	3・19アンドレ・オノラ国民議会でティエール城壁跡地への大学都市構想を示して、のち採択される。 4月城壁撤去の決定。 ヴェルサイユ条約締結。 国際連盟。	11・11第一次世界大戦停戦。	3月藤田嗣治フェルナンド・バレーと結婚、ドランブル街五番地にアトリエ。 11月ロシア革命。	第一次世界大戦。	藤田嗣治パリに到着、10月シテ・ファルギエールに入居。
		シベリア出兵。 米騒動。			

1921	1922
大正10	大正11
2・21ハーヴェィ牧師宅を去る。 2・22ロンドンにおいて滞在許可証を申請取得。 3・2蔦子と共にパリに到着、一條公爵に迎えられる。 3・12ロンドンに戻り、3・23リッチモンドのノックス氏宅に移る。 4・16蔦子はパリ16区アンリ＝マルタン通り5番地のアパルトマンに入る。 5・4激しい神経痛の発作。5・10頃からトーキー海岸に転地療養滞在。 6・2以前プリンスシアターでディアギレフのロシアバレエ団公演を見る。 6・4パリへ行く。6・17ロンドンに戻る。6・25クイーンズホールでイザドラ・ダンカン公演、6・27クイーンズホールでアンナ・パヴロヴァ公演を見る。 7・1パリへ行く。小松耕輔ほかと交際。 8・16ブルターニュ旅行に向かう、一行は治郎八、蔦子（佐藤さだを伴う）、小松耕輔、美川徳之助。サン＝マロ、モン・サン＝ミシェルを訪れる。 9・16ロンドンに戻る。以後リッチモンド、ノックス氏宅にあって学習。 12・17パリに向かう。	1・20イギリスに戻る。 3・20頃ノックス氏宅を出てロンドン、ヴィクトリア地区のホテル・ベルグレイヴィアに滞在。日本古美術愛好家のセクストン氏と親交。
5・9皇太子裕仁親王ポーツマスに到着。 5・26日本協会の皇太子歓迎晩餐会。 5・30皇太子ポーツマスを発ってル・アーヴルに向かう。 6月大学都市地割決定。 6月ドゥーチュ・ド・ラ・ムルト寄付行為調印。 7月岩崎雅通パリに着。 10・26大学都市委員会。 鈴木九万外交官補として在パリ大使館に配属。 （海軍軍縮・極東問題に関する日英米伊仏の）ワシントン会議。 アンドレ・オノラ上院議員となる。	11月松尾邦之助パリに到着。 鈴木九万ジュネーヴの国際連盟日本帝国事務局勤務。
1・1ポール・クローデル、在日大使に任命される。 11・19在日フランス大使ポール・クローデル着任。	6月柳澤健外務事務官となる。

	1922	1923	1924
	大正11	大正12	大正13
	4・1パリに行く。4・26小松耕輔、岩崎雅通と共にロンドンに向う。 5・9小松、岩崎はパリに戻る。 6月初めパリに行く。この頃、パリへ来て暮らすことを希望し、蔦子と一條公爵の反対にあう。 7・4イギリスに戻る。 7・17以前パリに行く。 7・28小松、岩崎ほかとオペラ座内部の見学。 8・1蔦子とジュネーヴに居る。 8・31イギリスに戻る。 10・8ロイヤル・アルバート・ホールでバックハウスを聞く。 11・4蔦子は佐藤さだと帰国の途につく。 12・22以前パリに行く。	4・9カンヌよりパリに戻る。 5・17よりパリ16区アンリ＝マルタン通り17番地に居住と父に告げる。この頃、藤田嗣次を識る。 6・29内藤濯に会う。7・30内藤濯よりフランス語教授としてデュクロース夫人を紹介される。 10・22フランス滞在許可証取得。 11・1私家版歌集『銀絲集』刊行。	3・8カンヌからパリに戻る。この頃プレヴェ家のサロンに出入りしてしばしば行を共にする。 4・15プレヴェ家の茶会でジャンヌ・ジル＝マルシェックスに会う。
		1・2ニースでアーサー・ディオジー殁。 1・4小松はパリを発ってアメリカに向う。 5月ドゥーチュ・ド・ラ・ムルト学寮着工。	1月高野三三男、岡上りう、高崎剛渡仏。 1月柳澤健三等書記官として在パリ大使館に赴任。 1月堀口大學パリ到着、鈴木龍一を通
		春、蔦子は千坂親信と結婚。 9・1関東大震災、治兵衛、まさ、増子は大磯の別荘に居て無事だったが、駿河台邸宅被災焼失。その後牛込の千坂家に避難、初台に新居を建設。 9・1帝国ホテル落成。	12・14丸之内工業倶楽部において日仏会館開館式、会館は永田町村井吉兵衛氏別邸を借受けて開設。

1926	1925	1924
大正15・昭和元	大正14	大正13
年初日仏会館賛助会員となる。3・13伯爵山田英夫長女千代と挙式結婚、媒酌は公爵一條實孝夫妻。4・19薩摩治郎八外務省廣田欧米局長宛に日本館建設承諾の書状。4・26薩摩治郎八と千代の婚姻届出。9・8付薩摩治郎八および妻千代両人名	2月初めまでに帰国。3・16在日代理フランス大使ジャンティほかを自宅に招待。7月頃松岡新一郎と広田弘毅から日本館建設について打診をうける。7・24原玄了と同道で牧野伸顕を訪問、日本館建設について意見を聞く。12・8駿河台の治郎八邸ヴィラ・モン・キャプリスでアンリ・ジル＝マルシェックス送別演奏会。	アンリ＝マルタン通りを出て、シャンゼリゼのガリエラ・ホテルに滞在。16区ヴィヌーズ通りに移転。帰国まで滞在。12・13パリを離れる。日本郵船香取丸で帰国。
2月松尾邦之助「日仏評論」誌刊行。5月中山岩太ニューヨークからパリに移る。11月第二回在巴里日本人美術家展（日本人会館）。8月杵屋佐吉パリに着。ギメ美術館で演奏会、ジル＝マルシェ	2・1岡鹿之助パリに着。4月パリでアールデコ博覧会（10月まで）。7・9ドゥーチュ・ド・ラ・ムルト学寮完工式。8月石黒敬七「巴里週報」刊行開始。9・9外務大臣幣原から在パリ石井大使に日本館建設の意思ある篤志家に関して電報。10月第一回在巴里日本人美術家展（日本人会館）。松尾邦之助日本人会書記。アンドレ・オノラ大学都市理事長。	じて藤田と相識る。その後父九万一の任地ブカレストに赴く。2月高野三三男パリに到着。5月サロンに中村順平によるパリ国際大学都市日本館設計図出品。5月藤田嗣治怪我で入院。藤田アンリ＝マルタン通りに移住。石黒敬七パリに着。5～7月パリ・オリンピック開催。
2・18フランス政府派遣学者シャルル・アシャール東京着、治郎八の客として鈴木町の邸内に宿泊、4・10帰国。2・27クローデル帰任。3・7日仏会館主催フランス共和国大使ポール・クローデル及びフーシ	1・23クローデル休暇のために横浜を発つ。3月堀口大學帰国。3月ラジオ本放送開始。山田千代女子学習院を卒業、引続き高等科に在籍。10・10六回のアンリ・ジル＝マルシェックス連続演奏会帝国ホテル演芸場で始まる。その後東京および関西で演奏会。	

1926	1927
大正15・昭和元	昭和2
儀旅券発給。 9・16神戸から白山丸で出発。 10・25マルセイユ上陸。 16区シャルル＝ディケンズ通り5番地に居住。 11・3薩摩治郎八夫妻、在巴里特命全権大使石井菊次郎と大学都市総裁アンドレ・オノラを訪問。 11・25ロシアから帰国したアンリ・ジル＝マルシェックス歓迎晩餐会（シャンゼリゼのレストランで）。	1・3雪、千代バルコンからパッシーの雪景色を描く。 1・14付けで16区ペルシャン広場の住宅に付きパリ電力会社と契約。 2・9パリ大学において日本館寄付行為証書作成調印。 3・7朝大型車ヴォワザンに荷物を載せて南フランスへ向かい、3・12からニースに滞在。 4・9千代のために二座席のフィアット・ベビィを購入。 4月『修善寺物語――仮面』上演顔合わせ（リュテシア・ホテル）。 5・1財団設立「パリ大学、薩摩財団、日本人学生会館」。 5・30オノラ主催の晩餐会リュカ・レストランで開催、席上治郎八にレジヨン・ドヌール勲章シュヴァリエ授与。父治兵衛にはレジヨン・ドヌール勲章コマンドールが贈られた。
ックス家で歓迎演奏会。 11・20リヨンの領事公邸で杵屋佐吉演奏会。	藤田嗣治モンスリ小公園通りに移転。 4月柳澤健スエーデン在勤三等書記官兼領事に任命。 6・24コメディー・デ・シャンゼリゼ座で『修善寺物語――仮面』上演初日。 10・30荻須高徳、山口長男、横手貞美、大橋了介、パリに到着、佐伯祐三に迎えられる。 11月第三回在巴里日本人美術家展。
エ、アシャール両教授歓迎午餐会、渋沢栄一出席（治郎八も出席したと考えられる）。 3・13大使クローデル主催午餐会、出席した渋沢榮一は食後に日仏会館経営について議論に加わる。 3・31丸ノ内日本工業倶楽部で日仏会館等主催アシャール教授送別午餐会。 12・25大正天皇歿。	2・17クローデル日本を離れてワシントンへ向かう。 8月中山岩太シベリア鉄道で帰国。 10月関西日仏学館開館。 鈴木九万外務省欧米局勤務。

1927	1928
昭和2	昭和3
6月初めブルゴーニュへ小旅行。 6・22ドーヴィル。 6・28ベルギー、ルーヴァン大学創立五百祭。薩摩財団寄附講座を設置、式典に参列。治兵衛はレオポルド一世勲章コマンドゥール、治郎八は王冠勲章シュヴァリエに叙される。 6月末（7月初め）16区ラフォンテーヌ通り33番地（＝ラフォンテーヌ小公園1番地）に移転。 7・6付千代自動車運転免許証取得。夏藤田嗣治等とドーヴィルに過ごす。 8月マンシュ県グランヴィル・シュル・ファレーズでジル＝マルシェックス一家と過ごす。 10・12日本館定礎式、李殿下夫妻来臨。 11・27藤田嗣治の誕生パーティーに出席〔モンスーリの藤田邸〕。	1・16オノラを招待してリュカ・レストランに晩餐会。 1・18日本館壁画について藤田が破約の申出。 2・14カンヌの自動車乗りエレガンス・コンクールに千代優勝。 5・5パリ大学において薩摩財団第一回理事会開催。 9月千代の健康のためビアリッツに滞在。 11・22一ヶ月の契約で16区アンディニェ〔将軍〕通りにアトリエを借りる。 12・3日本大使館において薩摩財団第二回理事会開催。
	4月柳亮巴里芸術通信社創設。 6・8日本美術大展覧会（モンテーニュ並木道のルネ・ジヴィ画廊〔赤字を薩摩と福島が補填〕。 6・21巴里日本美術協会第一回総会（日本人会館）、起草委員選出。 8・16佐伯祐三死去。 11・4サロン・ドートンヌ、千代二点を出品「薔薇のある室内」「薔薇の庭園」。 11・9第四回在巴里日本人美術家展（日本人会館）。
	普通選挙実施。

	1929
	昭和4
日仏会館日仏協会評議員に推挙される。	1・13ギリシャ、イタリア旅行にリヨン駅から出発。1・16アテネ着。1・25アテネ発、ローマ、フィレンツェ、ミラノを経て2・2パリ帰着。 4・4ビアリッツから戻る。 4月下旬イギリス旅行。 4・28ミネルヴァ紙に千代のモード写真掲載。 5・10日本館完工式典、同夜リッツ・ホテルで招待晩餐会、席上治郎八にレジヨン・ドヌール勲章オフィシエ叙勲。 5・16パリ発、5・17仏国郵船アンドレ・ルボン号に乗船。 5・27薩摩財団第三回理事会開催（薩摩治郎八は欠席）。 6・12サイゴンのクーリエ・サイゴネ紙に薩摩夫妻会見記掲載。 7・4箱根（宮ノ下富士屋ホテル）からオノラ宛帰国通知。 7・13日仏会館において、日仏協会及び日仏会館共同主催薩摩治郎八招待午餐会。 7・24治郎八招待による日本館在京委員会会合。 10・30日希協会設立総会、治郎八は発起人並びに理事。
	2月巴里日本美術協会創設第二回巴里日本美術協会展4月開催の報道。 2・28付で巴里日本美術協会臨時総会、薩摩、柳らの退会。 3月日本館事務長兼館長代行セルジュ・エリセエフ。 3・8頃仏蘭西日本美術家協会発足、会長藤田、創立者薩摩、常務理事柳。 4月仏蘭西日本美術家協会展（ルネサンス画廊）、藤田は日本館大画面を展示、高野三三男は「仮装した薩摩夫人像」出品。 5月サロン・デ・チュイルリーに日本人特別室。千代出品作は「夢想—エドモンド・ギ嬢とヴァン・デューレン氏」。 6月松尾邦之助を中心に日仏文化連絡協会創設、同時に「巴里旬報」発刊。 6月仏蘭西日本美術家協会ブリュッセル展（コダック画廊）。 6月第二回巴里日本美術協会展（オドベール画廊）。 6月日本美術展覧会—現代の古典派（ジュー・ド・ポーム美術館）。 10月仏蘭西日本美術家協会パリ第二回展（ジャヴァル・エ・ブルドゥー画廊） 世界大恐慌
	4月半岩崎雅通帰国。 8月柳澤健外務省文化事業部勤務となる。 9月藤田、ユキと共に帰国。

1930	1931	1932
昭和5	昭和6	昭和7
1・18治郎八千代両人名義旅券取得。 2・14日本館後援会成立。 2・18神戸を発。 3・28マルセイユ下船。パリでの当座住所はクレベール並木道マジェスティック・ホテル。 4・28ピレウスでギリシャ入国、第二回デルフ祭に参加。 6・4スイスからフランスに戻る。 6・25マスネ通り5番地に居住。 8月、10月イギリス旅行。 10・28英領通過のための査証取得。 12・18スフィンクス号神戸に入港。	3・5帝国ホテルで晩餐会主催。 3・25各個に旅券取得。 4・3フランス大使館で、携行物品の確認を受ける。 4・4横浜を発。 5・16マルセイユ下船。 5・28パリへ着。 7・1オノラ宛手紙の住所は、アンリ＝パテ小公園八番地（16区）。 11・22頃、サン＝クルーの家を引き払ってヴェルサイユのオテル・トリアノンに居る。ほどなくメジェーヴへ行く（両親宛千代の手紙）。	1月メジェーヴ、ラ・クロワ・サン＝ミシェル荘。 3月初めから20日頃、治郎八はパリに戻っている（アンリ＝パテ小公園）。
1月日本館館長ジャック・ドパルドン。 1月「日仏評論」第一二号終刊。 1月第三回巴里日本美術協会展（ザック画廊）。 7・24高松宮夫妻日本館訪問。 ロンドン海軍軍縮会議。	3月第四回巴里日本美術協会展（ザック画廊）。 5月パリで植民地博覧会（11月まで）。 鈴木九万在パリ日本大使館書記官。	5月第五回巴里日本美術協会展（ザック画廊）。 シャム立憲革命、絶対王政の終焉、タイ国誕生。
1月藤田出国、アメリカを経てパリに戻る。	3・18、3・21、3・23アンリ・ジル＝マルシェックス来日演奏会（於華族会館）、林龍作と合奏。 3・25真鍋利子徳島に誕生。 5・17林龍作帰朝第一回ヴァイオリン独奏会（青年館）。 9月満州事変。	2・7松岡新一郎歿。 満州国建国。 五・一五事件。

1932	1933
昭和7	昭和8
4月下旬南仏グラースのパルク・パラス・ホテルに滞在（6月末まで）。 6月末にメジェーヴに移る。 9月中旬治郎八はパリ（アンリ＝パテ小公園）にいる。 10・27パリ（アンリ＝パテ小公園）に居る。「妻の具合が良くない」とオノラに書く。	1・1メジェーヴからオノラに年賀、日本旅行を話題にする。 1・5メジェーヴから両親に手紙、「千代子今回帰朝不可能は小生としても心苦しく云々」。 2・2治郎八パリを発。 2・3日本郵船白山丸でマルセイユを発。 2・24および2・28付で、メジェーヴのホテルの千代の看護人から病状の報告。 3・10神戸に着。 4・6午後、白山丸で神戸を出港。 5・19メジェーヴからオノラに書簡。 6・28仮滞在許可証を取得。住所はアンリ＝パテ八番地のまま。 7月半ばメジェーヴに居る。 9月から南仏イエール近くのコストベルにラ・ビュイセット荘を借りる。 9・8フランス郵船ダルタニャン号でオノラ夫妻とともにマルセイユを発。 9・9消印で、船中の治郎八宛に残存する最初のファビィ書簡。 12・6治郎八旅券取得。
	アンドレ・オノラ、パリ日仏協会会長に就任。 石黒敬七帰国の途につく。 「巴里週報」二百八十二号で終刊。 諏訪秀三郎歿。 1月ドイツ、ヒトラー内閣成立。 10・14ドイツ、国際連盟脱退を声明。 12・1三井合名会社、パリに日本学研究所設立のための基金寄付決定。
	2・9帰朝した原智恵子ピアノ独奏会（日比谷公会堂）。 3・27日本の国際連盟脱退。 10・16朝オノラ一行神戸に着。京都に泊。 10・17午後九時二十分つばめ号でオノラ一行は東京着、駿河台の薩摩治郎八邸に入る。 10・19午前十一時宮中鳳凰間において天皇オノラを謁見、これに先立って、オノラに勲一等瑞宝章勲記を外務省を通じて伝達。 10・19首相招待午餐、日仏会館招待晩餐。 10・20正金銀行招待晩餐。 10・21蜂須賀侯爵招待晩餐。 10・23三井男爵招待午餐。 10・24広田外相官邸招待午餐、オノラから広田外相にたいして、日仏修好条約複製を贈る。 10・25仏大使館で原智恵子演奏会。 10・26徳川頼貞侯招待音楽会（演奏は宮城道雄ほか）並びに晩餐。

1933	1934
昭和 8	昭和 9
	1・5サイゴンにおいてシャム入国ヴィザ。 1・10インドネシア出国許可。 1・11バンコック。 1・18汽車でシンガポールに向かう。 2・11コロンボ。 2・28マルセイユ下船。 3・7コストベルにいる。 3・21パリ、ミラボー・ホテル。 4・5月はコストベルにいる。 5・28コストベル「明日発って妻をメジエーヴへ連れて行く、彼女はそこで夏を過ごし、自分はパリへ」。
10・31三菱合資会社・木村久寿弥太招待茶会並午餐（芝高輪岩崎別邸）。 11・1薩摩家招待午餐（帝国ホテル）、代々木薩摩邸で晩餐会。 11・8貴族院議員稲畑京都別邸で招待午餐。 11・11原智恵子独奏会（日比谷公会堂）。 11・17藤田南米の旅を経て帰国。 11・18京都日仏学館招待晩餐、大阪天王寺商業学校オーケストラ演奏。 11・25徳川頼貞ほかの呼びかけによる少人数の晩餐会（華族会館）。 11・27フランス大使館中禅寺別荘で晩餐会。 12・7送別の晩餐会。 12・8オノラ離日。 12・23皇太子誕生。	

1934	1935
昭和９	昭和10
6月パリ。 7・8月メジェーヴ・コストベル間往復。 8月オノラの故郷バルスロネットへ行き、カンヌを経てコストベルに戻る。 8・31オノラ、治郎八宛書簡で原智恵子に奨学金手配申請伝える。 10・5千代を連れてメジェーヴからコストベルに移る。 11・15オノラとパリで会う。 この頃柳澤にパリの状況を伝える。	1・11コストベルからオノラ宛「妻の手術は健康状態のゆえに延期」。 1・21コストベルから「日本＝チェコ協会を設立したプラハの友人から招待を受けた、行って大学都市の話をしたい」。 3月半ばパリに出て、プラハ行きの準備。パリの住所は、マレルブ小公園2番地。 5・16、千代の旅券にジュネーヴ通過の査証。 6・7プラハ東洋学院において講演。プラハ、アルクロン・ホテルに宿泊。 7・19オノラを通じて仏国郵船予約（9・20発のスファンクス号に最上級船室と召使夫婦のための三等船室）。 8・2シャモニのカールトンホテルに居る。 9・13プラハ東洋学院通信会員に任命。 9・18駐仏日本大使名で、横浜税関に対して、治郎八の「引越荷物ノ簡易通関方便宜供与御配慮相煩度此段申進ス」書状。 9・19オノラがマルセイユに見送れない
	1・31三井日本学研究所第一回理事会。研究所は日本館内に設置。 1月日本館館長山内四郎着任。 3月ドイツ再軍備宣言。 イタリアのエチオピア侵攻。 12・17からプラハの芸術協会で治郎八が斡旋した寄贈によって日本美術の展示、後に各地の美術館に送られる。
	フェルナン・ピラ駐日フランス大使として着任。

1935	昭和10	ことを千代にわびる手紙。 ［千代名義パスポート］9・20査証。 9・20マルセイユをスファンクス号で発。 10・7コロンボ、10・14サイゴン、10・19ホンコン。 10月兵庫県入国検印。 12・13国際文化振興会（一九三四年創設、文部・外務の外郭団体法人）第二九回理事会で評議員に推薦さる。 この年、薩摩商店閉店。		
1936	昭和11	3・27国際文化振興会第五回評議員会に出席。 5・28より5日間麹町一丁目室内社画堂においてS氏コレクション売立。 12・28国際文化振興会小委員会会合（委員）。	2月柳澤健一等書記として在ベルギー大使館に勤務。 6月人民戦線（ブルム）内閣成立。 7月スペインでフランコ派反乱。	フェルナン・ピラ駐日フランス大使を離任。 二・二六事件。 11月日独防共協定。 鈴木九万エチオピア代理公使。
1937	昭和12	1・15旅券取得。 2・5英国領事部査証、シャム在日代表部査証。 2・27三井船舶明石山丸で神戸を出帆。 4・24サイゴンにおいて仏国郵船認定の身分証明。 4・25アトス二世号に乗船。 5・19マルセイユ着。 夏をノルマンディーにすごす。 12・20頃マルセイユ発。	4月杉村陽太郎駐仏大使として着任。 5・1パリで万国博覧会（11・25まで）。 5・12（英国）ジョージ六世戴冠式。 6月ブルム内閣崩壊。 9月杉村大使、治郎八の帰国補助金を要請。 12・17第一回巴里日本美術家展（ベルネーム・ジュヌ画廊）［杉村大使提唱により大使館が費用負担］。	2・11千代富士見高原療養所入院。 11月日独伊防共協定。 12月、日本軍の南京占領。 鈴木九万外務省官房儀典課長。
1938	昭和13	1・8コロンボ。 1・10サイゴン。 1・20シャム入国。	3月ドイツのオーストリア併合。 5月柳澤健在ポルトガル代理公使。 6月日本館館長佐藤醇造。	1月杉村陽太郎胃癌で帰国。3月に歿。 7・6千代富士見高原療養所退院。

1938	1939	1940	1941
昭和13	昭和14	昭和15	昭和16
2・10シャム出国、サイゴンへ。 2・18アンコールワット見学。 2・20シャム入国。 4・9シャム出国、サイゴンへ。 4・29上海で神戸行きに乗りつぎ。	7・13鈴木九万に手紙、渡仏の意向。 7・16鈴木小涌谷を訪問。 10・24旅券取得。 10・27英領通過査証。10・30仏国領事部査証。 10・30横浜正金銀行外貨購入許可証。 11・17兵庫県出国検印。 12・29マルセイユ。	6月ニースにいる、住所は聖ローラン・アヴニュ、シャトー聖ローラン。 6・11イタリア軍の侵攻を避けてカンヌに移る。 6・17カンヌからオノラに電報。 7・13薩摩治郎八個人に対する仏国外務省補助金交付決定。 10月健康状態悪化。 11・16プロムナード・デ・ザングレ一一七番地ジョルジュ荘に移る。	3・4月健康状態再び悪化の模様。
	3月ドイツのチェコスロヴァキア占領。 5月藤田パリに戻る。 9・1ドイツのポーランド侵攻。 10月日本館閉館。	5・26藤田、高野らマルセイユから帰国。 6・10パリ、無防備都市宣言。 6・22フランス降伏、停戦協定、北部の占領地区と南部の自由地区に分断。 7・10フランス国家発足（ヴィシー体制の始まり）。	3・16帰国日本人を乗せた「あさか」スペインのビルバオを出航。
以後は長野県諏訪郡のはじめ落合村、のちに富士見村で療養を続ける。	4月藤田アメリカ経由でフランスに出発。 10月柳澤健帰国。 12・23この年のブルシエ、加藤美雄、片岡美智、笹森猛正出発（1・30マルセイユ着）。	1・25ブルシエ第二陣湯浅年子、井上正雄出発（3・2着） 7・7藤田、高野ら神戸に帰着。 9月日独伊三国同盟。 10月大政翼賛会発足。 11・24西園寺公望歿。 12月柳澤健免官。 鈴木九万エジプト公使。	12・8太平洋戦争勃発。

1942	1943	1944	1945	1946	1947
昭和17	昭和18	昭和19	昭和20	昭和21	昭和22
秋、プロムナード・デ・ザングレ五三番地マリ宮に移る。11月以降パリに戻り、ル・ペルティエ街の宿に泊まる。	9月メジェーヴ、シャモニに行く（イギリス人の友人クリード救出）。秋ニース海岸地区の疎開で、ヴィルフランシュのラ・トレイ荘に移る。	8・30オノラは、パリの軍司令官ほかに治郎八の身分の保証を求めて、承認を得る。この時期の治郎八のパリの住所はヴィクトル・ユゴー・アヴニュ66番地。	9・17移住の許可、指定住所は、ニース、シミエ・ブールヴァール二番ろヴィラ・マジェスティック、以後の住所は帰国まで変わらず〔それまでのパリの住所はヴィクトリアン・サルドゥ通九番地、これはドラージュの住所に隣接〕。		年初ユネスコに職を打診、得られず。
2・11パリの日本大使館で加藤外松大使転落死。 11月ドイツ軍占領地区フランス全土に拡大。	9月イタリア降伏。	4月ヴィシー体制崩壊。 8・25パリ解放。	5月ドイツ降伏。 9月日本館館長に英国籍のファーマー任命。 9月ベトナム民主共和国宣言、フランス侵攻、第一次ベトナム戦争。 10月国際連合発足。 10月フランス憲法制定議会選出。 11月ドゴール内閣。	4・1日本館再開。 10月フランス第四共和国。 11月ユネスコ発足。	2月オノラ人文・社会科学アカデミー会員に選出。
2・15日本軍シンガポール占領。鈴木九万外務省在敵国居留民関係事務室長。	3月喜和貞子ニースで『蝶々夫人』を歌う。	8・10義弟山田貞夫戦死。	3・9（3・10払暁）東京大空襲。 5・16伯爵山田英夫歿。 5・25麻布笄町の山田家空襲に焼亡。 8・15無条件降伏、太平洋戦争終結。鈴木九万終戦連絡事務局長。		

1951	1950	1949	1948
昭和26	昭和25	昭和24	昭和23
1月ニースに居る。 2・1パリに居る（2・24まで）。 2・25長距離バスでパリを発。 2・28ニースに居る。 4・13ラ・マルセイエーズ号乗船。 5・12横浜において入国。 9月「半生の夢」を雑誌『新潮』9月号に発表。	この時期、パリでの住所は、モーリス・ドラージュ宅「ヴィラ・ド・ラ・レユニヨン25番地」の模様。 5月鈴木九万ジュネーヴのユネスコ会議に参加、帰途パリによる。 6月末鈴木九万と病床のオノラを訪問。 8月以降小説を書き売り込みを試みるが成功しない。 8月日本館を通じて大学都市に補助金を要請、認められる、以後、帰国までに数回の援助を得る。		
	2・4藤田アメリカからル・アーヴルに到着。 7・24アンドレ・オノラ歿。 11月在パリ日本政府在外事務所開設。	4月北大西洋条約機構（NATO）発足。	4月欧州経済協力機構発足。
6月ユネスコへ日本加盟。 9月サンフランシスコ講和条約、日米安全保障条約。	朝鮮戦争。	1・25牧野伸顕歿。 3・10藤田アメリカへ出国。 3・14千代長野県諏訪郡落合村富里に歿。	

1952	昭和27	4月仏印地域での日本公使嘱任を希望、ならず。 12・13母まさ歿。		鈴木九万日本ユネスコ国内委員会事務総長兼委員。
1953	昭和28			5月柳澤健会津若松市に歿。 朝鮮休戦協定。
1954	昭和29		8月日本館館長植村琢（以後管理は日本側に委ねられる）。 アルジェリア民族独立戦線 FLN 結成。 フランス軍ディエンビエンフーに敗退ベトナム撤退。 ベトナム共和国（南ベトナム）成立。	
1955	昭和30	4・5『巴里・戦争・女』（同光社）刊行。 9・5『せ・し・ぼん――わが半生の夢』（山文社）刊行。		
1956	昭和31	フランス自転車選手の日本招待計画を主導。 4・13真鍋利子と結婚、自由が丘に住む。 『なんじゃもんじゃ』（美和書院）刊行。		日本の国連加盟。 神武景気。
1957	昭和32	11月～12月フランス自転車選手来日親善試合。	3月欧州経済共同体条約調印。	

1958	昭和33	2・25『ぶどう酒物語——洋酒と香水の話』（村山書店）刊行。 4・11父治兵衛歿。 10・24新丸ビル・ポールスターにおいて高千穂中学同窓会。	3・6加藤一パリに到着。 10月フランス第五共和国。	
1959	昭和34	4月徳島を訪問。 7月徳島に再度赴く。 8・22脳卒中に倒れる。以後、徳島に留る。	欧州経済共同体発足。	
1960	昭和35		南ベトナム開放民族戦線結成、第二次ベトナム戦争。	新安保条約。
1962	昭和37		エヴィアン条約、アルジェリア独立。	
1964	昭和39			東京オリンピック開催。
1965	昭和40	2月フランス政府から芸術文芸勲章を授けらる。		
1966	昭和41	フランス政府の招きにより、利子とともにフランス訪問。 9・13カンボージュ号に乗船して神戸から出国。 10・20マルセイユ。		2月瀬戸内晴美「ゆきてかえらぬ」発表（『新潮』誌上）。

西暦	和暦			
1967	昭和42	1・24マルセイユで乗船。 2・26神戸に帰着。		11月獅子文六『但馬太郎治伝』刊行（新潮社）。
1968	昭和43		1・29藤田チューリッヒで歿。	
1969	昭和44	8・1神戸でラオス号に乗船。 9・20マルセイユで下船。 9・30マルセイユで乗船。 11・13神戸で下船。		
1973	昭和48	4・29勲三等旭日中綬章受章。		
1975	昭和50		サイゴン陥落、南ベトナム臨時革命政府全権を掌握。	
1976	昭和51	2・22徳島市において薩摩治郎八歿。	ベトナム社会主義共和国成立。	

人名索引

あ 行

た 行

な 行

は 行

ま　行

《著者紹介》

小林　茂（こばやし・しげる）

1942年　東京生まれ。

早稲田大学卒（フランス文学）。フランス政府給費留学生として，パリ第三大学および第四大学に，フランス文学，応用言語学を学ぶ。現在，早稲田大学文学学術院教授。その間，NHK テレビ・フランス語講座講師，パリ国際大学都市日本館館長などを歴任。

主な著訳書は，『新聞のフランス語』（白水社，1984年），『フランスの文学』〔分担執筆〕（有斐閣，1984年），『新スタンダード仏和辞典』〔共編著〕（大修館書店，1987年），ロラン・トポル『カフェ・パニック』（東京創元社，1988年），『フランスの社会―変革を問われる文化の伝統』〔分担執筆〕早稲田大学出版部，1993年），パトリック・ベッソン『孤独な若者の家』（白水社，1995年），『絵でみる暮らしのフランス語』〔共著〕（大修館書店，1998年），イヴァン・コンボー『新版パリの歴史』（白水社，2002年），イヴ・シュヴレル『比較文学入門』（白水社，2009年）他

ミネルヴァ日本評伝選

薩《さつ》摩《ま》治《じ》郎《ろ》八《はち》

――パリ日本館こそわがいのち――

2010年10月10日　初版第１刷発行　〈検印省略〉

定価はカバーに
表示しています

著　者　小　林　　茂

発行者　杉　田　啓　三

印刷者　江　戸　宏　介

発行所　株式会社　ミネルヴァ書房

607-8494　京都市山科区日ノ岡堤谷町１
電話（075）581-5191（代表）
振替口座　01020-0-8076番

共同印刷工業・新生製本

ISBN978-4-623-05867-9

Printed in Japan

刊行のことば

歴史を動かすものは人間であり、興趣に富んだ人間の動きを通じて、世の移り変わりを考えるのは、歴史に接する醍醐味である。

しかし過去の歴史学を顧みるとき、人間不在という批判さえ見られたように、歴史における人間のすがたが、必ずしも十分に描かれてきたとはいえない。二十一世紀を迎えた今、歴史の中の人物像を蘇生させようとの要請はいよいよ強く、またそのための条件もしだいに熟してきている。

この「ミネルヴァ日本評伝選」は、正確な史実に基づいて書かれるのはいうまでもないが、単に経歴の羅列にとどまらず、歴史を動かしてきたすぐれた個性をいきいきとよみがえらせたいと考える。そのためには、対象とした人物とじっくりと対話し、ときにはきびしく対決していくことも必要になるだろう。

今日の歴史学が直面している困難の一つに、研究の過度の細分化、瑣末化が挙げられる。それは緻密さを求めるが故に陥った弊害といえるが、その結果として、歴史の大きな見通しが失われ、歴史学を通しての社会への働きかけの途が閉ざされ、人々の歴史への関心を弱める危険性がある。今こそ歴史が何のためにあるのかという、基本的な課題に応える必要があろう。評伝という興味ある方法を通じて、解決の手がかりを見出せないだろうかというのも、この企画の一つのねらいである。

狭義の歴史学の研究者だけでなく、多くの分野ですぐれた業績をあげている著者たちを迎えて、従来見られなかった規模の大きな人物史の叢書として、「ミネルヴァ日本評伝選」の刊行を開始したい。

平成十五年（二〇〇三）九月

ミネルヴァ書房

ミネルヴァ日本評伝選

上代

卑弥呼　古田武彦
日本武尊　西宮秀紀
仁徳天皇　若井敏明
雄略天皇　吉村武彦
*蘇我氏四代　遠山美都男
推古天皇　義江明子
聖徳太子　仁藤敦史
斉明天皇　武田佐知子
小野妹子・毛人　大橋信弥
*額田王　梶川信行
弘文天皇　遠山美都男
天武天皇　新川登亀男
持統天皇　丸山裕美子
阿倍比羅夫　熊田亮介
柿本人麻呂　古橋信孝
*元明天皇・元正天皇　渡部育子
聖武天皇　本郷真紹
光明皇后　寺崎保広
孝謙天皇　勝浦令子
藤原不比等　荒木敏夫
吉備真備　今津勝紀
藤原仲麻呂　木本好信
道　鏡　吉川真司
大伴家持　和田　萃
行　基　吉田靖雄

平安

*桓武天皇　井上満郎
嵯峨天皇　西別府元日
宇多天皇　古藤真平
醍醐天皇　石上英一
村上天皇　京樂真帆子
花山天皇　上島　享
*三条天皇　倉本一宏
藤原薬子　中野渡俊治
小野小町　錦　仁
藤原良房・基経　滝浪貞子
菅原道真　竹居明男
*紀貫之　神田龍身
源高明　所　功
慶滋保胤　平林盛得
*安倍晴明　斎藤英喜
藤原実資　橋本義則
*藤原道長　朧谷　寿
藤原定子　山本淳子
清少納言　後藤祥子
紫式部　竹西寛子
和泉式部　ツベタナ・クリステワ
大江匡房　小峯和明
阿弖流為　樋口知志
坂上田村麻呂　熊谷公男
*源満仲・頼光　元木泰雄
平将門　西山良平
藤原純友　寺内　浩
空　海　頼富本宏
最　澄　吉田一彦
*空　也　石井義長
奝　然　上川通夫
*源　信　小原　仁
後白河天皇　美川　圭
式子内親王　奥野陽子
建礼門院　生形貴重
平清盛　田中文英
藤原秀衡　入間田宣夫
平時子・時忠　元木泰雄
平維盛　根井　浄
守覚法親王　阿部泰郎
藤原隆信・信実　山本陽子

鎌倉

源頼朝　川合　康
*源義経　近藤好和
源実朝　神田龍身
後鳥羽天皇　五味文彦
九条兼実　村井康彦
北条時政　野口　実
熊谷直実　佐伯真一
*北条政子　関　幸彦
北条義時　岡田清一
曾我十郎・五郎　杉橋隆夫
北条時宗　近藤成一
安達泰盛　山陰加春夫
平頼綱　細川重男
竹崎季長　堀本一繁
西　行　光田和伸
藤原定家　赤瀬信吾
*京極為兼　今谷　明

*兼好　島内裕子
重源　横内裕人
*運慶　根立研介
快慶　井上一稔
法然　今堀太逸
慈円　大隅和雄
明恵　西山　厚
親鸞　末木文美士
恵信尼・覚信尼　西口順子
覚如　今井雅晴
道元　船岡　誠
叡尊　細川涼一
*忍性　松尾剛次
*日蓮　佐藤弘夫
一遍　蒲池勢至
夢窓疎石　田中博美
*宗峰妙超　竹貫元勝

南北朝・室町

後醍醐天皇　上横手雅敬
護良親王　新井孝重
*北畠親房　岡野友彦
楠正成　兵藤裕己
*新田義貞　山本隆志
光厳天皇　深津睦夫
足利尊氏　市沢　哲
佐々木道誉　下坂　守
円観・文観　田中貴子
足利義満　川嶋將生
足利義教　横井　清
大内義弘　平瀬直樹
伏見宮貞成親王　松薗　斉
山名宗全　山本隆志
日野富子　脇田晴子
世阿弥　西野春雄
雪舟等楊　河合正朝
宗祇　鶴崎裕雄
*満済　森　茂暁
一休宗純　原田正俊
蓮如　岡村喜史

戦国・織豊

北条早雲　家永遵嗣
毛利元就　岸田裕之
*今川義元　小和田哲男
*武田信玄　笹本正治
武田勝頼　笹本正治
*真田氏三代　笹本正治
三好長慶　仁木　宏
宇喜多直家・秀家　渡邊大門
*上杉謙信　矢田俊文
吉田兼倶　西山　克
山科言継　松薗　斉
*雪村周継　赤澤英二
織田信長　三鬼清一郎
豊臣秀吉　藤井讓治
*北政所おね　田端泰子
*淀殿　福田千鶴
前田利家　東四柳史明
黒田如水　小和田哲男
蒲生氏郷　藤田達生
*細川ガラシャ　田端泰子
伊達政宗　伊藤喜良
*支倉常長　田中英道
ルイス・フロイス　エンゲルベルト・ヨリッセン
*長谷川等伯　宮島新一
顕如　神田千里

江戸

徳川家康　笠谷和比古
徳川吉宗　横田冬彦
*後水尾天皇　久保貴子
光格天皇　藤田　覚
崇伝　杣田善雄
春日局　福田千鶴
池田光政　倉地克直
シャクシャイン　岩崎奈緒子
*田沼意次　藤田　覚
*二宮尊徳　小林惟司
末次平蔵　岡美穂子
高田屋嘉兵衛　生田美智子
林羅山　鈴木健一
吉野太夫　渡辺憲司
中江藤樹　辻本雅史
山崎闇斎　澤井啓一
山鹿素行　前田　勉
*北村季吟　島内景二
貝原益軒　辻本雅史
松尾芭蕉　楠元六男
*ケンペル　B・M・ボダルト＝ベイリー
荻生徂徠　柴田　純
雨森芳洲　上田正昭
前野良沢　松田　清
平賀源内　石上　敏
本居宣長　田尻祐一郎
杉田玄白　吉田　忠
上田秋成　佐藤深雪
木村蒹葭堂　有坂道子
*大田南畝　沓掛良彦
菅江真澄　赤坂憲雄
*鶴屋南北　諏訪春雄
良寛　阿部龍一
*山東京伝　佐藤至子
*滝沢馬琴　高田　衛
シーボルト　宮坂正英
本阿弥光悦　岡　佳子
小堀遠州　中村利則
狩野探幽・山雪　山下善也
尾形光琳・乾山　河野元昭
*二代目市川團十郎　田口章子
与謝蕪村　佐々木丞平
伊藤若冲　狩野博幸
鈴木春信　小林　忠
円山応挙　佐々木正子
*佐竹曙山　成瀬不二雄
葛飾北斎　岸　文和
酒井抱一　玉蟲敏子
孝明天皇　青山忠正
*和宮　辻ミチ子
徳川慶喜　大庭邦彦
島津斉彬　原口　泉
*古賀謹一郎　小野寺龍太

＊栗本鋤雲　小野寺龍太
＊月性　海原徹
＊吉田松陰　海原徹
＊高杉晋作　海原徹
オールコック　佐野真由子
アーネスト・サトウ　奈良岡聰智
冷泉為恭　中部義隆

近代

＊明治天皇　伊藤之雄
＊大正天皇　F・R・ディキンソン
昭憲皇太后・貞明皇后　小田部雄次
大久保利通　三谷太一郎
山県有朋　鳥海靖
木戸孝允　落合弘樹
井上馨　伊藤之雄
＊松方正義　室山義正
北垣国道　小林丈広
板垣退助　小川原正道
大隈重信　五百旗頭薫
伊藤博文　坂本一登
井上毅　大石眞
井上勝　老川慶喜
＊桂太郎　小林道彦
＊乃木希典　佐々木英昭
林董　君塚直隆
児玉源太郎　小林道彦
＊高宗・閔妃　木村幹
山本権兵衛　室山義正
高橋是清　鈴木俊夫
小村寿太郎　簑原俊洋
＊犬養毅　小林惟司
加藤高明　櫻井良樹
加藤友三郎・寛治　麻田貞雄
田中義一　黒沢文貴
平沼騏一郎　堀田慎一郎
宇垣一成　北岡伸一
宮崎滔天　榎本泰子
＊浜口雄幸　川田稔
幣原喜重郎　西田敏宏
関一　玉井金五
広田弘毅　井上寿一
安重根　上垣外憲一
グルー　廣部泉
永田鉄山　森靖夫
東條英機　牛村圭
今村均　前田雅之
蔣介石　劉岸偉
石原莞爾　山室信一
木戸幸一　波多野澄雄
岩崎弥太郎　武田晴人
伊藤忠兵衛　末永國紀
五代友厚　田付茉莉子
大倉喜八郎　村上勝彦
＊安田善次郎　由井常彦
渋沢栄一　武田晴人
山辺丈夫　宮本又郎
武藤山治　阿部武司・桑原哲也
小林一三　橋爪紳也
大倉恒吉　石川健次郎
大原孫三郎　猪木武徳
＊河竹黙阿弥　今尾哲也
イザベラ・バード　加納孝代
＊林忠正　木々康子
森鷗外　小堀桂一郎
二葉亭四迷　ヨコタ村上孝之
夏目漱石　佐々木英昭
巌谷小波　千葉信胤
樋口一葉　佐伯順子
島崎藤村　十川信介
泉鏡花　東郷克美
有島武郎　亀井俊介
永井荷風　川本三郎
北原白秋　平石典子
菊池寛　山本芳明
宮澤賢治　千葉一幹
正岡子規　夏石番矢
高浜虚子　坪内稔典
与謝野晶子　佐伯順子
＊種田山頭火　村上護
＊斎藤茂吉　品田悦一
＊高村光太郎　湯原かの子
萩原朔太郎　エリス俊子
原阿佐緒　秋山佐和子
＊狩野芳崖・高橋由一　古田亮
竹内栖鳳　北澤憲昭
黒田清輝　高階秀爾
中村不折　石川九楊
横山大観　高階秀爾
＊橋本関雪　西原大輔
小出楢重　芳賀徹
土田麦僊　天野一夫
岸田劉生　北澤憲昭
松旭斎天勝　川添裕
中山みき　鎌田東二
佐田介石　谷川穣
ニコライ　中村健之介
出口なお・王仁三郎　川村邦光
島地黙雷　阪本是丸
＊新島襄　太田雄三
木下広次　冨岡勝
嘉納治五郎　クリストファー・スピルマン
津田梅子　田中智子
＊澤柳政太郎　新田義之
河口慧海　高山龍三
山室軍平　室田保夫
大谷光瑞　白須淨眞
＊久米邦武　髙田誠二
フェノロサ　伊藤豊
三宅雪嶺　長妻三佐雄
＊岡倉天心　木下長宏
志賀重昂　中野目徹
徳富蘇峰　杉原志啓
竹越與三郎　西田毅
内藤湖南・桑原隲蔵　礪波護
岩村透　今橋映子
西田幾多郎　大橋良介
上田敏　及川茂
柳田国男　鶴見太郎

厨川白村 張 競
大川周明 山内昌之
西田直二郎 林 淳
市河三喜・晴子 河島弘美
折口信夫 斎藤英喜
九鬼周造 粕谷一希
辰野 隆 金沢公子
シュタイン 瀧井一博
*福澤諭吉 平山 洋
*西 周 清水多吉
福地桜痴 山田俊治
田口卯吉 鈴木栄樹
*陸 羯南 松田宏一郎
黒岩涙香 奥 武則
宮武外骨 山口昌男
*吉野作造 田澤晴子
野間清治 佐藤卓己
山川 均 米原 謙
岩波茂雄 十重田裕一
*北 一輝 岡本幸治
満川亀太郎 福家崇洋
杉 亨二 速水 融
*北里柴三郎 福田眞人
田辺朔郎 秋元せき
*南方熊楠 飯倉照平
寺田寅彦 金森 修

石原 純 金子 務
J・コンドル 鈴木博之
辰野金吾 河上真理・清水重敦
小川治兵衛 尼崎博正

現代

昭和天皇 御厨 貴
高松宮宣仁親王 後藤致人
*李方子 小田部雄次
吉田 茂 中西 寛
マッカーサー 柴山 太
重光 葵 武田知己
池田勇人 中村隆英
高野 実 篠田 徹
和田博雄 庄司俊作
朴正熙 木村 幹
竹下 登 真渕 勝
*松永安左エ門 橘川武郎
鮎川義介 井口治夫
出光佐三 橘川武郎
松下幸之助 米倉誠一郎

渋沢敬三 井上 潤
*本田宗一郎 伊丹敬之
井深 大 武田 徹
佐治敬三 小玉 武
幸田家の人々 金井景子
*正宗白鳥 大嶋 仁
大佛次郎 福島行一
*川端康成 大久保喬樹
*薩摩治郎八 小林 茂
松本清張 杉原志啓
安部公房 成田龍一
三島由紀夫 島内景二
R・H・ブライス 菅原克也
金素雲 林 容澤
柳 宗悦 熊倉功夫
バーナード・リーチ 鈴木禎宏
イサム・ノグチ 酒井忠康
川端龍子 岡部昌幸
藤田嗣治 林 洋子
*井上有一 海上雅臣
*手塚治虫 竹内オサム
山田耕筰 後藤暢子
古賀政男 藍川由美

*吉田 正 金子 勇
武満 徹 船山 隆
*力道山 岡村正史
美空ひばり 朝倉喬司
植村直巳 湯川 豊
*西田天香 宮田昌明
安倍能成 中根隆行
サンソム夫妻 平川祐弘・牧野陽子
和辻哲郎 小坂国継
矢代幸雄 稲賀繁美
石田幹之助 岡本さえ
*平泉 澄 若井敏明
安岡正篤 片山杜秀
島田謹二 小林信行
前嶋信次 杉田英明
保田與重郎 谷崎昭男
福田恆存 川久保剛
井筒俊彦 安藤礼二
佐々木惣一 松尾尊兊
*瀧川幸辰 伊藤孝夫
矢内原忠雄 等松春夫
福本和夫 伊藤 晃
*フランク・ロイド・ライト 大久保美春
大宅壮一 有馬 学
今西錦司 山極寿一

*は既刊
二〇一〇年十月現在